田中淡著作集 1

中国建築の特質

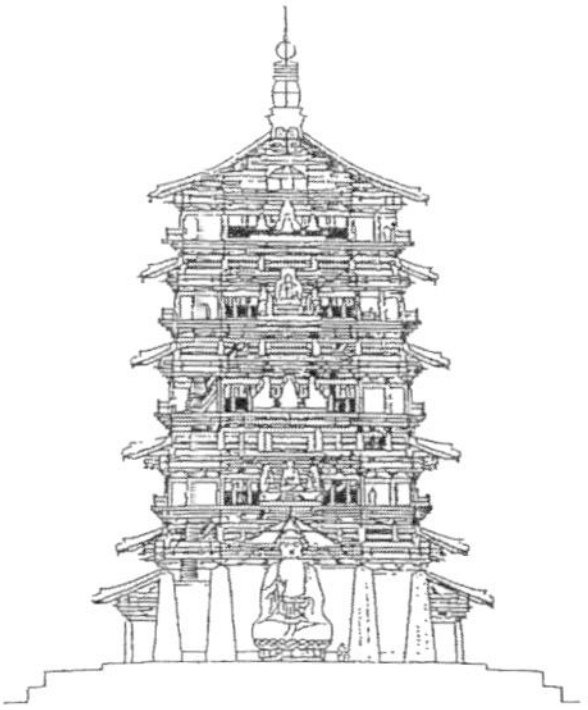

田中 淡

中央公論美術出版

編集者一覧（五十音順）

黄　蘭翔　国立台湾大学芸術史研究所教授

外村　中　ヴュルツブルク大学上級講師

福田美穂　大阪市立大学准教授

藤井恵介　東京大学大学院教授（本巻担当）

目次

凡例

一　収載の諸論文は明らかな誤植以外は発表当時のままとしたが、内容に即してタイトルを変更した場合もある。

一　挿図、写真は原図に拠ったが、一部省略した。

一　発表された雑誌・図書名と発行年は巻末の出典一覧に掲載した。

中国建築の特質

本書は、独立行政法人日本学術振興会平成二十九年度科学研究費補助金（研究成果公開促進費）の交付を受けた出版である。

第一部　奥行きの指向——中国の住空間

一　中国の住まい
――奥行の指向

中国の住宅を代表するのは、中庭をもつ四合院である。装飾門によって内庭と外庭を分かち、日常生活において公私の結界をなし、さらには重層的な中庭群を配置し奥行の深さを誇ろうとする特徴をもつ。ここに潜む思考はすでに西周時代の遺跡にみられ、以後の三千年の住宅構造を規定し、その凝縮された表現こそが四合院の構造であろう。

中国の住宅と一口にいっても、きわめて広範な国土に分布しており、多種の民族からなる国のことゆえ、その特徴もまた地方や民族によって豊富多彩な類型をそなえている。けれども、人口としても圧倒的な多数を占める漢族の住まいには、広範な分布をこえた一種の原則のようなものの存在を指摘することができる。

一　四合院の構成

漢族の住まいを代表するのは、いわゆる「四合院」と呼ばれる中庭式住宅の形式である。それは通常、北京城内のものをもって典型とされることが多い。北側に正房または堂屋と呼ばれる主屋を置き、その前方左右（東西）に向かい合って廂房という脇部屋を配し、さらに南側には主屋《チョンファン》と相対して倒座《タンウー》と呼ばれる向かい部屋を置き、その

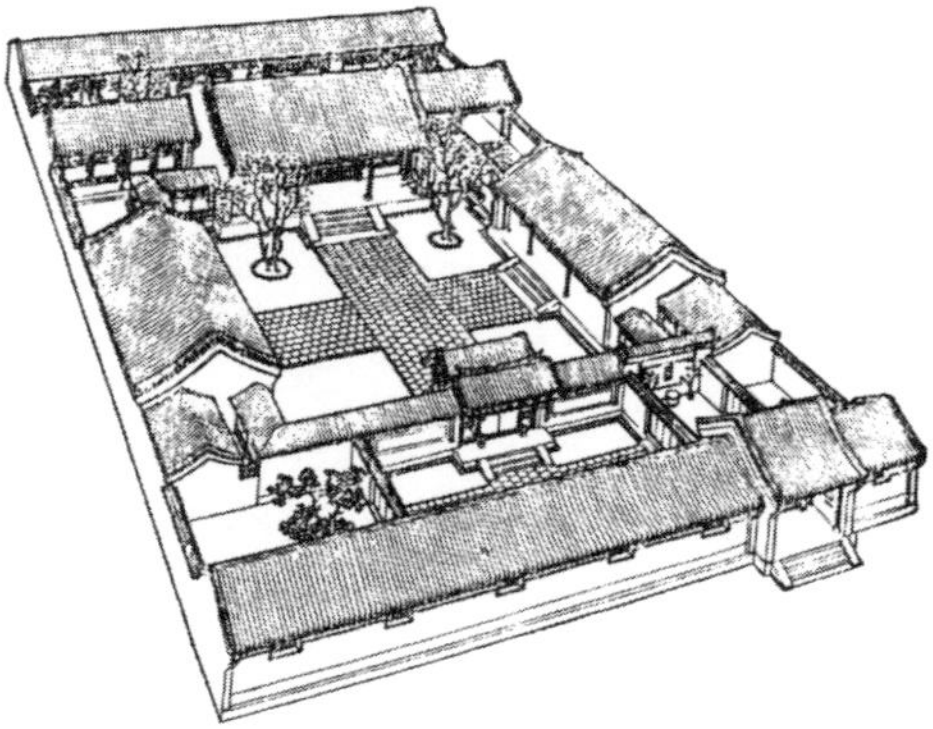

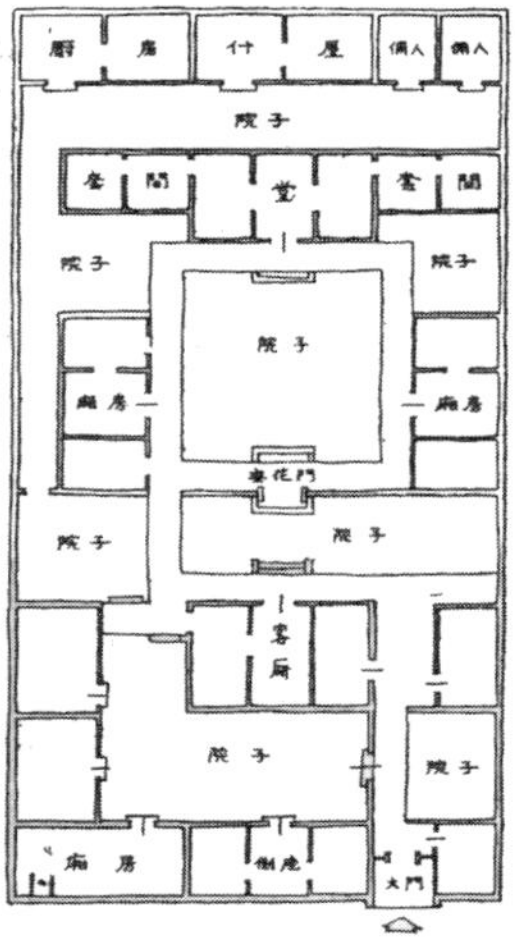

図1（右）　北京の典型的な四合院住宅の平面図（劉敦楨《中国の住宅》）
図2（左）　北京の典型的な四合院住宅の鳥瞰図（劉敦楨主編《中国古代建築史》）

前方左右（東西）に向かい合って廂房《シアンファン》という脇部屋を配し、さわに南側に主屋と相対して倒座と呼ばれる向かい部屋を置くもので、その四棟によって院子《ユワコウ》すなわち中庭をとり囲むところから、四合院の名がある。ちなみに、このうち南側の倒座を欠いた凹型平面配置の場合は、三合院と呼ぶわけである。この種の四合院住宅は、北京をはじめ、華北地方に普遍的に見られるほか、分布の範囲はすこぶる広域に及んでおり、すくなくとも東北は吉林、西は陝西、南は広東、西南は雲南にまで見うけられる。もっともその外観や細部の装飾などは自ら地方それぞれの特色があり、一見すると風格はさまざまではあるが、その空間構成の原理には共通のものがそなわっていることに注意する必要があろう。

たとえば、北京の典型的な四合院住宅の場合（図1・2）、さきにのべた正房・東西廂房・倒座の四棟のみで院子を形成することはまずなく、通常はその間に垂花門《チュイホワメン》と呼ばれる装飾的な門を置いて、中庭を前後二つの部分に分割し、さらに正房の両脇には耳房《アルファン》と呼ばれる小部屋を附設し、またほかにも数棟の付属建物を配することが多い。華北地方一帯の四合院もおおむね同様な構成をもつものが多く見られる。たとえば、山西省の丁村や平遥には明代のものも含めて、年代的にかなり古い住宅が現在するが、それらも柱頭の木彫や柱礎の石彫に地方的な特色をしめしていると同時に、平面配置の構成は北京のそれと基本的には一致するものである。こうした情況は、河南、福建、湖南、四川等、その他の諸省に現存する実例を見れば、いっそう容易に理解されるだろう（図3）。また江蘇省の蘇州などには庭園を附設した富豪の邸宅があるけれども、その住宅部分は南から北へ順に、門庁《メンティン》、轎庁《チアオティン》、大庁《ダアティン》と大広間をつらねており、廂房こそなく、かわりに塀や回廊をもって連絡しているものの、その配置構成はやはり伝統的な四合院住宅の原理を採用したものと見ることができよう（図4）。

このほか比較的明瞭な地方的色彩をとどめたものをあげるとすれば、まず案徽省徽州地区および近隣の江西省浮梁地区に集中して現存する明代以降の住宅遺構群がある。これらは、梁・欄杆・扉などに優れた木彫をしめす

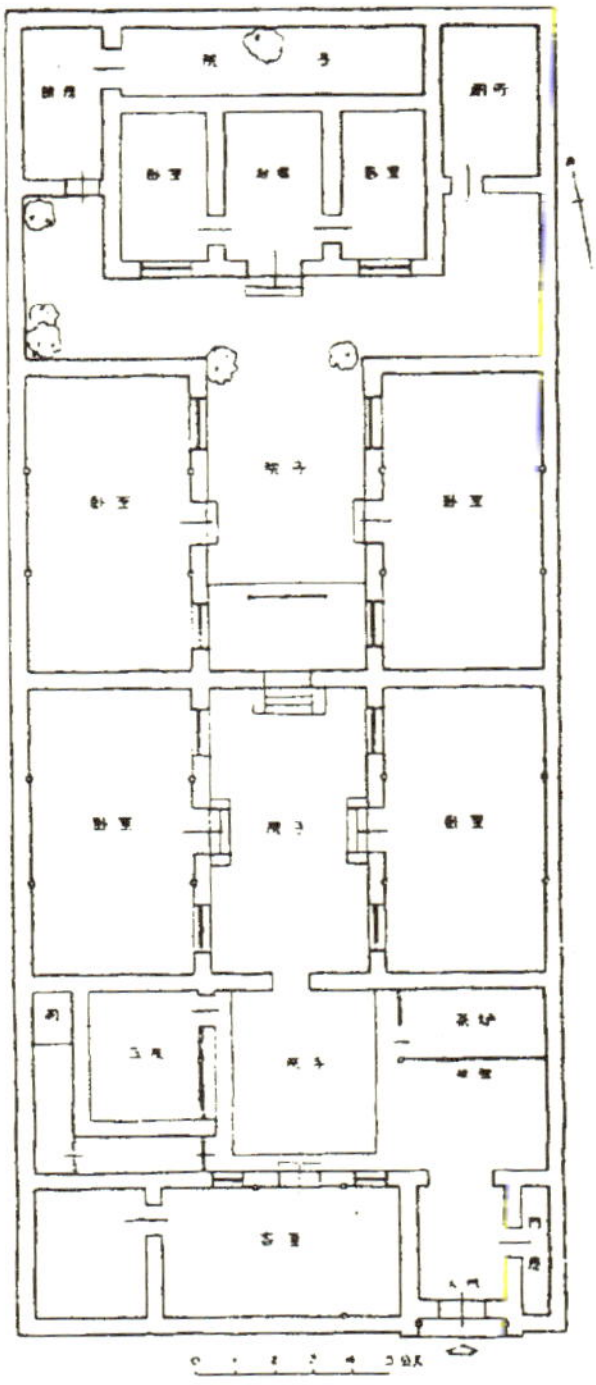

図3　河南省開封の王氏住宅平面図
（劉敦楨《中国の住宅》）

ものて、正房、廂房を二階建にし、「天井《ティエンチン》」と称する小さな中庭部分が吹抜けとなるが、これも四合院と共通する構成とみてよいだろう。また雲南省昆明に見られる「一顆印《イークーメン》」と呼ばれる住宅（図5）も、正房《チョンファン》や耳房《アルファン》（北方でいう廂房）を二階建にし、天井《ティエンチン》を吹抜けとする形式で、やはり四合院の系統に属するとみることができる。

二　公私をわかつ空間装置

四合院住宅の配置は、さきにものべたように、四棟で中庭をとり囲むのをひとつの基本単位とするのであるが、じっさいにはその単位をいくつか南北方向に重ね、中庭群を形成するのがつねである。その中庭群の奥行を通常「進《チン》」という量詞であらわす。つまり、言い換えれば、現実には「一進《イーチン》」という例はきわめてすくなく、両進《リアンチン》、三進《サンチン》などの程度の奥行を有するものがむしろ一般的なのである。そこで、ふたたび北京のものを例にとって説明すると、図1と図2はそれぞれ三進、両進の四合院ということになる（雑役・工作のための裏庭の類は通常その数には含まない）。この程度の規

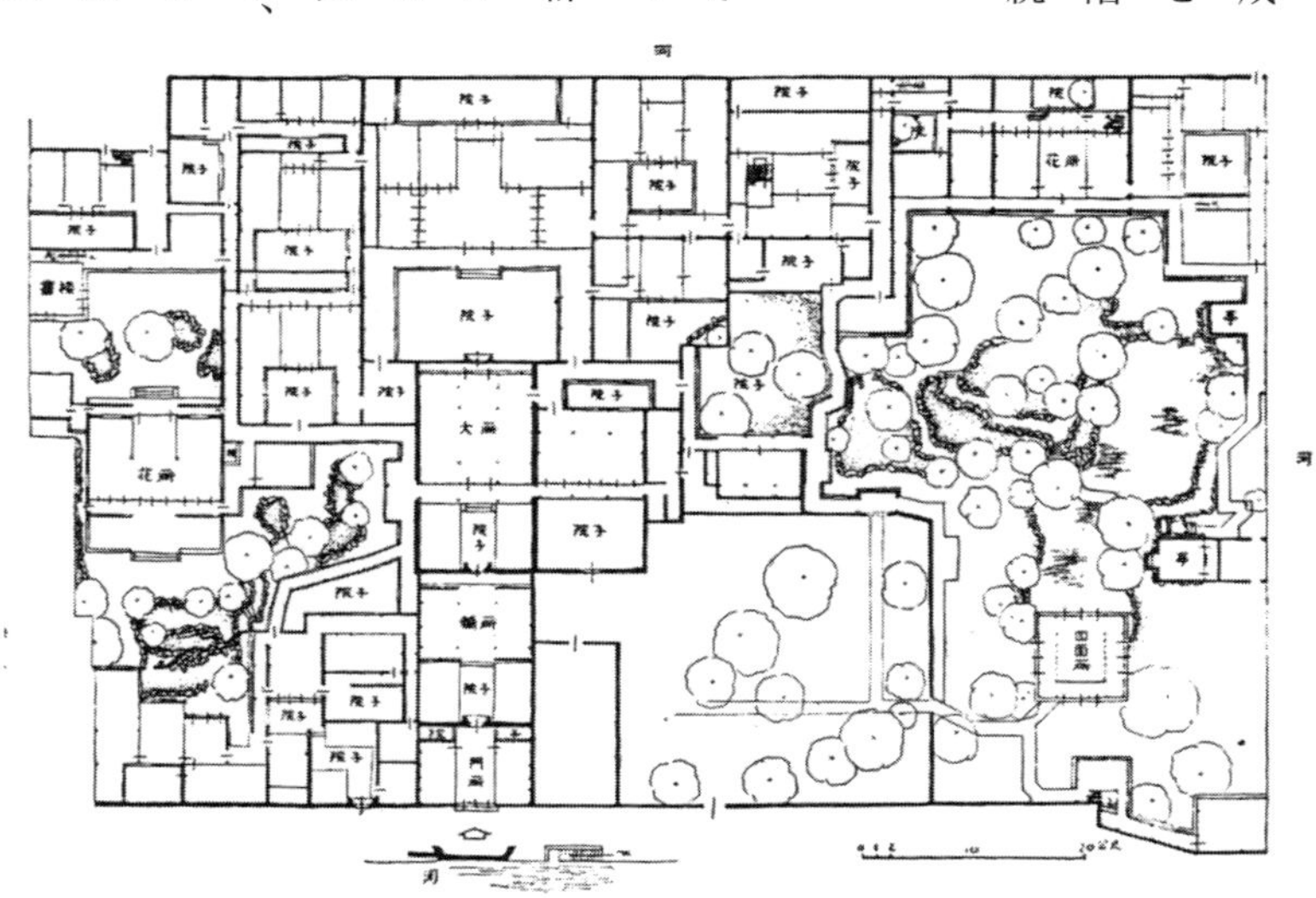

図4　江蘇省蘇州の劉氏住宅平面図（劉敦楨《中国の住宅》）

図5　雲南省昆明の「一顆印」の住宅外観（劉敦楨《中国の住宅》）

模の場合であっても、住空間の用途としては、前後の中庭の分割が、現実にはきわめて重要な意味をもってくることに注意する必要があろう。すなわち、主屋である正房《チョンファン》の前庭を内院《ネイユワン》（内庭）、倒座《ダオツゥオ》の側のほうを外院（外庭）として分割する垂花門《チュイホワメン》の位置がそれである。その種の四合院住宅にあっては、通りに面する大門は通常、敷地の東南隅に開かれ、概してそれほど立派な構えをもたないのに対して、それをくぐって屈曲したのちに到達する外院の対面に立つ門は、装飾を凝らした立派なつくりにすることが多い。この位置に立つ門は、一般的には大門（正門）に対する二門《アルメン》（第二の門または中門）と呼ぶべきもので、また王府や文廟、府学などの場合は儀門《イーメン》と称することもある。北京や華北の四合院では、これに逆蓮彫刻などを施した吊束《つりづか》を腕木で支える、垂花門という華麗なスタイルの門を採用しており、じっさいこの建物が住宅のうちでもっとも人目を引く存在となっているのである。垂花門によって区切られた外院と内院は、日常生活における対外的と対内的の活動を、そのまま規定する空間装置でもあった。一般の客人は原則として、この垂花門もしくは二門の位置までしか入ることを許されない。接客、応対は外院の建物でおこなわれるのがつねであったというから、その境界線は文字通り公と私、外と内の結界であるというべきだろう。

　中国の住宅は、概して、外から見る限りは塀に囲われ、装飾にも乏しく、いかにもその閉鎖的な性格を印象づけるが、その内部は必ずしも単純な構成にしたがっているわけではない。外来の客人が到達することのできる外院は、建築装飾の枠を集めた内院への門によって効果的に演出されるのに対して、その奥の内院は、かえって著しい開放性に富む空間構成をもっている。中庭の周囲に配された正房や廂府などの建物は、いずれも中国語でいう走廊《ツオウラン》、すなわち前面一間通りを吹放しにした回廊状の構成をもち、庭内へ向かって扉や窓を開く。そこは、住宅の家族と、親戚などのとくに許された人たちのみが出入できる空間であって、気候のよい季節、晴天の日などに、家人たちはその走廊に桌や椅を置いて食事をとったり、中庭に凳《ドン》(腰掛)を置いて談笑することもあった。この走廊(吹放し廊)という形式は、日本では唐招提寺金堂や禅宗の仏殿などにしか見られないので、わたしたちにはあまり実感が湧きにくいものである。単なる軒下ではないことは、多くの場合、その上の天井を巻棚《チュウニンポン》という蛇腹の化粧天井につくっていることでもわかるが、その屋外でもなく室内でもない、人間的尺度の微妙な空間が、住宅の内院の開放的性格におおいに関与していることは疑う余地がない。

三　奥行の深さと重層的構造

四合院住宅のもつ、このような外に対する閉鎖性と内における開放性の重層的な構造は、事実、中国建築の悠久な伝統のなかで培われてきた固有の特色を反映したものでもある。両進や三進の四合院住宅ばかりでなく、それは、宮殿、寺廟、陵墓などの大建築の場合にはいっそう顕著なかたちで現われている。北京の紫禁城宮殿(故宮)や曲阜の孔廟のような大規模の建築群が、整然と南北方向にならぶアプローチ、中庭群をつらねているのは、その極端な例といえるだろう。じっさい、住宅であっても、富豪の大邸宅には七進、八進もの奥行をもつものがすくなくなく、彼らは建物そのものの荘厳のみならず、むしろそうした奥行の深さをもって誇りとしていたことを文献の記述が物語っている。『金瓶梅』で西門慶が訪れた楊家のつくりを、「表通りにどれだけ金をかけたか知りゃしない。この家だって七、八百両もの銀子にはなろうもので、奥行が全部で五ブロックもあって裏通りまでつきぬけているんです」（第七回）といっているのもその一例だ。奥行云々の原文は「到底五層通後街」で、いまなら五進というところである。奥行が深く、複雑な重層的構造をもっていればいるほど、立派な邸宅であるという考え方は、おそらく中国人独特のものであろう。その場合も、内と外との区別には厳格なものがあり、主人の住む内院は、奥まってひっそりしたところに配されていたことはいうまでもない。大家族であれば、世代の下の家族は副次的な位置の院子《ユワンツ》（中庭）や建物に住み分けられ、来客の到達しうる範囲はやはり明確であったし、婦女や下僕の通用路は陪弄《ベイロン》などと呼ばれて、さらに明瞭な区別がなされていたのである。

表通りに対して開かれる大門が決まって敷地の東南隅に偏って設けられるのは、一般には、いわゆる風水の思想から来たものといわれている。東北を鬼門として忌み嫌うのと同様、日本でいう家相の類に属する。たしかに風水の専著には、「門は東畔に就《つ》きて開けば吉なり」等の言が見いだされるが、この種の方術書としては比較的よく知られる、清代にそれ以前の同種の書物を彙編した『魯班経《ろはんけい》』を見ると、前句に続けて「門は須《すべか》らく屈曲するを要すべし。則ち宜しく大《はなはだ》しくは内門に直《あた》るべからず」とあるのが注目される。すなわち、これは、単なる方位の吉凶占卜から生じた臆説として片付けられるものではなく、むしろ中国建築の中庭群を構成するうえでの演出方法として理解することもじゅうぶん可能だということである。ながいアプローチの空間をとった故宮や孔廟と同趣の、意図的な配置の方法とみることもできるのである。あるいは、庭園における人為的な奥行の重なり――中国語でいう「層次《ツォンフー》」――を形成する手法とも共通するところがある。中国の造園論には、主要な景観をただちに見通せてしまったり、「一覧無余《イーランウーユィ》」すなわち一目で全景が見わたせてしまうような配置構成をつとめて避けようとする

図6　雲南省大理ペー（白）族の住宅の装飾的な照墻

傾向がある。たとえば『紅楼夢』に、賈政《かせい》が宝玉をつれて大観園に行ったとき、園門を開くと正門に築山が行く手をさえぎっており、賈政が「この山がないと、門をはいるなり園中の景色が全部いっぺんに目にはいってしまいます。それじゃなんの風情もありません」というくだりがあるが（第十七回）、これなどはその典型である。あるいはまた、より直截的なものとして中国建築で照墻《チャオチアン》もしくは影壁《インピー》と呼ばれる門前の塀もこれと同様な機能を有する（図6）。大門をはいった対面、あるいは大門の前面見返しに立つ独立塀であり、本来、門の内部が見透せてしまうのを避けるためのものであることはいうまでもない。この照墻あるいは影壁は、寺廟などに建てられたものが現存し、大同や北京北海の九竜壁が有名であるが、北京の四合院住宅にもしばしば用いられている。山西省丁村や平遥の四合院住宅にも、東南の大門をはいった向かい側、すなわち廂房の南妻壁に塼を貼つめた照墻が設けられている例がすくなくない（図7）。

大門を東南隅に開くことによりアプローチの動線をあえて屈曲させ、しかるのちにはじめて外院へ到達することができるという配置構成は、単なる正面の回避というような習慣性の問題ではなく、複雑にいりくんだ中庭群の奥行の深さをより効果的に印象づけようとする空間の演出方法としてみたほうが容易に理解できるであろう。

図7　山西省嚢汾丁村の民家の門と照墻

外に対しては全体として閉鎖的な構えをとりながら、内にあってはそれぞれ日常生活における秘奥の深度を異にする中庭が、いく重にも組み合わされることによって、はじめて重層的構造の住まいが実現されるのである。このような閉鎖性と開放性の両極をあわせもった、そして奥行の重なりを追求する建築が、どのようにして形成されてきたものか、それはきわめて興味をそそる主題である。

四　伝統の凝縮表現

近年、陝西省の岐山鳳雛などの一帯、いわゆる周原地区において、数棟の宮殿もしくは宗廟の址とみられる遺跡が発掘された。そのうちのひとつ(図8)は、前後二つの中庭をもち、内院には前堂と後室を結ぶ過廊(渡り廊下)が設けられているけれども、完璧な四合院の形式をもつ今日知られる最古の実例となった。外院の一室から出土した甲骨文などから、この建物は宗廟と推定されているけれども、すくなくとも西周時代初期には両進の四合院が出現していたことが明らかになったのであり、これはきわめて重要な発見というべきである。しかも、四合院を構成する建物は、いずれも差掛け庇による走廊(吹放し廊)を中庭に面した側にめぐらしており、大門の前面には、これまで『論語』などの文献に「樹」や「屏」という名称で見えていたにすぎない影壁の実例も検出されたのであ

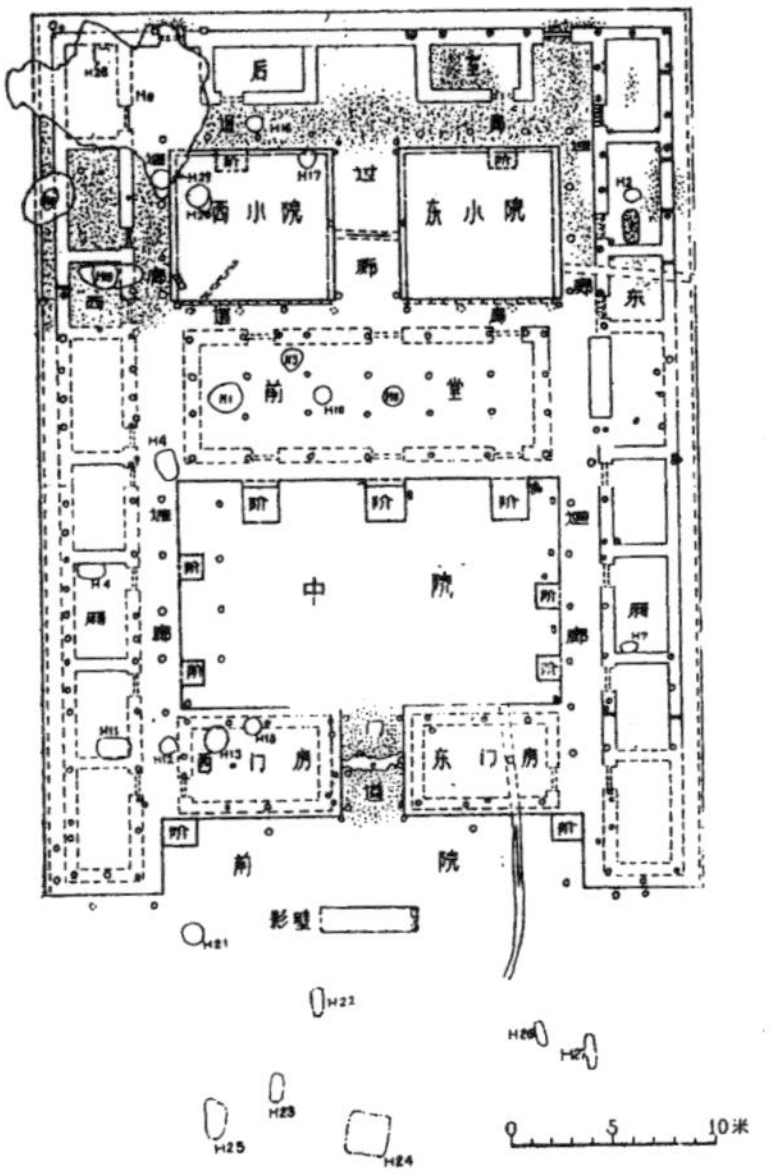

図8　陝西省岐山鳳雛の西周建築址平面図

る。

宮殿や宗廟がその配置構成の基本原理において、民族の住習慣を反映するという例は、中国ののちの時代にもしばしば見うけられるところである。まして、建築の類型を超越して共通の原理に支配される傾向のつよい中国建築の場合、この考古学発掘のもたらした新資料のもつ意義はいっそう重いものに感じられるのである。六朝時代の墓に地上の住宅を写したような墓室平面が検出され、多くの墓が地上の宮殿と同様なながいアプローチを設けたり、降っては窰洞《ヤオトン》と呼ばれる横穴式住居でさえ中央に方形の天井《ティエンチン》(中庭)を人工的にオープン・カットしている例を見るにつけ、その感はつよまるばかりである。四合院住宅こそ、中国建築の悠久な伝統が培ってきた特異なファクターを凝縮して表現しているものといえるかも知れないのである。

二　生と死の原理

死者を葬る墓や祖霊を祀る廟が、民族や地域に固有の儀礼をともなって営まれる事例を見聞することは稀ではないが、ときに生活空間を構成する建築にさえ、同種の儀礼の呪縛を見いだすことがある。卑近な例としては、近代まで日本にも見受けられた家相占いをあげることができる。住宅の方位という、とりわけ機能的要求と結びつくべき要素が、ある種の非科学的原理に左右される事実は、東アジア文化圏に特有の、すくなくともひとつの現象といえるだろう。この種の儀礼もしくは迷信の呪縛は、その源流をほとんど中国古代に求めることができる。

一　生者と死者の方位

中国における建築的営為にともなう儀礼は、きわめて古くから確認できる。考古発掘による新石器時代の住居址や殷代の宮殿址の資料は、建築の方位が西向き(殷墟甲区など)のほか、やはり南向きが主だったらしいことしか物語ってくれないが、文献には比較的早い、興味をそそる記事が見られる。周代の資料である『詩』大雅文王・緜篇の周原の宮室造営のことをうたったなかに、つぎのような一節がある。

むかし公の亶父は、陶器のように壁を焼いた穴居だけ、まだ家はなかった。……さあ、ここで建て始めよう、相談しよう。われらの亀甲に穴を刻もう。〔占いのめは〕「止どまれ」というか、それとも「そのまま、ここに家を建てろ」というか。それで安心、そこに止どまる。それで左に、あるいは右に。敷地は大きく、それとも小さく。……

建築の造営に先立って、まず亀甲による占卜が行なわれていることが明らかである。ただ、占いの結果が建物の向きまでをも左右しうるものであったかどうか、また具体的な手順などは、知るよしもない。同様に、簡単な記述は『尚書』にもみられ、召公に命じて建物のことを占わさせていることが知られるが、これは後世にいうところの「相宅」(宅を相《み》る)の用語の古い用例に属する。[1] 一方、『周礼《しゅらい》』夏官には、圭(スケール)によって日影を測定し、土地をはかって建物を占い、邦国・都鄙の建設を司る「土方氏」という官が定められている。すなわち、官の造営に際して、この種の「相宅」をもっぱら担う官職が、戦国時代以前から設けられていたとみてよいであろう。しかし、「相宅」が占卜をともなうものにせよ、それが後世のような非科学的規準によるものであったかどうかは、さらに考慮すべき問題である。後漢・劉熙の『釈名《しゃくみょう》』に、「宅とは択の意である。吉祥の場所を択《えら》んで、それを造営することをいうのである」という字解にしても、やはり同様といわざるをえない。なぜなら、数多くの発掘遺構は依然として、主屋が南向きになる原則を覆すほどの例証を示しておらず、宮殿にいたっては、むしろ礼の基本的な設定としての「天子は南面す」(『易』説卦)が有力であったと考えてよさそうだからである。ちなみに、都市建設の方位設定における恣意的要素をつたえる比較的古い記事は、デ・ホロート[2]が重視したところの、春秋・呉の闔閭王《こうりょおう》にかんする漢代の所伝である。すなわち、『呉越春秋』に、呉の大城が天の八風を象った八基の陸門と、地の八窓を象った八基の水門をもち、その小城には西北の楚と東南の越を制するべく閶門《しょうもん》や蛇門《だもん》を建てたというものであるが、(3)これはのちにのべる『越絶書』の闔閭王の墓の伝承と同様に、ただちに当時までさかのぼる必要はあるまい。墓や守神については後述にゆずり、もうすこし一般の建築に関連する問題をとりあげてみよう。

建築が南面を主流としていたであろうという推測の当否はしばらく措き、中国古代における室の四隅の呼称は、方位にたいする軽重・貴賤観に示唆をあたえてくれる。『爾雅』釈宮に、室の四隅を、それぞれ奥(西南)・屋漏(西北)・宧《い》(東北)・窔《よう》(東南)と呼ぶ、と伝えている(図1)。『釈名』では、これに中霤《ちゅうりゅう》(中央)を加え、比較的くわしい説明を附している。それによると、「奥」は、扉の明かりがさしこまず、その場所が奥深いからである。「屋漏」は、礼では人が死ぬと、屋根の西北隅を壊して薪《たきぎ》にし、それで尸《しかばね》の沐浴のための湯をわかして喪礼に供するので、もし雨が降ると、雨漏りがするからである。「窔」は幽に通じ、やはり奥深く暗いからである。「宧」は養に通じ、東北は陽の気が始めて出て、物をあまねく育むからである。「中霤」は、むかしは穴居で、後方の室の霤（あまだれ）がいまの棟木の下の場所にあたったからである、という。(4)屋漏と中霤についてはすでに諸氏の議論があるが、別に考察を加えたことがあるので、いまはくり返さない。(5)ここで問題にすべきは、かりに南向きの建物ならば前側に位置する奥と窔が秘奥・幽冥と考えられていること

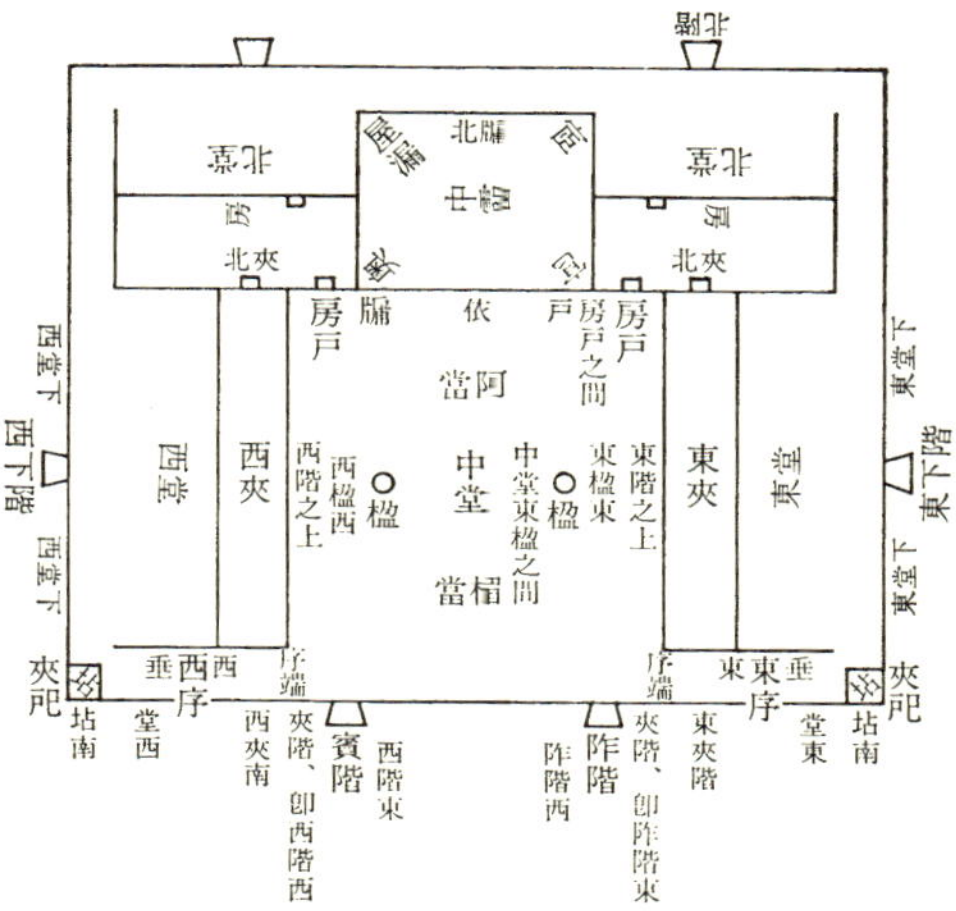

図1　室四隅の名称

で、とくに前者は後世にもそのままの義に用いられる点であろう。前掲の『爾雅』の「奥」にたいする孫炎および郭璞の注も、そろってそれを室中の隠奥の場所と解している。『論語』八佾《はちいつ》篇の宋・邢昺《けいへい》の注疏は、「奥とは、内の意である。室の中の西南の隅をいったものである。隠れて奥まっているために、目上の者がそこに座を占めたのである」と、その解釈をさらに敷衍して上座の概念が導入され、『儀礼《ぎらい》釈宮』に引かれる同説は、さらに、室の入口が東側にあるから西南隅が隠奥の場所となると説明している。(6) これに関連して興味をそそるのは、後漢の『風俗通義』の記載である(『芸文類聚』巻六四引)。すなわち、

住宅は西側に拡張してはならないという。世俗の説によると、西の方が上位であり、上位に住宅を拡張すると、家庭の成長を妨げるのだという。西側に拡張ということの由来を探ると、『礼記《らいき》』に「(座が)南向きと北向きの場合は西側を上座とする」といい(曲礼・上)、『爾雅』には「西南の隅を奥という」とあり、(西側は)目上の者が座を占める場所なのである。西側に拡張しないというのは、その位序を動揺させるのを難とするからにすぎない。しかし考えてみるに、西側に拡張すると害があり、他の三方に増築するのだけが吉であるというようなことが、どうしてありえようか。

と。同様の所説は『論衡』にもみられ(四諱篇)、いずれも迷信を批判したものであるが、西方を上座と考える傾向がかなり一般に広まっていたことが知られる。『淮南子《えなんじ》』に、魯の哀公が西側に住宅を拡張しようとしたとき、史臣がそれを不詳だとして諫めたという伝承を載せているのも(人間訓)、やはり漢代における例証に加えることができよう。ちなみに礼においては、迎賓のさい、主人が堂内の東側に座を占め、賓客が堂内の西側に座を占める

のが原則である。(7) しかし、礼の詳細な規定がいまあげた西方上座の慣習とどれほど一致しうるかを詳論することは、いま、それほど有益な方法ではあるまい。ここで注意したいのは、中国古代において、南向きを前提とする建物の内部で、西を隠奥にして貴い方位とする一種の非科学的要素が確認される点である。なぜなら、それはのちの原始宗教や民族的・地方的特色をそなえた民家の一部に見られる傾向に近似するものですらあって(8)も、すくなくとも道教などの新たな影響と後述する風水との関係を考慮するさい、明らかに区別しておくべき例証のひとつだからである。

つぎに、死者を葬る墓、死者を祀る廟の方位について考えてみよう。礼では、死者があると、招魂《たまおぎ》の儀礼を定めている。『儀礼』士喪礼にいう、

　復(招魂の儀)をおこなう者がひとり、……前方東側の妻から屋根にのぼり、屋根の中央で北を向いて、衣で招きながら、「ああ、某(死者の名)よ、復《かえ》れ」と三回呼ぶ。そののち、衣を前庭に投げおろし、下で筐《かたみ》をもってそれを受けとった者が、階段からのぼって(堂の中にはいり)、衣を戸に着せる。復をおこなった者は、後方西側の妻から屋根をおりる。……

と。『礼記』喪大記を参照すれば、招魂を行なう者は大棟を踏みながら呼び戻し、おわると西北の妻からおりる、というようにいっそう場所が限定される。『礼記』檀弓《だんぐう》篇などに見られるように、北面して招魂を行なうのは、北方は幽冥で鬼神の世界だと考えられていたからにほかならない。(9) あたかも屋根の大棟《おおむね》を境界として、死者の棲む世界と生者の居る世界とが連絡するのを見るようでさえある。ちなみに、この招魂の儀礼は、ごく最近まで中国民

間に伝承されてきたものでもある。(10) 招魂を行なった者が、死者が蘇らないのを確認したのちに、屋根をおりる場所が西北の妻と指定されているのは、前掲『儀礼』士喪礼の鄭玄《じょうげん》の注のいうように、既述の「屋漏」を撤して尸の沐浴に供する儀礼に直結するものである。

墓廟の方位にふれる前に招魂の儀礼をとりあげたのは、死者の方位としての連関を意識してのことである。すなわち、『礼記』礼運篇では、この招魂の儀礼についてのべたのちに、「すなわち天に望み、地が蔵《おさ》めるのである。体魄は降っても、知気は上にある。それゆえに死者は頭を北に向け、生者は南面するのである」と説明する。その鄭玄の注、そしてとりわけ孔穎達《くようだつ》の疏にくわしいように、天に望み、地が蔵めるとは、具体的にはそれぞれ招魂と埋葬とを指す。知気は上にあるからそれを天に招き、体魄は降って地に入り、それぞれ陽と陰に帰するのである。一般的理解の便宜上、あえて補足するならば、儒教の理念においては、人は精神原理としての魂と肉体形骸としての魄の合体であると考えられていた。ゆえに人の死とは、魂と魄の結合が解けて、それぞれ肉体からはなれることを意味し、「魂気は天に帰り、形魄は地に帰る」(『礼記』郊特牲)と理解されたのである。(11) いまここに明示されたように、死者の方位は北方に求められ、生者の方位はさきの推測どおり南面するという、二種の方位の原則が存在し、しかもそれはすなわち儒教世界の基本的原理の反映にほかならないのである。礼では、地上の造営を司る土方氏などの官が定められていたのと同様に、墓の造営のことをもっぱら担う「冢人《ちょうじん》」という官が定められている。冢人は墓の筮占を担当するもので、『儀礼』士喪礼には、墓域を設定する地が吉であるか否かを占うために、その四隅の土を掘って外側に出し、中央を掘ってその土を南側に置くことからはじめて、筮竹《ぜいちく》で占う者と主人の立つ位置・方向と占卜の手順をのべているが、その最後に、結果が吉でなければ、地を改めて再度はじめから同じことをくり返す、といっている。(12) 墓域の設定に先立ってこの種の非科学的な過程が必要とされたのも、その鄭玄の注にいうように、後世に墓の崩壊などの艱難のないことを願うからであって、「其の宅兆を卜して、之を安きに厝《お》く」（『孝経』喪親）という儒教理念の反映にほかならない。同時に注意すべきは、それは墓域そのものの吉凶についての占卜であって、『礼記』檀弓篇に「北方に葬り、頭を北に向けるのは、夏・殷・周三代の通礼である。幽冥に向かい、故旧に向かう意である」というように、死者の方位の原則はあくまで守られたことである。後世の墓や陵の多くが墓室を最北に置く南向き配置をとるのは、まさにその原理に従った結果にほかならない。

二　方位の占卜

生者と死者の建築の方位を考える過程において、冒頭に引用した『詩』をはじめ、すでにいくつかの占卜の類に出会ってきた。しかし、それらはいずれも個々の造営における方位そのものを決定的に左右するような事例ではなかった。つぎに、建築の配置や方位それ自身に直接かかわるものについて考えてみよう。方位にかんする非科学的要素のもっとも古い記載は、春秋・呉の闔廬《こうりょ》（閭）王の墓についてのものとされている。『越絶書』に、その墓は閶門の外にあり、白虎を墳丘の上に置いていたことから虎丘の名があるというもので、(13)これをもって四神の思想を反映した最古の例と考える説がある。四神とは、いうまでもなく青竜（東）・朱鳥（南）・白虎（西）・玄武（北）を指し、のちにはしばしば都城や墓の守神と考えられたものである。それはほんらい四方の星座の形状にもとづいて考えつかれたものであり、その意味では始源は古く殷代にさかのぼるけれども、五行による五色を四象に配当するのは春秋戦国時代以降のことであって、さらにそれを地上の建築造営に反映する明瞭な事例は漢代以降になって見うけられる。後漢の『越絶書』の伝承が当初の時代にさかのぼるものか否か、いまはただ後考にゆだねるしかない。さきにあげた『呉越春秋』にいう八風もまた同様である。

さて、のちに「風水」の名でよばれるところの建築造営にかかわる専門的方術は、すくなくとも漢代以前に存在したと考えるべきである。すなわち、『漢書』芸文志の数術類には、形法類に「宮室地形　二十巻」、五行類に「堪輿《たんよ》金匱《きんき》　十四巻」の書名が見える。もちろんいずれも失われたが、書名と分類から推して、前者は地上の建築の立地条件などに関する、いわゆる風水の専著とみられ、後者の対象は明らかではないが、造営にともなう暦日の吉凶を五行説で説明した類のものではなかろうかと思われる。また、『後漢書』王景伝には、

はじめ景は、六経の記載にいずれも卜筮のことが見られ、ものごとの始終を筮竹や亀甲にゆだねており、さらに数多くの書物が錯綜し、吉凶がそれぞれ食違っているので、諸家の方術書や墓・家の禁忌、堪輿・日取りの相などの類をしらべ、照合して、実用にかなうもののみを集大成して『大衍玄基』をまとめたという。

とあって、すでに当時この種の専門方術書が大量に流布していたことが知られる。ここにあげられた種類にも明らかなように、建築造営に関する占卜といっても一様ではない。デ・ホロートをはじめとする、いくつかの論考にものべられているように、(14) それは占卜の対象によって、まず都市・宮殿・住宅などの類と墓との二種類に大別される。ほんらい前者は「地理」、後者は「風水」の範疇に属し、それぞれ後世の用語でいえば、主として生者を対象とする前者は「陽宅」であり、死者を葬る後者は「陰宅」である。陽宅・陰宅に用いられる方法原理も一様でなく、五行、干支、八風その他があり、禁忌の対象もまた方位のみならず、造営の日時の吉凶がひとつの大きな内容を占める。

具体的な事例に移ろう。後漢の王充の『論衡』は、当時の住宅や墓に関する吉凶占卜の方術書を引用して、その

迷信を批判しており、住宅の吉凶についてはつぎのような文章を引く(詰術篇)。

『図宅術』にいう。「住宅には八術(八方による方術)があり、六甲(干支)の名称にもとづいて推算して排列する。住宅の排列が決まり、干支の名称が定まると、さらに宮、商などでそれぞれ区別がある。住宅には五音(宮《きゅう》・商《しょう》・角《かく》・徴《ち》・羽《う》)があり、人の姓にはそれに応ずる五声がある。住宅がその主人の姓に適応していないと、姓と宅とがたがいに争って、疾病や死亡、犯罪や災禍にあう」と。……

これは、住宅の大門の向きを決めるのに、八方と干支を規準として採用し、それに所有者の姓を五音によって分類し、吉凶を占うというものである。同じく詰術篇に、やはり『図宅術』を引いて、

「姓が商音に属する家の大門は南向きが適さず、姓が徴音に属する家の大門は北向きが適さない」という。

とあるので、この方術書の基本原理がいわゆる五音姓利説にあったことは明らかである。一方、墓の築造について、『論衡』は、『葬暦』という書物を引いて、また、墓にかぎらず建物の建築には必ず吉祥の日取りを選ぶ習慣があったことを批判しているが(譏日篇)、墓の方位に関する占卜には言及していない。

この種の方術書はほとんど佚われて、今日に伝わらず、比較的古い時代の方位の設定にともなう方術の実際は詳らかでない。魏・晋には管輅や郭璞らによって相墓術が全盛をみたと推定されるものの、具体的内容を知るべき方術書はない。漢の青烏子撰とされる『葬経』、郭璞撰とされる『葬書』、劉宋の王微撰とされる『黄帝宅経』、そ

の他の書物が伝わるものの、いずれも後世に撰者を仮託した疑いがつよく、他の史籍によって年代を推定することすら困難である。[15] ちなみに『隋書』経籍志には、「宅吉凶論　三巻」と「相宅図　八巻」がいずれも五行類に載せられている。『旧唐書』経籍志には、「五姓宅経」、「陰陽書」(呂才撰)、「青烏子」、「葬経」三種(一種は蕭吉撰)、「葬書地脈経」、「墓書五陰」、「雑墓図」、「墓図立成」、「六甲冢名雑忌要訣」、「五姓墓図要訣」(孔氏撰)、「壙中伏尸」、「玄女弾五音法相冢経」(胡君撰者)などの多くの書名が見られ、なかには内容を推察させるものもある。一方、現在伝わる『黄帝宅経』の序は二五種の宅経を列挙しており、そのなかに呂才や李淳風の名も見えるので明らかに唐代以前にさかのぼることはないけれども、これらを含めて、すでに引用した佚文や書名のうちでたがいに連絡するものは皆無に等しい。わずかに「五姓宅経」が『唐志』と『黄帝宅経』に見えるが、「青烏子」、「葬経」と同様に、現存の書物との関係すら不詳といわざるをえないのである。『旧唐書《くとうじょ》』呂才伝には、十数人の学者によって方術書の整理編纂が行なわれ、その対象は金石文五三巻ならびに古書四七巻に及んだといい、その編著の一部として『宅経』、『禄命』、『葬書』などを引いており、『宅経』には宮・商・角・徴・羽の五音による五姓の説がくわしくのべられている。[16] 呂才は、五姓説が経典になく、堪輿方術書にのみ見られるものだとして批判しており、またその『葬書』は、もっぱら日取りの吉祥を論じて批判している点、『論衡』と一致しているが、それはすなわち当時における陽宅と陰宅の主たる要素がやはりそこにあったことを物語っている。ちなみに、この五音姓利説の伝統はきわめて根強く、唐代から宋代にかけて行なわれ、古代の宗廟制度の昭穆《しょうぼく》、すなわち始祖を中央に祀り、以下の父子を交互に、左を昭とし、右を穆として配祀する制度を合体する。宋代には官撰の『地理新書』にその規定が詳述され、実際に宋の国音すなわち趙姓の角音による昭穆葬(またその次序の形状から貫魚葬ともいわれた)が行なわれたことは、宿白氏の考証にくわしいところである[17](図2)。

陽宅・陰宅の方術は、唐代にすでに「遂に葬書一術をして乃ち百二十家有らしむ」（『旧唐書』呂才伝）までになっていたほどで、地方的伝統や民間レベルの伝統を考慮すれば、きわめて多様な分枝布葉を生みだしたにちがいない。たとえば、すでに唐の楊筠松《よういんしょう》の流れを引くという贛《かん》州法（江西）と、宋の王伋《おうきゅう》らの流派で、羅経を用いる閩《びん》之法（福建）の二大風水流派があったことが知られている。前にあげたいくつかの年代不詳の方術書から、明代の『陽宅十書』などのおびただしい詳細な記載の書物にいたる伝統を系統的に整理することが困難なのは、この種の方術の性格からしてむしろ当然のことといえるであろう。ただ、最後に注意しておく必要があると思われることのひとつは、水に浮かべる水羅盤ではない磁石（旱羅盤）である「羅経」が普及するようになって以後、占卜の過程がいっそう繁雑化したであろうと推定されることである。すなわち、ごく最近まで見うけられた「風水先生」の用いる羅経[18]は、陽宅術の伝統にあっては比較的晩期に属することである（図3）。いまひとつは、明代の江南地方における民間の建築技術について著わした書としてよく知られる『魯班経』が、陽宅の吉凶占卜などを載せていることであろう。寧波天一閣蔵『魯班営造正式』と『魯班経《ろはんけい》』諸版本を校合した最近の研究[19]によると、『魯班経』は『営造正式』その他の諸書にもとづいて彙編されたもので、陽宅方術の内容は『陽宅十書』などの記述と酷似しており、それは『魯班経』編纂時に加えられた部分であると考えるべきである。純然たる建築技術書の彙編にあたって、陽宅方術に関する部分が必要とされたことこそ、住宅などの民間建築を担う匠師たちにとって

図2 『地理新書』角姓貫魚葬図解

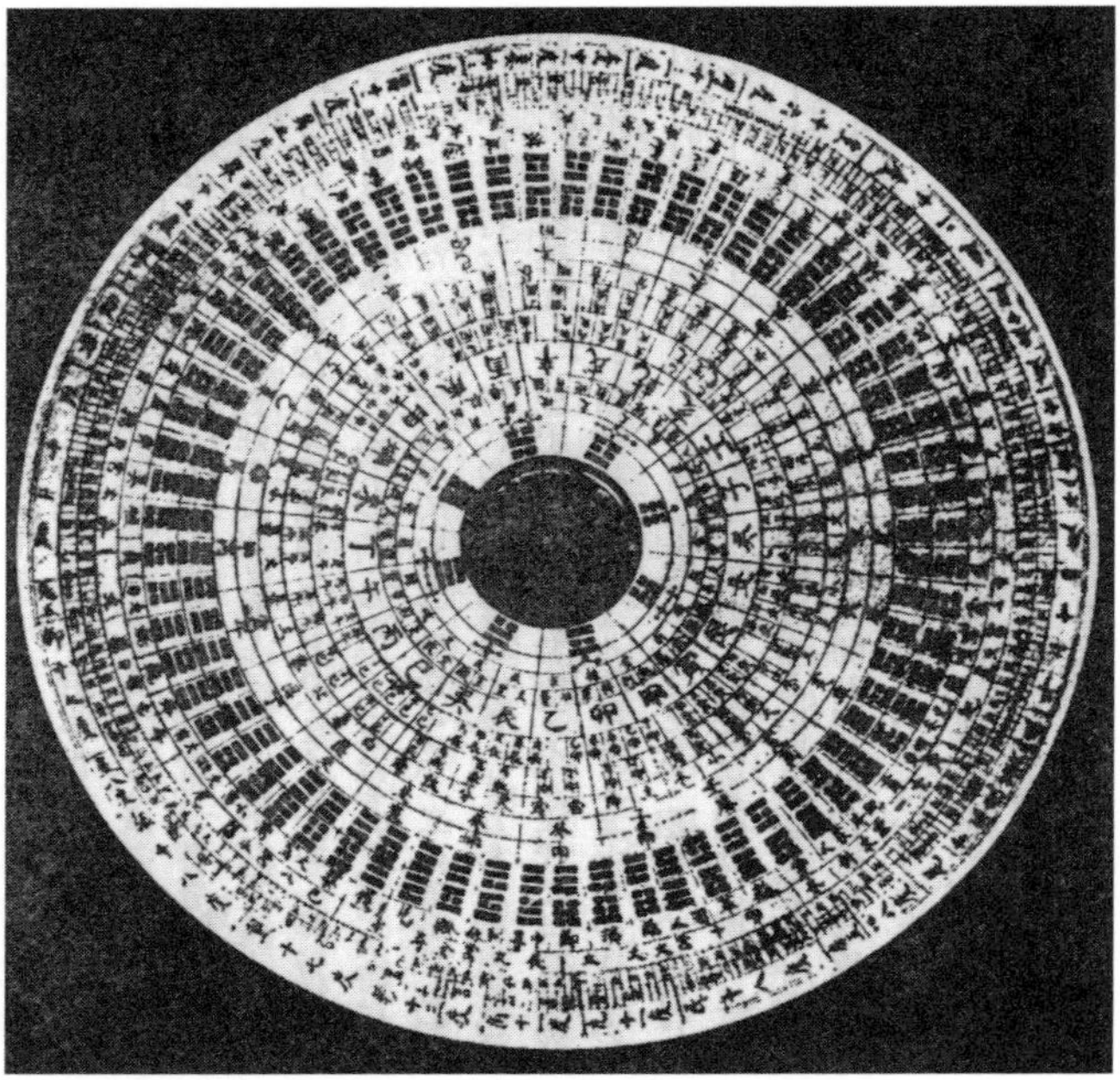

図3　羅経(安徽省休寧県新安鎮、近代)

も、やはりその種の知識が必要とされてきた事実をなによりもよく説明するものというべきであろう。

生者と死者の方位に見られる原理は、きわめて古く儒教の理念に根づいたものであった。五行説の定着にともなって、素朴な亀甲による吉凶の占卜は、干支や五音姓利などの枝葉を加えることによって、いよいよ複雑化した専門的方術を形成するところとなる。それは、近代まで存続したのみならず、朝鮮や日本にもいちじるしい影響を与えたために、中国文化に固有のものとしての一種の非科学性もしくは呪術性をいっそうつよく印象づける。しかし、同時にそうした直截的印象が、中国の伝統にあってはむしろ晩期に属するものによっていることにも注意をはらわなければならない。

註

1　『尚書』召誥「成王在豊。欲宅洛邑。使召公先相宅。……」。同・洛誥「召公既相宅。周公往営。……」。

2　デ・ホロート、牧尾良海訳『風水――地霊人傑の思想――』大正大学出版部、一九七七。

3　『呉越春秋』闔閭内伝「子胥乃使相土嘗水。象天法地。造築大城。周廻四十七里。陸門八。以象天八風。水門八。以法地八聡。築小城。周十里。陵(陸)門三。不開東面者。欲以絶越明也。立閶門者。以象天門。通閶闔風也。立蛇門者。以象地戸。闔閭欲西破楚。楚在西北。故立閶門以通天気。因復名之破楚門。欲東幷大越。越在東南。故立蛇門。以制敵国。呉在辰。其位竜也。故小城南門上。反羽為両鯢鱙。以象竜角。越在巳地。其位蛇也。故南大門上有木蛇。北向首内。示越属於呉也」。

4　『釈名』釈宮室「室、実也。……室中西南隅曰奥。不見戸明。所在祕奥也。西北隅曰屋漏。礼毎有親死者。輒徹屋之西北隅薪。以爨竈煮沐。供諸喪用。時若直雨即漏。遂以名之也。必取是隅者。礼既祭。改設饌于西北隅。今徹毀之。示不復用也。東南隅曰窔。窔、幽也。亦取幽冥也。東北隅曰宧。宧、養也。東北陽気始出。布養物也。中央曰中霤。古者覆穴。後室之霤。当今之棟下。直室之中。古者霤下之処也」。

5　拙稿「先秦時代宮室建築序説」『東方学報京都』第五二冊、一九八〇。

6　『論語』八佾「王孫賈問曰。与其媚於奥。寧媚於竈。何謂也」。邢昺・注疏「奥、内也。謂室内西南隅也。以其隠奥故尊者居之」。李如圭『儀礼釈宮』「室中西南隅。謂之奥。邢昺曰。室戸不当口而近東。西南隅最為深隠。故謂之奥。而祭祀及尊者常処焉」。

7　張恵言『儀礼図』にくわしい。

8　たとえば、前掲拙稿の注54を参照。

9　『礼記』檀弓下「望反諸幽。求諸鬼神之道也。北面。求諸幽之義也」。

10　たとえば、藤本智董・小野兵衛『中支に於ける民間信仰の実情』一九四二を参照。

11　三浦国雄「廟――中国における神・人の交わり」『白井晟一研究』Ⅱ、南洋堂、一九七九。

12 『儀礼』士喪礼「筮宅。冢人営之。掘四隅。外其壌。掘中。南其壌。既朝哭。主人皆往兆南。北面。免絰。命筮者。在主人之右。筮者東面。抽上韇兼執之。南面受命。命曰。哀子某為其父某甫筮宅。度茲幽宅兆基。無有後艱。筮人許諾。不述命。右還北面。指中封而筮。卦者在左。卒筮執卦。以示命筮者。命筮者受視。反之。東面旅占。卒進。告于命筮者与主人。占之。曰。従。主人経哭。不踊。若不従。筮択如初儀」。鄭玄注「宅、葬居也。冢人、有司掌墓地兆域者。……言為其父筮葬居。今謀此。以為幽冥。居兆域之始。得無後将有艱難乎。艱難、謂有非常若崩壊也。……」。

13 『越絶書』巻二・外伝記呉地伝「闔廬冢在閶門外。名虎丘。下池広六十歩。水深丈五尺。銅槨三重。墳池六尺。玉鳧之流。扁諸之剣三千。方円之口三千。時耗魚腸之剣在焉。千万人築治之。取土臨湖口。築三日而白虎居上。故号虎丘」。

14 デ・ホロート、前掲書。デ・ホロート、西脇常記訳『中国の墓』竜雲舎、一九七六。Stephan D.R. Feuchtwang, *An Anthropological Analysis of Chinese Geomancy*, Laos, 1974. Sophie Charpentier- Clément, Pierre Clément, Yong Hak Shin, et al, *L'architecture du pasage en Asie Orientale. Du feng-shui comme modèle conceptuel et comme pratique d'harmonisation bâti-paysage*, Paris, 1979. 牧尾良海「道教と風水思想」『吉岡博士還暦記念道教研究論集』国書刊行会、一九七七。

15 『古今図書集成』博物彙編芸術典・堪輿部に収められる。

16 『旧唐書』巻七九・呂才伝「(太宗)遂命才与学者十余人。共加刊正。削其浅俗。存其可用者。勒成五十三巻。幷旧書四十七巻。十五年書成。詔頒行之。……其叙宅経曰。……至於近代師筮。更加五姓之説。言五姓者。宮・商・角・徴・羽等。天下万物。悉配属之。行事吉凶。依此為法。至如張・王等為商。武・庚等為羽。欲似同韻相求。及其以柳姓為宮。以趙姓為角。又非四声相管。其間亦同是一姓。分属宮・商。後有復姓数次。徴・羽不別。験於経典。本無斯設。諸陰陽書。亦無此語。直是野俗口伝。竟無所出之処。……」。

17 宿白『白沙宋墓』文物出版社、一九五七、八一―八三頁、注一六八―一八二。

18 王振鐸「司南指南針与羅経盤――中国古代有関静磁学知識之発現及発明」『中国考古学報』第五冊、一九五一。

19 郭湖生「関于《魯般営造正式》和《魯班経》」『科技史文集』第七輯、一九八一。

三　壮大な清朝建築の集合
——故宮にみる中国建築の伝統

一　中国建築をつらぬくもの

失われた名建築

中国の建築は、その主流を占めた木造建築に限るなら、実物、すなわち遺構の残存状況はきわめて悪いといわなければならない。しばらくは、同じように木造建築に頼ってきた日本の場合と比較しながら話をすすめてみよう。

日本建築の場合、よく知られた例をあげてみても、法隆寺金堂を筆頭に、薬師寺東塔、唐招提寺金堂、平等院鳳凰堂、さらに姫路城、日光東照宮というように、すくなくとも八世紀以降、それぞれの時代を第一級の遺構によって代表させることは、むしろ容易である。おびただしい国宝・重要文化財がしめすように、量的に豊富なのである。

これにたいして、中国の現存する木造建築というと、図2の最古の小規模な南禅寺大殿（山西省五台県、七八二

図1　太和殿　故宮の中心の建物だけに、高大な三重基壇は壮観だ。

図2　南禅寺大殿　中国に現存する最古の木造建築。間口約11メートルの小さな仏殿

図3　仏光寺大殿　間口七間、寄棟造《よせむねづくり》の本格的仏殿。釈迦・阿弥陀・弥勒の三尊などを置く。

年)、日本の唐招提寺金堂ともいくらか共通する構成をもつ図3の仏光寺大殿(同、八五七年)など晩唐期の数例のほか、遼金、宋元時代の宗教建築がある程度残っているけれども、それらをのぞくと大半の遺構は、明清時代のものとなってしまう。

当時第一級のデザインを駆使したとみなされ、支配者に直結して当時の豪華雄壮を誇ったにちがいない、明清以前の名建築や大建築は、すでにことごとく失われてしまったといってもいいほどである。最近、考古学発掘の成果にもとづいて復原図が発表された秦の咸陽《かんよう》宮殿第一号遺址《いし》の整備された構成や、唐の長安大明宮含元殿《だいめいきゅうがんげんでん》(図4)

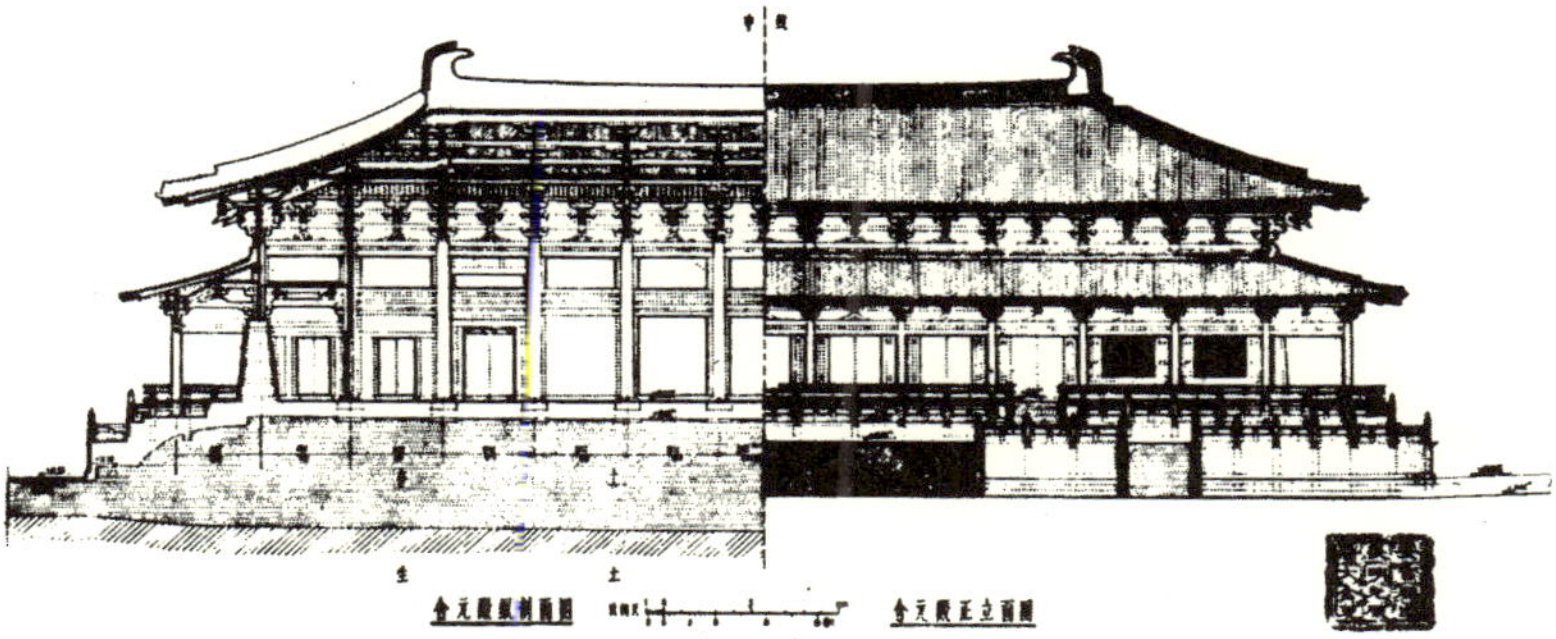

図4　大明宮含元殿（傅熹年《フーシイニエン》氏復元）唐の都城・長安の東北にあった大明宮の正殿。

の雄大なパースが、もっとも雄弁にそのことを物語っている。
中国の悠久な歴史、そして広大な領土を考えれば、それらはたしかに微々たる遺物である。とくに、古代いらい、都城の建築の中心をなした宮殿、官署、城門、壇廟《だんびょう》、あるいは官寺の類で、こんにち伝わるのは、ほとんど明清時代のものに限られる。それは、戦乱や廃仏がくりかえされた中国の建築にあたえられた必然的な運命なのかもしれない。だからといって、中国建築へのビジュアルな面でのアプローチが閉ざされているかというと、必らずしもそれはあたらないようだ。

二　建築の様式とその主流

日本建築における様式的な流れをたどろうとするとき、わたしたちは、すくなくとも中世以前については、仏教建築や神社建築を中心に語らなければならない。それには、遺構や史料の制約ということもあろう。が、より忠実にいえば、そこに、宮殿、仏寺、神社、住宅といった各類型の建築の相互間の関係が、むしろ稀薄であったことをつけくわえる必要があるだろう。たとえば、平安時代の歌謡『口遊《くちすさび》』に三つの「大屋」と誦《うた》われた出雲大社本殿と東大寺大仏殿と平安宮太極殿のあいだには、おそらく素人目にもそれとわかる明らかな建築様式のちがいがあったと想像されるのである。

平城宮の建築には、唐から学んだ技術がもちいられ、当時の仏教建築に見られると同じような、斗栱《ときょう》(柱上の組物)も鴟尾《しび》(屋根の大棟端《おおむね》の飾り)もつかわれたが、その後、社寺建築と宮殿建築という二つの系統は、むしろ異質の方向をとったようなのである。

一方、中国建築には、時代を一貫して、厳然たる主流があった。それは宮殿であり、壇廟、官署、学校、官寺である。これらは、いずれも当時の支配者に直属する建築であり、いってみれば権力の象徴でもあった。そして、そのデザインを担うべく、つねに、強固な官僚制に組みこまれた官僚建築家が存在した。かれらの身分は、概してきわめて低く、上の命によって、最大限の経済力を背景に、当時最高の豪壮華麗なデザインを演出する役割を分担したのである。

中国の場合、いわゆるディテールの面もふくめて、建築の類型による様式的な区別は、あまり明確ではなかったようである。記録によれば、仏教が隆盛をみた北魏の洛陽では、とりわけ伽藍の威容をもって知られた永寧寺《えいねいじ》の仏殿・楼門・囲い塀は、それぞれ宮殿の正殿・楼門・囲い塀に似ていたと記され(『洛陽伽藍記《らくようがらんき》』)、また唐の長安城の前身である隋の大興城では、城内最大の規模を誇った官寺・大興善寺の仏殿の建築様式は太廟《たいびょう》と同じだった、とある(『長安志』)。このような傾向は、戦国時代以降の青銅器、画象塼《がぞうせん》、壁画、あるいは絵画などに描かれた建築図をみても、例外ではない。

三　封建的思想の拘束と建築の伝統

中国建築がさらに日本建築と決定的に異なるのは、時代をとおして、一貫する原則をもつことである。端的に

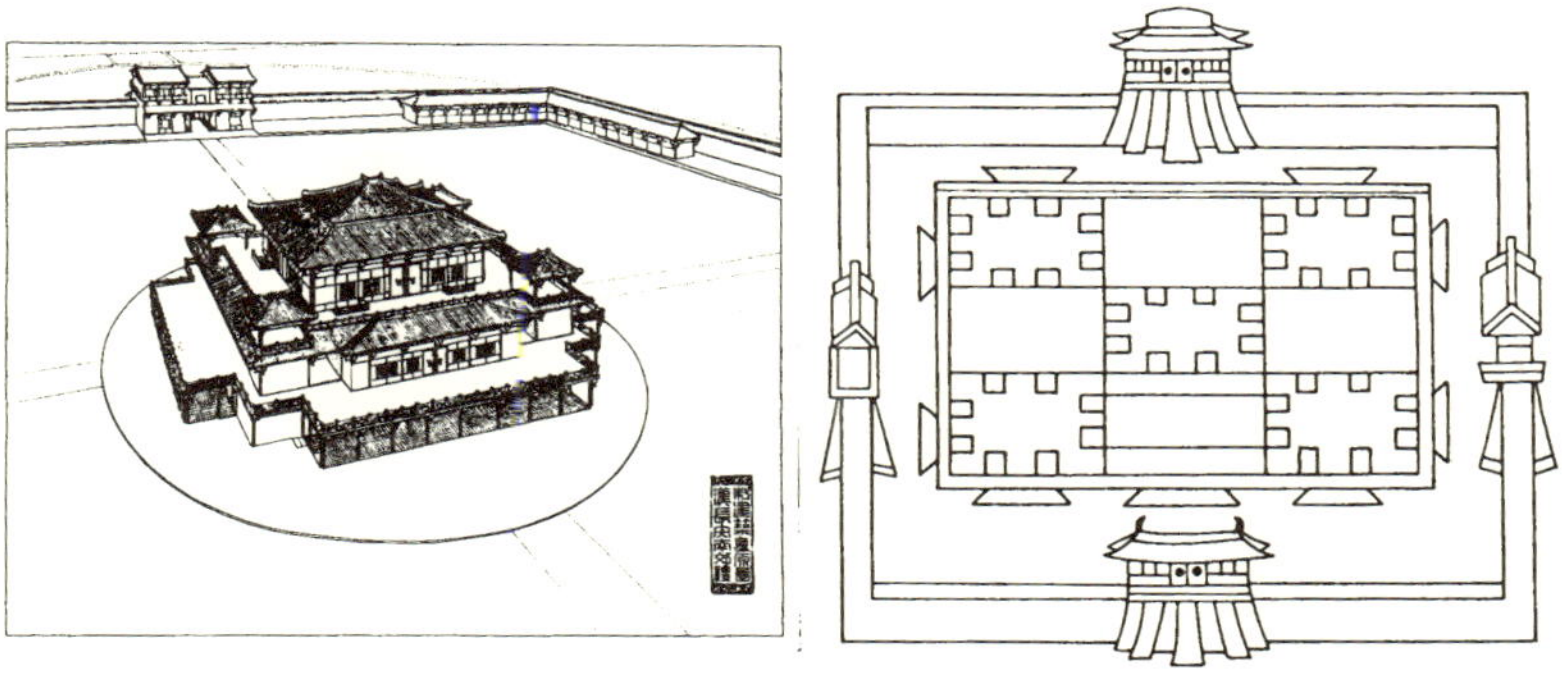

図5−a（右）・b（左）　明堂図《めいどうず》と礼制建築
aは宋の聶崇義《しょうすうぎ》『三礼図《さんらいず》』より。明堂の形式はほかにも数多い。
bは漢代の礼制建築で王世仁《ワンシーレン》氏復原。西安で発掘調査され、明堂か否かに議論がある。

いえば、中国建築の群としての構成にはいくつかの基本的な原則があるし、個々の建築にも、同様なことを見出すのは可能である。具体的には、後に故宮を例にとって詳しくふれるが、この原則は、すでに失われ、記録によってのみ知られる古代の建築から、現存する宋元明清時代の遺構にいたるまで共通しており、しかもそれは宮殿はいうにおよばず、壇廟、仏寺、道観《どうかん》(道教の寺院)、さらに民間の住宅にまであてはまるのである。

時代・類型を超えた原則の存在は、わたしたちにとっては異様におもえる。それを理解するには、中国固有の思想的背景を考えなければならない。ひとつの例をあげよう。

中国には、明堂《めいどう》という古来議論の絶えない、礼の制度にもとづく建物(図5a・b)があった。むかし周公が諸侯を朝せしめ、その身分秩序を明らかにしたところ(『礼記《らいき》』明堂位篇)で、政教を明らかにする堂と説明され(後漢の鄭玄《じょうげん》の注)、夏后氏の世室《せいしつ》、殷人の重屋《じゅうおく》、周人の明堂と、時代により呼称を異にしたとされている(『周礼《しゅらい》』考工記)。あるいは布政の宮といい、また単に王者の堂といい、また先王・五帝を祭祀する堂ともいい、解釈を多様をきわめた。

その制度についても、漢代いらい、くりかえし議論がなされ、あ

図6　国子監《こくしかん》の辟雍《へきよう》　昔の最高学府。辟雍は、皇帝が講義をする正殿。清・乾隆49年（1784）再建。

るいは実際に建設され、あるときは論争が決せずに実現をみなかった。その議論は、当然のこととして明堂の建築的構成、すなわち平面-室の配置、柱の位置、扉や窓の位置から、ついには柱や梁《はり》の詳細な本数、寸法にまでおよぶこともあった。清朝には、その制度を論じた考証学者たちの論文がすくなからず出て、そこに掲載される平面図の種類は、かれらの数に等しい、正確にはそれ以上のものとなった。明堂はとくに難解だが、このようなことは一般の宮室についても、けっして例外ではなかった。たとえば天子の燕寝《えんしん》（居住・休息用の建物）や宮門の制度については漢代いらい、いくつもの説がおこなわれたのである。

四　古代思想の具象化

もうひとつ、より具体的な例として、天壇《てんだん》をあげよう。北京に現存する天壇は、北京城外城内の東寄りに位置しているが、当初、明の永楽十八年（一四二〇）に創建されたときは、のちにものべるように北京城に外城はなく、古来の祭祀建築の制にのっとって、都城の南郊に置かれたものであった（図8参照）。明の一五三〇年、清の一七五一年に再建をへているが、当初の形式は伝えられている。

天壇は、毎年冬至《とうじ》に帝が天を祀る、圜丘《えんきゅう》とよばれる三重円形の壇と、毎年春に豊作を祈願する、祈念殿《きねんでん》（図7）とよばれる三重円屋根の木造建築からなる。そして、それぞれに明確な古代の思想が具象化されているのを見ることができる。すなわち圜丘は、古来信じられてきた「天円地方」の思想を具現して、壇は三重円形にして天をかたどり、周囲の塀は正方形にして地をかたどった。天は陽であり、ことごとく陽の数（奇数）によって設計され、三重の壇の直径は、それぞれ上層から順に、一×九＝九丈、三×五＝一五丈、三×七＝二一丈とし、上層の壇に

図7　天壇　創建時は北京城の南郊にあった。中国独特の宇宙観を反映した特異な建築。中央は祈年《きねん》殿。

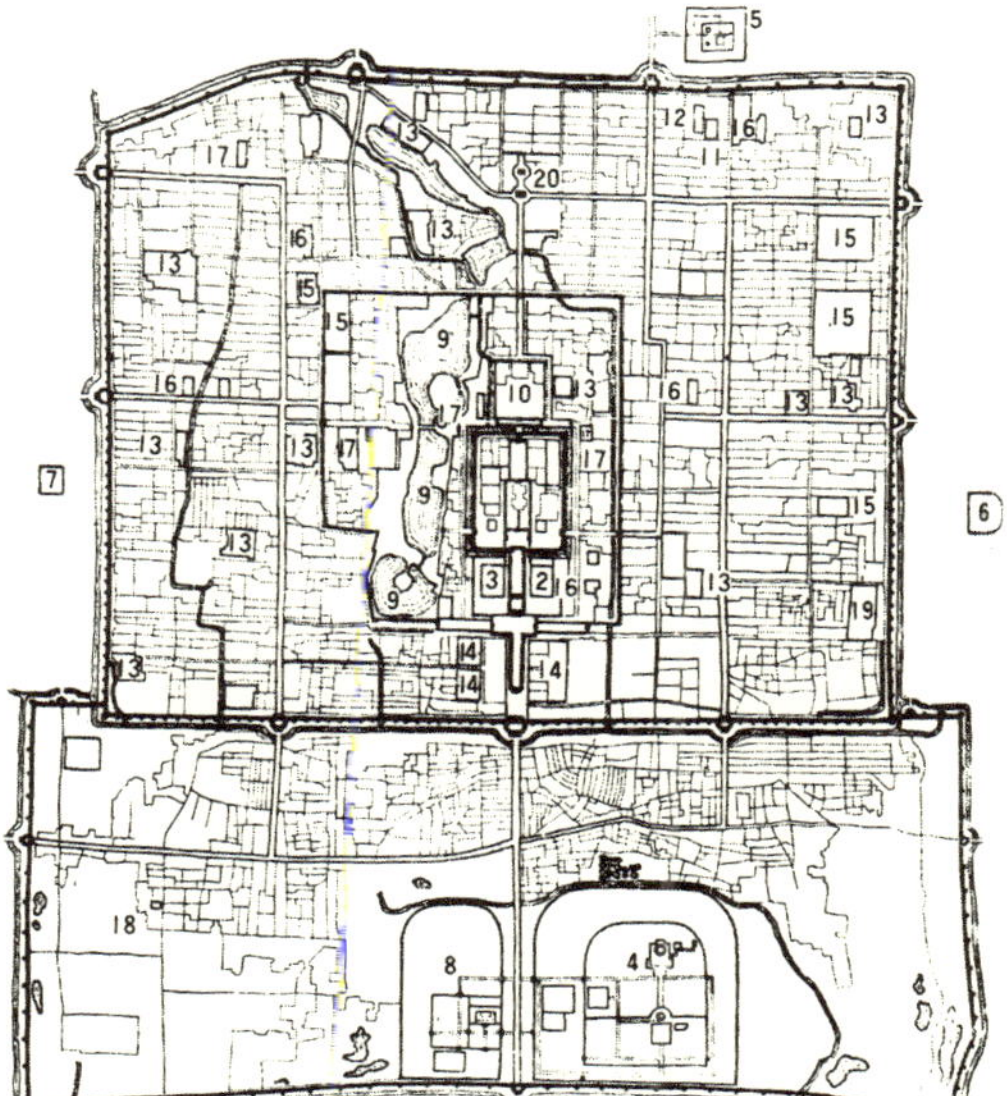

図8　清代の北京城の全体平面図
1－宮殿、2－太廟、3－社稷壇《しゃしょくだん》、4－天壇、5－地壇、6－日壇、7－月壇、8－先農壇《せんのうだん》、9－西苑、10－景山、11－文廟、12－国子監、13－諸王府公主府、14－午門、15－倉庫、16－仏寺、17－道観、18－イスラム教礼拝寺、19－貢院、20－钟鼓楼。

敷きつめる石の配置は同心円にして、中心に一個、一周目九個、二周目二×九＝一八個、三周目三×九＝二七個、……九周目九×九＝八一個と、整然とならべられた。祈年殿の円形もやはり天をかたどっており、上層の屋根は四季をかたどる四本の柱、中層は十二月をかたどる一二本の柱、下層は一日十二時辰をかたどる一二本の柱で支え、中・下層の柱の計二四本は一年二十四節気をかたどる、というようにである。

中国の都城、宮室、あるいは明堂、図6の辟雍《へきよう》(天子の大学、大射の礼をおこなうところ)、壇廟などの礼制建築は、多少の差はあれ、原則としてつねにこの種の封建的思想に拘束されていたといってもいい。ちなみに、日本に目を転ずると、江戸時代の考証学者裏松固禅《うらまつこぜん》に『大内裏図考証《だいだいりずこうしょう》』(一七九九)があり、実際に平安宮の古制に復した御所が再建された例はあるが、思想的な背景の面で比較にならないし、このような往古の文物制度をたっとぶ主義は、けっして日本建築に普遍的な傾向とはなっていない。

五　鮮明な建築群を構成する故宮

故宮とその機能

固有の制度と思想に制約されながら独特な展開をつづけた中国建築にあって、故宮もまたひとつの典型であった。故宮(紫禁城)は、明清時代の北京城内の中央南寄りに、広大な範囲を占めている(図8)。当初、明代に建設された北京城は、いま内城とよぶ部分のみからなっていた。

その都市平面は、当地の前身、元の大都の形式の一部を踏襲したために、中国の都市平面の系譜においては、どちらかといえば不規則的なかたちになっている。すなわち、明初の洪武二年(一三六九)、元の大都の規模を縮小して北側城壁の位置を南へ移し、のち永楽十七年（一四一九）に南側の城壁を拡張した結果であり、外城はさらにのちの嘉靖三十二年（一五五三）に増築されたものである（図11）。

内城は、内に宮城をとり込んだ皇城、すなわち二重の城壁を包み込んでいる。中核をなす宮城は、明の永楽五～十九年（一四〇七～二〇）に、元の大都の宮城の位置をほぼ踏襲して新築されたもので、その後清朝の再建をへているが、全体の規模・配置形式はほぼそのまま、現在見られる故宮に引き継がれている。

清代の北京城の全体図（図8）を見れば、皇城の南端中央に開かれる天安門から、宮城の南門である午門《ごもん》をへて、宮城全体をつらぬく中軸線が、故宮の背後の景山《けいざん》をとおりすぎ、さらに都城北端ちかくの鐘楼《しょうろう》・鼓楼《ころう》にまで達し、それがそのまま都城平面全体をつらぬく中軸線となっていることが、ただちに知られるだろう。これは、前身の元の大都の都市平面における中軸線と宮殿の位置を踏襲したためではあるが、結果的にまったく異質の都城平面を形成した、元と明の両代の宮城が、それぞれ都城中心線上に置かれる点で、一致するところとなった。

図9　儲秀宮《ちょしゅうきゅう》　后妃の住居。四周を廊で連絡し、広い四合院《スーホーユアン》をつくる。

図10　保和殿の背面より乾清門、乾清宮をのぞむ

故宮の中核を構成する宮殿建築群

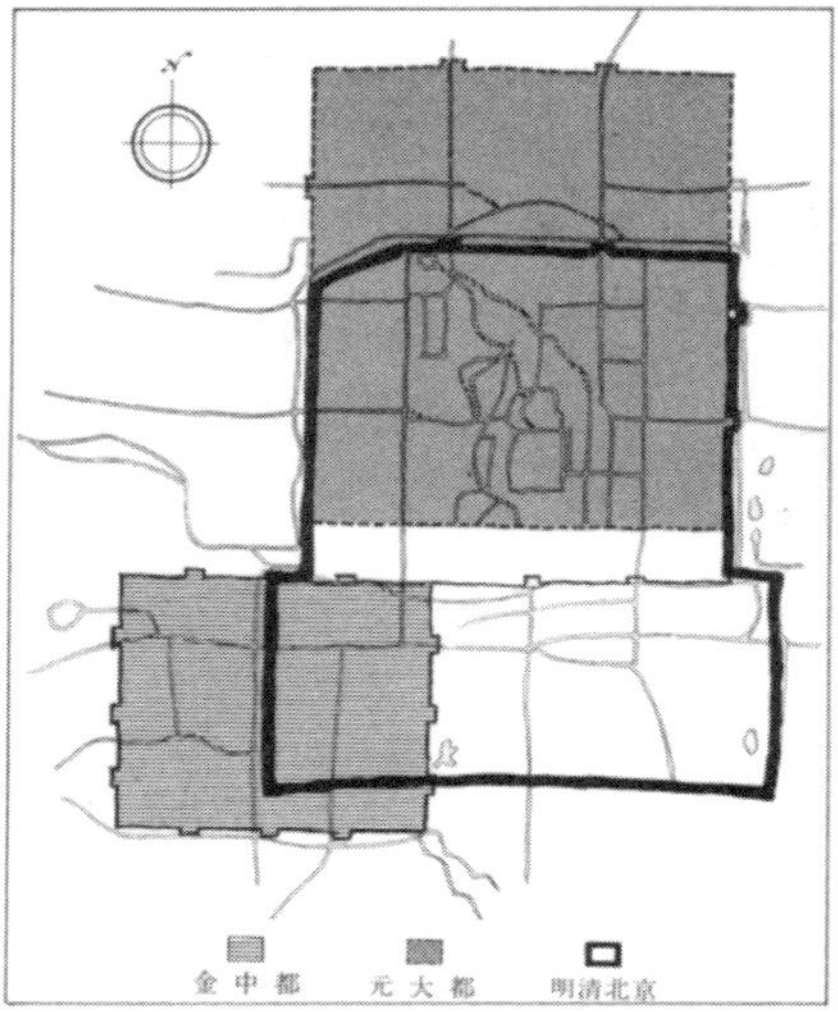

図11　北京城歴代変遷図　南西が金の中都、東北が元の大都、太線が明清の北京城をしめす。

は、前後二つのブロック、すなわち外朝と内廷からなる。外朝は、太和殿（図1）・中輪殿・保和殿の「三大殿」を擁《よう》する政治・儀式の中心であった。太和殿では、皇帝の即位の儀式や、祝日、出征、詔書の頒布といった重要な国家的式典が催された。内廷は、乾清宮《けんせいきゅう》・交泰殿《こうたいでん》・坤寧宮《こんねいきゅう》を中心とし、その後方に小さな御花園《ぎょかえん》をとり入れている。乾清・坤寧両宮は当初、それぞれの皇帝と皇后の居住用としてつくられ、その両脇には女官たちの住居である東宮・西宮が配された。故宮は、これらの建物を中心にして、鮮明な建築群の構成をみせている。

六　閉鎖的空間のアンサンブル

紫禁城の建築群は、全体を南北につらぬく、歴然とした一本の中軸線をもっている。外朝の太和殿など三大殿、内廷の乾清宮など三棟の建物のように、とりわけ重要な建築は、すべてこの軸線の上にならべられ、この軸線にたいして、いずれも左右対称の平面をもっている。しかも、それらは、例外なく塀に囲まれた中庭をもっており、南から北へ、数多くの閉鎖的な中庭群がつぎつぎと重ねられていく。

図12　太和門　南西より望む。後方に中軸線上の太和殿が見える。

まず、五本の大理石の欄干《らんかん》をつけた橋をわたり、天安門をはいると、つぎに端門《たんもん》にいたるまでの中庭がある。それをくぐると、午門までは縦に細長い中庭。午門をくぐると、やはり大理石でつくられた五本の金水橋をへて、太和門の前庭。太和門をくぐると、はじめて中核である太和殿の一郭に到達する。この三大殿もやはり両脇の中庭をともなっている。内廷も同様で、乾清門（図10）をはいると乾清宮の前庭、さらに交泰殿と両脇の中庭をへて、坤寧宮とつづく。

全体をつらぬく中軸線の上に、いく重《え》にも重ねられる、塀に囲まれた中庭群——この種の配置は、とくに欧米の学者たちがほぼ例外なく指摘するように、中国建築のもっとも顕著な基本原則のひとつであった。

ほかに実例をあげることも、たやすい。まとまった規模をもつものとしては、時代はそう古くないが、数年前、批林批孔運動の舞台として有名になった曲阜《きょくふ》の孔廟がある（図13）。現在の規模は、明の弘治十七年（一五〇四）に完成したものであるが、明確な中軸線式配置である。県城南門の仰聖門からはじまる中軸線が、廟の南門である櫺星門《れいせいもん》をへて、北へつらぬかれ、線上に、賜書を蔵する奎文閣《けいぶんかく》、正門である大成門、孔子の講堂址と伝える杏壇《きょうだん》、そして最大規模の正殿・大成殿などの主要な建築群が、きわめて整然と配列されている。

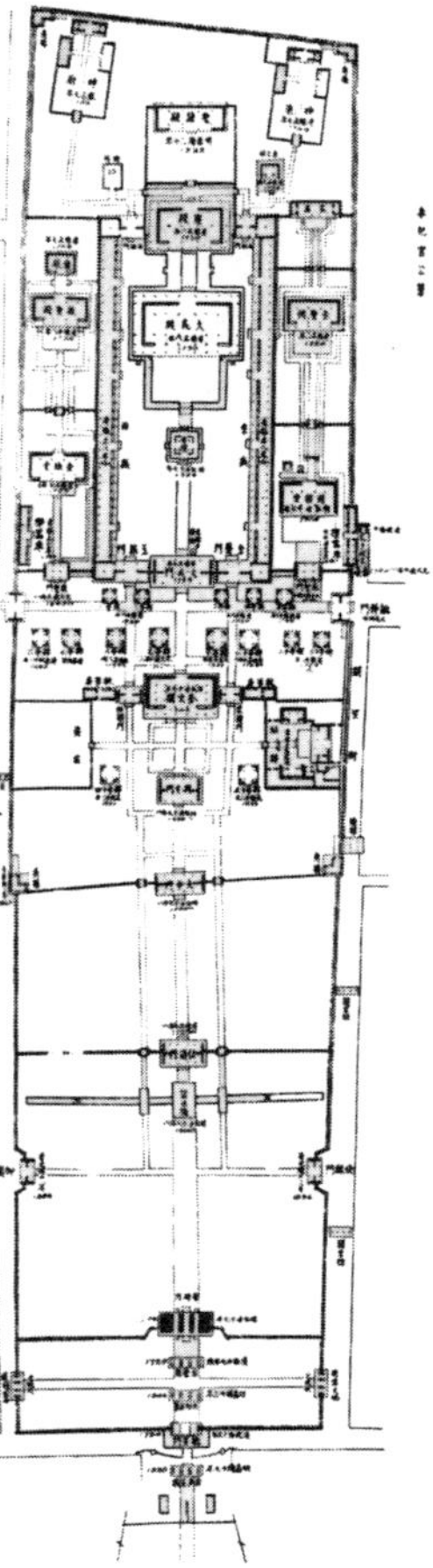

図13　曲阜《きょくふ》孔廟の全体平面図　南北をつらぬく中軸線上に主要な建物がならび、中庭が重ねられている。

この種の構成は、ひとり宮殿や礼制建築に限らない。陵墓にも、宗教建築にもみられる。仏教建築では、前にもあげた『洛陽伽藍記』に記される北魏の永寧寺が、この形式に属するし、時代はくだるが、まとまった実例ものこっている。道教の祠《ほこら》にも、壁画で有名な永楽宮に、無極門・三清殿・純陽殿・重陽殿と縦列された元代建築群が現存する。

住宅でも同様である。北京などに多い、いわゆる四合院《スーホーユワン》式の住宅(図14)は、この原則をきわめてシンプルに表現したものと理解することができる。現実に、中庭群を縦方向に増加させることによってつくられた、大地主の邸宅の実例もある。中国では、このように塀に囲まれた中庭群を「院子《ユワンツ》」、いく重にも重ねられた中庭群を「院落《ユワンルウォ》」といい、その重なりの数を「進《チン》」で数え(五進、六進というように)、それがきわめて普遍的な構成となっている。さらに空間的に規模をひろげ、中庭を城内、塀を城壁に置きかえれば、この原則は、中国の都市平面にもあてはまるものである。

七　アピールする群の構成

中軸線上に配列される中庭群は、単なる羅列ではない。当然、群としての効果を意識した、巧妙な強調と変化がつけられている。もっとも主要な部分は、強調され、付属的な要素は、おのずから、副次的な効果を加味されることになる。

故宮の中枢は、太和殿を中心とする外朝の一郭である。重要な式典を挙行するこの部分には、もっとも広大な前庭が用意され、さらにその導入部となる太和門の前庭にも、大理石の金水橋を渡した水路が横切る、広大な前庭が用意される。この前庭にいたる午門までのアプローチは、意識的に非常に長い距離が保たれ、その終着点となる午門は、最初の強調として、赤い塼《せん》（レンガ）積みの高大な台上に立つ、東西両闕《けつ》を前方に張り出している。

この構成は、後漢の劉熙《りゅうき》『釈名《しゃくみょう》』に、「闕《けつ》とは、闕（欠）けるという意味である。門の両旁《りょうかたわら》にあって、中央が闕然として道をなしているものである」とある、そのままの構成であり、より具体的には、唐の懿徳《いとく》太子墓の墓道両側面に展開された闕楼図とも同様の構成である。

建築規模の面でも、同様に、強調と変化がある。

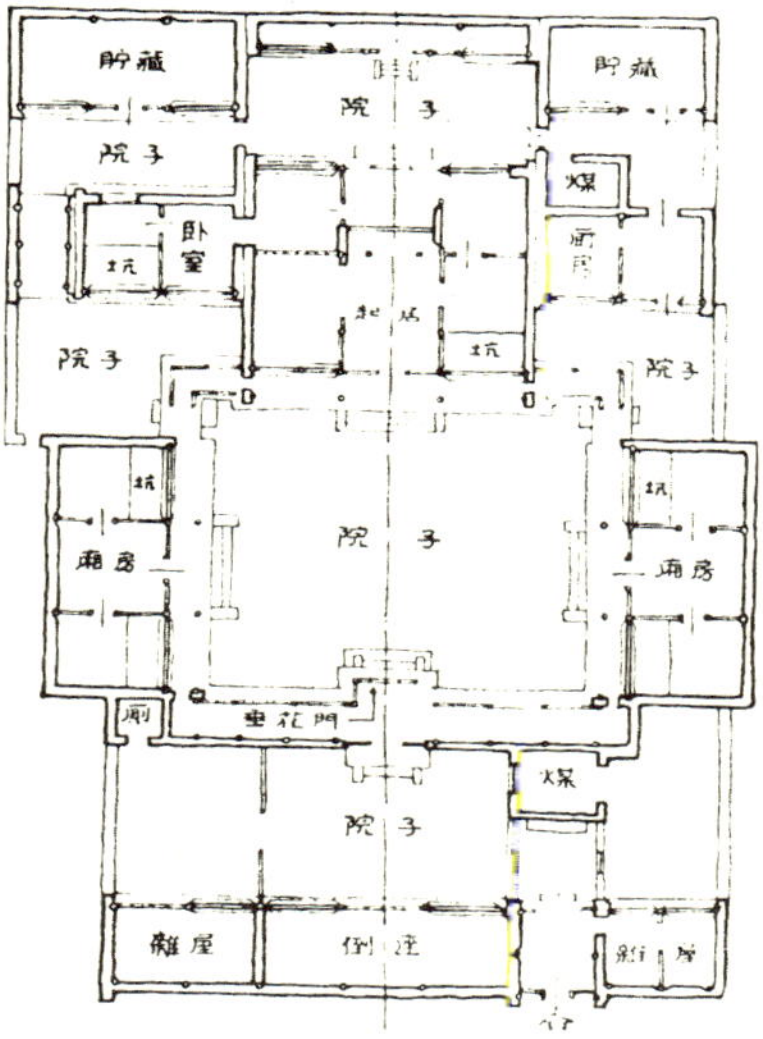

図14　四合院《スーホーユアン》住宅　北京の典型的な例。北に主屋の正房《チョンファン》、東西に廂房《シアンファン》、南に倒座《ダオヅウオ》を配する。

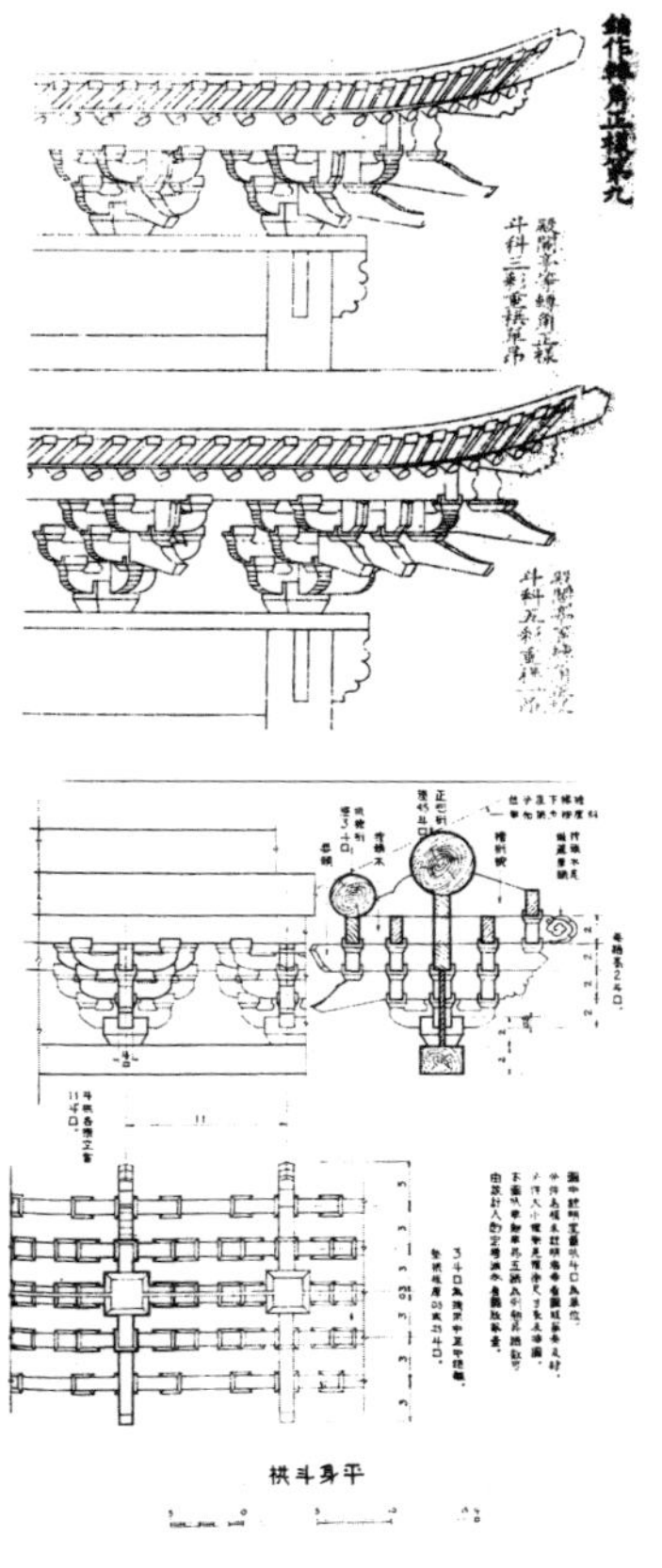

図15（上）、16（下）　斗栱図
15は宋代の斗栱。『営造法式《えいぞうほうしき》』側様図より。
16は宋代より簡略化した形式の清代の斗栱。

中核となる太和殿は、重厚な二重寄棟《よせむね》造の屋根をいただき、うしろの小規模な単層宝形《ほうぎょう》造の中和殿と、さらにうしろの太和殿にはおよばないが、やはり二重寄棟造の保和殿とともに、共通の工字形平面の高大な基壇の上に立つ。この三棟は、天安門、午門、太和門という、いくつかの規模の変化をへたのちに、最大の量感をあたえる。三棟の立つ基壇は、大理石の欄干をめぐらした三重のもので、すくなくとも日本の建築を見なれたわたしたちにとっては、まったく異質の、威圧的な高大さをもっている。けれども、中国建築にとって、それはやはり伝統的な構成であった。

北宋のとき、将作監《しょうさくかん》の李誡《りかい》が著わした詳細な建築技術書『営造法式《えいぞうほうしき》』（一一〇三年）はよく知られているが、それより先行して、喩皓《じゅこう》に、『木経《ぼくけい》』という建築書があった。かれは、宋初の杭州の名匠で、端拱二年（九八九）に汴京《べんけい》開宝寺の塔をつくった人物である。この本はすでに散佚《さんいつ》したが、宋の沈活《しんかつ》『夢渓筆談《むけいひつだん》』のなかに引用された一文がある。

凡《およ》そ屋に三分有り。梁より以上を上分と為《な》し、地より以上を中分と為し、階を下分と為す。……（巻一八、技芸）。

と。現代流にいえば、建物は三つの部分から構成され、小屋組を上分、礎石から梁までの軸部を中分、基壇を下分という、と。これは、中国建築の一種の基本的な概念だったのである。したがって、基壇が重視されるのは当然であり、明清以降に限ったことではない。

八　清朝建築を構成する要素とその源流

ディテールの規格化

中国の木造建築は、日本のそれと同じように、柱、梁、斗栱《ときょう》、母屋桁《おもやげた》、棟木《むなぎ》、垂木《たるき》といった部材を組み重ねてつくられる。壁の役割、小屋組を形成する原則などに若干ちがいはあるが、部材の組み重ねかたもほとんど似ている。柱や梁、斗《ます》や肘木《ひじき》を、必要な寸法に木取りしてもちいることも同様だ。ただ、中国の場合、これらの部材寸法の統一規格化、建物による等級制といった方向が、かなり古くから鮮明である。

端的な例は、北宋の『営造法式』である。官僚建築家の李誡は、この本の木造建築関係をのべた巻の冒頭に、つぎのように記している。

凡《おそ》そ構屋の制は、皆材を以って祖と為《な》す。材に八等有り。屋の大小を度《はか》り、因《よ》りて之を用う（巻四、大木作制

図17　儲秀宮の罩《とう》　このように室間を飾る入口飾りを「罩」とよぶ。

図18　太和殿の斗栱　清代の特徴を反映し、むしろ粗略な形式である。

度二）。

と。建物をつくる場合、すべて「材」を基準とする。材には八等のクラスがあり、建物の大きさによって、それぞれのクラスのものをもちいる、と。そして、間口（柱間の数）が九間や一一間の大きな建物を第一等とし、もっとも小さい殿内の装飾天井や小さな亭《あずまや》などの組物にもちいる第八等まで、それぞれ基準単位「分《ふん》」の大きさを八段階に変える、という。分《ふん》は寸尺分の分《ぶ》ではなく、あらゆる規模に通ずる比例の基準単位で、つまり第一等の大殿は一分《ふん》＝六分《ぶ》、第八等の小亭は一分《ふん》＝三分《ぶ》、というようにつかいわける。これは、文字通り、建築の等級制であった。同時に、建築の規格化であった。あらゆる規模に普遍的な、比例寸法による設計規準をつくっておき、基準単位の大小を変えさえすれば、ただちに設計が可能であった。主要な建物、あまり主要でない建物、というようにである。

この傾向は、明清時代にはさらに顕著となった。専門の設計機構として「様房《ようぼう》」、積算機構として「算房《さんぼう》」がつくられ、実際の工作の面でも分業化がすすみ、構造も、施工も、規格化の方向にむかった。宋代までの、力学的なバランスを、そのままひとつひとつの部材の組み重ねによってあらわしたディテールから、余分な工程を省き、精巧なジョイントをとり去ったディテールにかわった。それは、ちょうど木版印刷の分業化の過程に似ている。あるいは現代建築の、手仕事のリベット打ちラチスから、工場生産のH型鋼へ、という過程にも似ている。いずれにせよ、そうした過程をとるものの例にもれず、清朝建築は、全体として大味な、終末的なデザインをあらわすところとなった。とくにそのディテールは、規格化された無味乾燥なものになったといっていいだろう。

九　彩色の等級制とさまざまな類型

現存する明清時代の木造遺構は、故宮太和殿も天壇祈念殿も、長陵稜恩殿《りょうおんでん》も智化寺万仏閣も、どれもが強烈な極彩色にいろどられている。こうした彩色装飾もまた、伝統的な要素のひとつであった。

中国建築が、古くから豊富な彩色装飾をもっていたことは、すでに『楚辞《そじ》』にうたわれた戦国時代の楚の祭殿をはじめ、かず多くの文献に見える。しばしばあげる『営造法式』にも詳細な「彩画作制度」の巻があるが、宋代の奢僣禁制《しゃしきんせい》に、宮室寺観以外は彩色を禁止しているように、それは一種の特権的な装飾であった。さらに、彩色にもちいる文様や色にまで、等級があったのである。明初の営繕令（一三九三）には、官位によって、使用できる色が規定されている。たとえば、邸宅の庁堂（大広間）の梁・棟木・垂木に青や緑をつかえるのは、五品以上の者に限られていた。

この時代、彩色の文様には多くの形式があったが、それぞれ使用できる対象がやはり定められていた。たとえば、和璽《わじ》彩色は宮城の主要な建物、旋子《せんし》彩色は官署・廟、蘇式《そしき》彩色・箍頭彩色は住宅・庭園というように、はっきりした等級制限がおこなわれていたのである(図19 a・b・c)。故宮の太和殿など、中枢を構成する建築は、支配者のみに許される和璽彩色をもちいている。

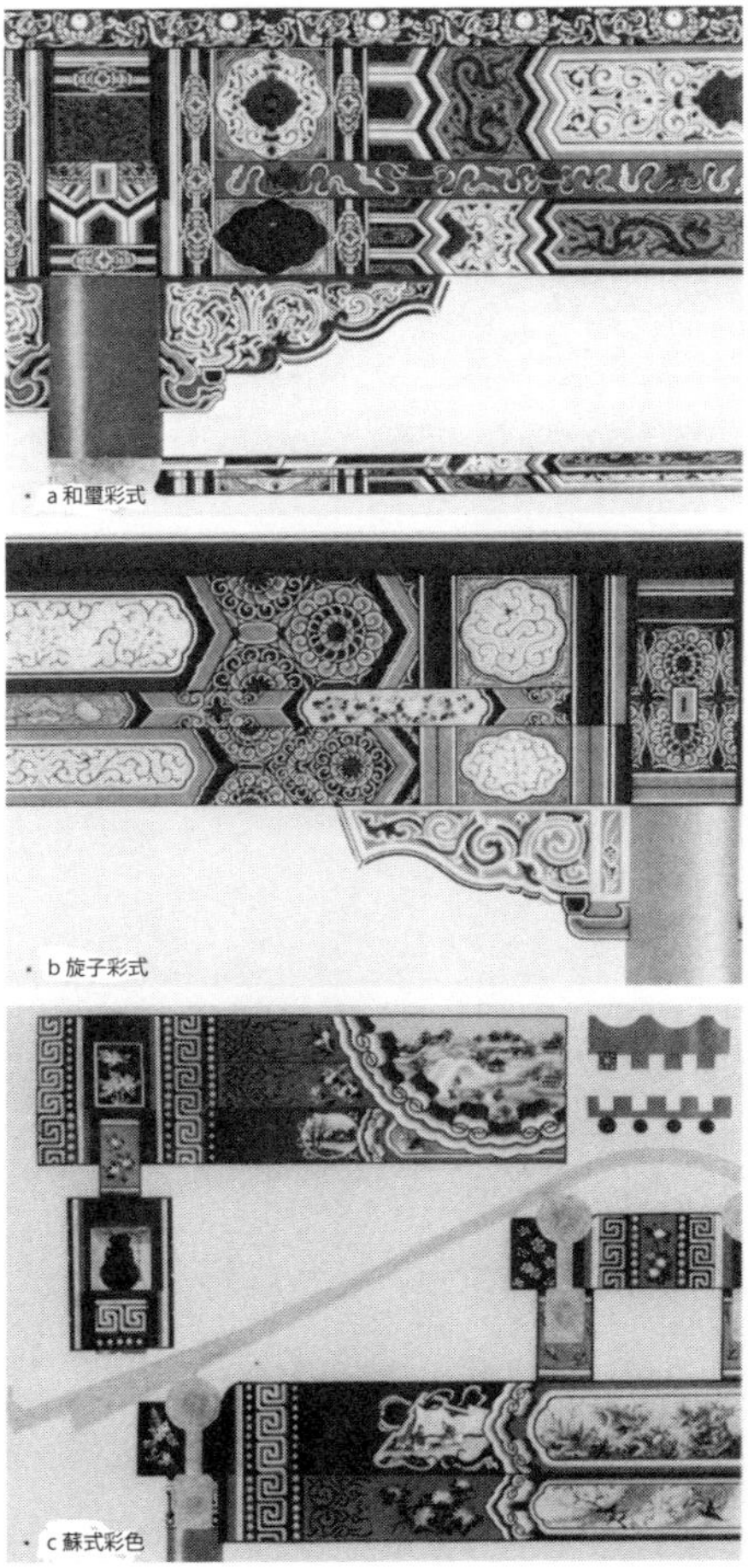

図19　明清時代の建築彩色　材端部の文様により格式がある。龍を描く和璽《わじ》彩色が最高。渦文の旋子《せんし》彩色も高級。蘇式《そしき》彩色はやや副次的。
a　和璽《わじ》彩式　b　旋子《せんし》彩式　c　蘇式《そしき》彩色

一〇　精緻な造作

明清時代の建築を飾る著しい要素のひとつに、工芸の精緻をきわめた、多様な造作《ぞうさく》がある。扉、窓、入口構え、欄干、楣《まぐさ》(戸口上の梁)下の飾り、などである。

窓や扉の欄干の格子文様には、数えきれないほどの種類がある。単調な連子《れんじ》(縦格子)から、さまざまな形式の組合せ文様や幾何学文様まで、たいへん豊富で、それぞれ、たとえば歩歩錦《プープーチン》、灯籠框《トンロンコワン》、方勝《ファンション》、井口《チンコウ》、卍字回紋《ワンツーホエウエン》、氷裂紋《ピンリエウエン》というような名称がつけられている。この種の多彩な類型は、すでに明代の南方の庭園書『園冶《えんや》』にその萌芽が見られ、いらい主として江南地方の庭園建築に、ふんだんに活用された。罩《とう》とよばれる入口構えの彫刻的な装飾(図17参照)も、掛落《コワルウオ》とよばれる楣《まぐさ》下の透かし彫り装飾も、豊富な類型をもつことでは同様である。

これらの建築造作にも、すでにのべたものと同じように、建物の等級にともなう差異があったことはいうまでもない。故宮の太和殿に、菱花格心《リンホワグオシン》と名づけられる菱格子《ひしごうし》花狭間《はなざま》を組みこんだ、華麗な桟唐戸《さんからど》がとりつけられ、同

図20　太和門　門釘《もんてい》(饅頭金物)のならぶ版門《はんもん》と六角形の門簪《もんしん》が見える。

図21　景山より故宮を望む　北の景山からの俯視。

じく太和門には、門簪《もんしん》（装飾をほどこした止栓）によって、版門《ばんもん》とよぶ、日本の裏桟唐戸《うらさんからど》の形式に似た重厚な板扉がとりつけられているのは、ゆえないことではない（図20）。それらは、いずれも、他の多くの建築的要素とともに、その場所が清朝の権力の中枢であることを顕示するものであった。

四　「高低冥迷として東西を知らず」検証・阿房宮
――その実態を探る

一　過去を透視した詩人の眼

阿房宮《あぼうきゅう》の建設は、秦の始皇帝がとくに執心した土木工程のうちでも、万里の長城、驪山《りざん》の陵墓の築造とならぶ巨大な工事である。というより、中国の悠久な建築史の全時代を通じてみても破格の規模のものであり、その宏壮な建築はいささか伝説的な色彩さえ加えられながら、後世まで語り継がれてきている。

のちに起こった王朝において、ときの天子に節倹の旨を諫言《かんげん》しようとする賢臣らが、国を疲弊させた奢侈の悪例として決まって引き合いに出したのは、秦の始皇帝の阿房宮であり、隋の煬帝《ようだい》の洛陽宮であった。

項羽が秦の都の咸陽《かんよう》を屠り、阿房宮を焼き払ったとき、その火は三か月のあいだ消えることがなかったと伝えられていることから察しても、この宮殿の規模は、ほとんど信じがたいほどのものだ。ただ、そうした多分に刺激的な伝承が後世の人びとをして過剰なまでの憶測を抱かしめる要因になったこともまた否めないであろう。

晩唐の詩人、杜牧《とぼく》は、宝暦元年(八二五)有名な「阿房宮賦《あぼうきゅうふ》」をつくった。

かれは、その冒頭に、つぎのように詠んでいる（以下、漢文史料の引用に際しては、少々読みづらいとは思うけれども、話題の性格上、なるべく原文に近い形をとどめる必要があるため、訓読の形式をとることを許されたい）。

六王　畢り、四海　一となる。蜀山　兀いで、阿房　出でんぬ。覆圧すること三百餘里、天日を隔離す。驪山の北に構えて西に折れ、直ちに咸陽に走る。二川溶溶として、宮牆《きゅうしょう》に流入す

と。楚・斉・燕・韓・魏・趙の六国が割拠していた情況を終焉させ、中国をはじめて統一した秦の始皇帝が咸陽に新宮殿を築いたときの場面を簡潔に表現している。

ただし、これは、あくまでも阿房宮が焼き討ちに遭って消滅し、その後すでに一千年あまりを経たのちに、杜牧が往時の様子を頭のなかで想像して描いたものにすぎない。

しかも、この賦は、かれが、唐の敬宗の大々的な宮殿の増築を邪揄《やゆ》せんとして詠んだものであった。だから、当然、そこには誇張もあるし、史実に合わない誤解も含まれているであろう。

しかし、かれは『史記』をはじめとする文献の記載を熟知していたからこそ、それを一篇の作品にまで仕立てることができたのである。

「阿房宮賦」のなかのいくつかの句が、歴史の実証という観点からすれば問題点をはらんでいるはずでありなが

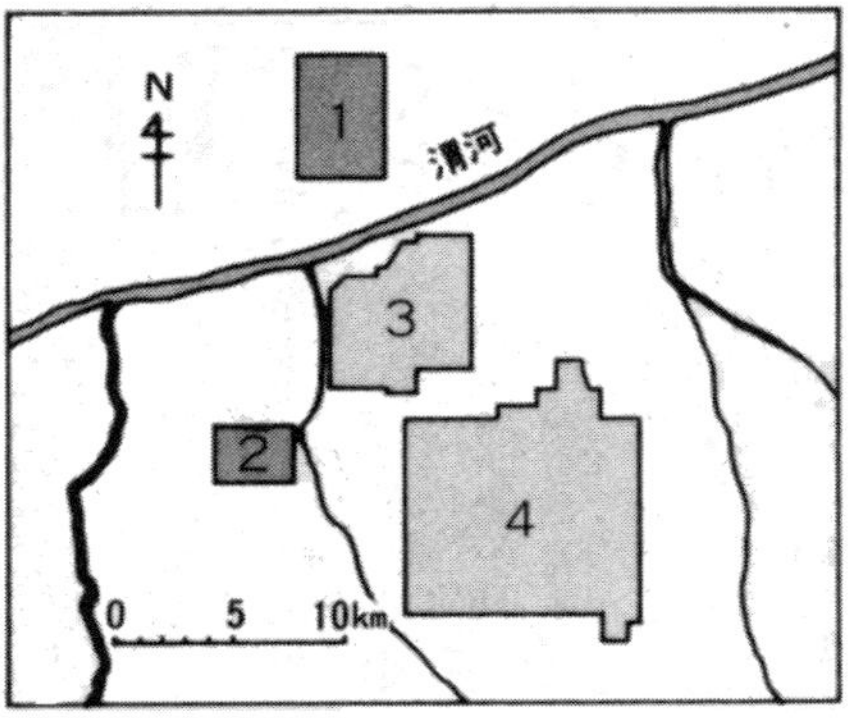

西安に残る秦、漢、唐代の都跡
1　咸陽
2　阿房宮
3　長安（漢代）
4　長安（唐代）

ら、中国建築史を語るばあいに引用されることがあるのは、杜牧が想像した阿房宮の建築空間が、のちの世に伝えられていった中国建築の特質を言い得て妙であるからにほかならない。

かれは、つづいて、いよいよ阿房宮の建築の構成を詠みこむ。

　五歩に一楼、十歩に一閣。廊の腰《くびれ》は縵やかに廻り、簷《のき》の牙《きっさき》は高く啄《ついば》む。各《おの》おの地の勢いを抱き、心を鉤しくして角を闘わす。盤盤焉《ばんばんえん》、困困焉《こんこんえん》。蜂房《ほうぼう》は水の渦のごとく、矗え、幾千万落なるかを知らず。長橋は波に臥し、未だ雲ならずんば何の龍なるか。複道《ふくどう》　空を行き、霽《は》れざれば何の虹なるか。高低　冥迷として、東西を知らず。歌臺《かだい》に暖かく響き、春光　融融たり。舞殿《ぶでん》の冷たき袖、風雨　凄凄《せいせい》たり。一日の内、一宮の間、而《しか》るに気候斉しからず

いうまでもなく、ここで杜牧の筆はすでに空想の世界に踏み込んでいる。

回廊はゆるやかに屈由を重ね、軒先は鳥の嘴のように天空高く反り上がっている。蜂の巣のように幾間もの室を連ねた宮殿建築群は水面の渦巻のごとく交錯し、全部でいくつの中庭群から構成されているのか数えきれないほどだ。立面的にも、平面的にも、迷路のように複雑に入りくんでいる――こういうかれの表現は、もちろん当時、つまり唐代に実在した宮殿を念頭に置きながらの描写であろうけれども、おそらくほとんど秦代の実態にちかいものであったと推定して大過なかろう。

ただ、「五歩に一楼、十歩に一閣」は、阿房宮そのものとは無縁な、始皇帝が打ち破った六国の宮殿をことごとく北阪に模して築いたという記述に引かれての勇み足であろうと思われるが。

ともあれ、杜牧の「阿房宮賦」の表現が、事実に基づくものではないにもかかわらず、今日の考古学的あるいは文献的研究の成果を踏まえた眼からみて、意外にも当時の実際からさほど乖離していないように感じられるのは、それが、中国建築そのものが唐代にはとうに体系化していた永久不変の超時代的な原則をいい当てているからとしかいいようがない。

しかし、いまはこれ以上、杜牧の文学的表現にこだわり、陶酔していることは許されない。あくまで、史実の検証という無粋な作業を試みることが、私に課せられた課題だからである。

二　想像を絶するスケール

そこで、まず、『史記』の秦始皇帝本紀を見てみると、司馬遷はつぎのように記している。

［始皇帝］三十五年（前二一二）……是に於いて始皇以為《おもえら》く、咸陽は人多く、先王の宮廷は小さし。吾《わ》れ聞くならく、周の文王《ぶんおう》は豊に都し、武王《ぶおう》は鎬《こう》に都す。豊・鎬の間は、帝王の都なり。乃《すなわ》ち朝宮を渭南《いなん》の上林苑《じょうりんえん》中に営作せん。先に前殿阿房《ぜんでんあぼう》を作る。東西五百歩、南北五十丈《じょう》、上は以て萬人を坐す可く、下は以て五丈の旗を建つ可し。周く馳《は》せて閣道《かくどう》を為り、殿下より直ちに南山に抵る。南山の顚《いただき》を表《ひょう》として、以て闕《けつ》と為す。復道《ふくどう》を為《つく》り、阿房より渭を渡り、之を咸陽に属す。以て天極の閣道の漢《あまのがわ》を絶ちて営室に抵《あた》るに象《かたど》るなり。阿房宮未だ成らず、成らば更《あらた》めて令名を択《えら》びて之れを名づけんと欲す。宮を作ること阿房、故に天下之れを阿房宮と名づく

阿房宮の想像復元図（写真＝C.P.C.）
壮大な宮殿がいくつも重なり、それらはまるで迷路のように連絡されており、空中廊が渭水をまたぎ咸陽につながっていたという。

前殿とは、古代中国で宮殿の主要な建築をいう。司馬遷の記載にもみえるように、阿房宮前殿、およびそれに付随する宮殿建築群は、じつは秦始皇帝の一代では完成にいたらなかったのである。

また、『三輔黄図《さんぽこうと》』に、

阿房宮。亦《ま》た阿城《あじょう》とも曰う。恵文王《けいぶんおう》　造る。宮　未だ成らずして亡ぶ。始皇　其の宮規を広ぐ

と記されるように、それは始皇帝の三十五年（前二一二）にはじめて着工されたものではない。

阿房宮は、始皇帝が中国を統一する以前に、恵文王が創建した阿城という秦国の宮殿に始まるものであって、恵文王の代では建設が完成を見ず、始皇帝のときに旧規を拡張したものであった。それは、さらに始皇帝の代でも完成にいたらず、長城の統合や驪山の帝王陵の築造というような他の土木建築工程のあおりを受けて、ついに頓挫してしまい、始皇帝の没後、二世胡亥《こがい》によってようやく完成したものであった。

したがって、阿房宮の建設を秦始皇帝のもっとも代表的な土木

文献に記載された阿房宮の建築

書　名	前殿の建築規模	東西×南北（m）
『史記』	東西五百歩。南北五十丈。 上可以坐萬人。下可以建五丈旗。	750×116.5
『三輔黄図』	東西五十歩。南北五十丈。 上可以坐萬人。下建五丈旗。	75×116.5
『関中記』	東西千歩。南北三百歩。	1500×4500
『三輔古事』	二世胡亥起阿房殿。東西三里。 南北三百歩。下可建五丈旗。	1252.59×4500
『三輔旧事』	阿房東西三里。南北五里。 庭中可受十万人。	1252.59×2087.65
『漢書･賈山傳』	殿高数十仞。東西五里。南北千歩。	2087.65×1500 16.3×4〜5（高さ）
『博物誌』	殿東西千歩。南北千歩。	1500×1500

（王学理氏論文「阿房宮弁正」［『考古与文物』1984 年第 3 期］による）

事業のようにいうのは、厳密にいうとすこし問題があることになる。しかし、阿房宮と驪山陵の建設工程には七〇万人もの刑徒が徴発されたというから、いずれにせよ、かれの在世にその根幹が築かれたことは疑いないところである。

阿房宮前殿の全体の規模について、『史記』には、東西五〇〇歩、南北五〇丈、とある。漢代の尺度であるから、一歩＝一・五メートル、一丈＝二・三三メートルとして換算すると、東西七五〇メートル×南北一一六・五メートルとなる。その建物の上には一万人が座ることができ、下には高さ一一・六五メートルの旗を立てることができたという。

阿房宮前殿の建築の規模については、付表に示したように、いくつかの文献によって相当な出入があるが、その逐一の比較検討はあまりにも煩瑣になるから、ここでは省略し、とりあえず司馬遷の記載に、したがっておくことにしよう。

これらの文献に記される東西、南北の長さは、阿房宮前殿という単体の建物か、宮殿建築群全体の規模をしめしたものかによっても解釈は当然異なってくる。かつてそれが「阿城」とも呼ばれたと伝えられていることからもわかるように、北京に現存する清朝の宮殿の紫禁城と同様なものかどうかはべつにして、阿房宮の建築群もまた高大な壁体によって囲まれていたと推測されるからである。

時代はずっと降るが、宋代の宋敏求《そうびんきゅう》は『長安志』のなかで、つぎのように記述している。

　秦の阿房。一に阿城と名づく。長安縣の西二十里に在り。西・北・[東]三面に墻《かべ》有り、南面に墻無し。周《めぐ》り五里一百四十歩、崇《たか》さ八尺、上の闊《ひろ》さ四尺五寸、下の闊さ一丈五尺。今　悉《ことごと》く民田と為る

かれは、当時(宋代)の宮殿と同じように、周囲(ただし南面を欠く)を城壁で囲まれた阿房宮の遺跡を実見しているのである。宋の程大昌《ていだいしょう》は『雍録《ようろく》』で宋敏求の説を引きながら、この宮殿は廊廡《ろうぶ》(回廊)を築く余裕がなかったため、阿城ではなく、結局、阿房という名で呼ばれたのだと説いているが、それは机上の議論にすぎない。

阿房宮前殿は、司馬遷によれば、周囲に「閣道」、すなわち重層の回廊――おそらくローマの水道橋のような構造の高架橋であったろう――をめぐらし、「前殿の下より直ちに」、つまり屋外に出ることなく、そのまま「南山まで行くことができた」のである。さらに、「南山の頂を表として、以て闕《けつ》と為し」、すなわち、それが阿房宮全体の標柱として、ちょうど宮殿建築の門前に一対立てられる高い門楼、いわゆる「闕」に見立てることができるように配置したのであった。

そして、さらに「復道」、すなわち二階建ての通路――いみじくも杜牧が想像したとおり、木造で屋根を架けた橋梁と同様な空中廊の形式であったろう――を、阿房宮から、渭水を跨ぎ、咸陽にいたるまで敷設したのであった。

三　中国建築の精華を示す

現在、阿房宮前殿と同定される巨大な長方形平面の建築遺址が、西安《シーアン》市の西郊、西は古城村から東は巨家村にわたる場所にのこっている。この夯土《ハント》（版築《はんちく》、土をつき固める技法）の遺址の東西の幅は約一三〇〇メートル、南北の長さは五〇〇メートル、全体の面積は約六〇万平方メートル(1)、基壇の高さは約七メートルに達するものであり、その規模は『史記』の記載をさらに上回っている。

すなわち、阿房宮は、その中心的施設である前殿のみならず、それに連属する閣道、復道（複道）、および夥《おびただ》しい付属建物によって構成される巨大な建築群であって、それは西周《せいしゅう》から春秋・戦国時代を経て、ようやく成熟の段階に到達した土・木混造という中国独自の建築技術の英華を結集したものであったにちがいない、とわたしは考えるのである。

司馬遷の記述はけっして誇張ではあるまい。いや、それほどまでに破格の宮殿建築だったからこそ、始皇帝その人をもってしても、ついに一代では完成させることができなかったとみるほうが自然ではなかろうか。

杜牧は、「阿房宮賦」の終わりに近い部分でつぎのように詠んでいる。

棟《むなぎ》を負う柱は、南畝の農夫より多く、梁に架くる椽《たるき》は、機《はた》上の工女より多し。釘頭《ていとう》の磷磷《りんりん》たるは、庾《こめぐら》にある粟粒より多く、瓦縫《がほう》の参差《しんし》たるは、周身の帛縷より多し。直欄・横欄は、九土の城郭より多く、管弦《かんげん》の嘔啞《おうあ》は、市人の言語より多し

阿房宮遺址の碑

と。ここでは、棟木を支える柱、梁の上に架かる垂木《たるき》、屋根を葺《ふ》く丸瓦の列とその先端を留める錺《かざり》金物、縦横に配された欄干……そうしたものが、阿房宮の贅を尽くした建築の象徴として詠みこまれているのである。しかし、それはたんなるレトリックとして看過すべきではないのかもしれない。

わたしは、はじめに、この作品は阿房宮がすでに廃墟となって久しいころ、想像によって作られたものにすぎないから、誇張も誤解も含まれるのは当然だろう、とのべた。けれども、こうして改めて検証を試みると、その結果はかえって、杜牧の表現にはもちろん史実に反する要素は含まれているとはいうものの、すくなくとも誇張ばかりとはいいきれないようにおもえてくる。

純然たる想像の世界での創作にかかる文学作品であっても、ときには歴史を検証する参考資料になることもあるという稀有の例とでもいうべきであろうか。

1　註

ちなみに東京ドームは約四万六〇〇〇平方メートル

五　中国の建築の屋根をめぐる話

一　鉄筋コンクリート造で、なぜ「大屋根」なのか

「四人組」の「粉砕」を経た最近数年の中国における言論の活溌化はすさまじいほどで、建築界もその例にもれない。とりわけ、わたしの眼を引くのは、五十年代に激しい論争のあった中国建築の民族形式にかんする議論が再び登場したことである。当時、民族形式として有力な位置を占め、そのためにのちに復古主義批判の対象となったのが、鉄筋コンクリート構造の多層建築でありながら、琉璃瓦の大屋根を戴き、柱上に寺廟宮殿と同様な斗栱(組物)を配する形式であった。それは、南京中山陵、北京大学本館、南京中央博物院などを見れば分かるように、解放前にすでに登場していた形式である。素材と造型が直接の連絡をもたないという点で、復古主義の呼称をあたえられてもむしろ妥当だといえよう。

わたしが興味をそそられるのは、「四つの現代化」を標榜する現在の中国で、たとえ議論にすぎぬとはいえ、なぜ「大屋根」論争が再び話題になりうるのか、という一点にかかっている。

かつてソ連技術者陣の総引揚げを経て、ソ連修正主義批判があまねく定着したのちも、建築設計の面ではソ

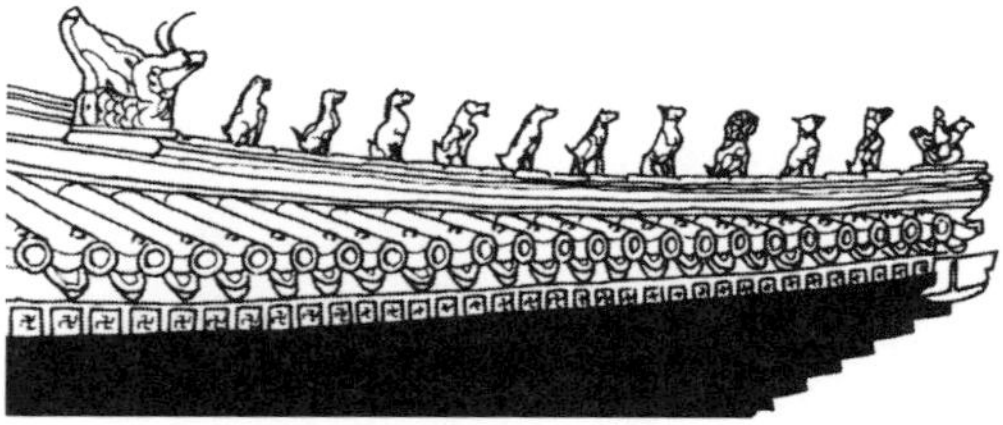

屋根の詳細　故宮大和殿の走獣部分

南京中山陵

連様式の影響が久しく途絶えなかったように、ひとたび一世を風靡した様式というものは、たしかに一朝にして消滅し得ない特性をもつ。しかし、中国近現代建築における「大屋根」の根強い影響を見ると、そうした単純な解釈では蔽いつくせない、この国特有の伝統の重みを感じないわけにはゆかないのである。つまり、一言でいってしまえば、建築の造型における屋根にたいする一種の思い入れであり、あるいは寓意を賦与しようとする意志である。

それは、ほかでもなく中国古代建築に固有の伝統であった。中国建築の造型を特徴づけている要素のうち、諸外国のそれとくに区別されるもののひとつは、たしかに屋根である。西欧にもドームやマンサードなどの独特な屋根形式があるとはいえ、中国の場合ほどに普遍的な要素ではないし、日本の建築は中国の系列に属するとはいえ、これほど多彩な類型をもたない。

屋根は、いうまでもなく、雨雪を防ぐという、建築のもっとも原初的な機能を果たす。雨量の多い南方に瓦屋根が多く、華北・中原の乾燥地帯に土屋根が多いのは、その実用的機能の反映にちがいない。ただ、中国建築の屋根は、そうした機能論を超えたところに特色をもつこともまた事実なのである。なぜなら、華北や中原に都した王朝の宮殿にとって、現存する北京の故宮のような、おどろおどろしい金色の大屋根は、機能的にのみ必要とされたはずはないからである。そこに、制作者によるある種の寓意がはたらいた、と考えるのは、けっして無理な推測ではないのである。

二　豊富多彩な屋根の類型とその等級

中国建築の屋根の類型はすこぶる豊富である。もっとも普遍的なものとして、日本にも見られる寄棟《よせむね》、切妻《きりづま》、宝形《ほうぎょう》、入母屋《いりもや》のほか、硬山《こうざん》（軒や螻羽《けらば》の出のない切妻）があり、また陸《ろく》屋根、片流れ、盝《ろく》頂（陸屋根の四周に腰屋根をめぐらした形式）、十字脊《せき》（中央で棟が十字型に交叉する形式）、囤《とん》頂（かまぼこ型屋根）、盔《かい》頂（照《て》り起《むく》り屋根）などがある。

これらの多彩な屋根形式は、建物の等級や用途と無縁ではなく、たとえば宝形や盔頂は庭園の亭に好んで用いられ、切妻や硬山は比較的重要度の低い建物に用いられることが多い。また、これらのすべてが古代からあったわけではなく、歴史的にはやや新しい形式もなかには含まれている。たとえば、十字脊は宋代の絵画にみとめられるが、それ以前のいつごろまで遡るのかを知らない。盔頂が史料に登場するのは元の時代が最初らしい。硬山にいたっては、実例で見る限り清代より先んずるものではないらしい。つまり、比較的古くから存在した屋根形式となると、やはり限定されるわけで、そうした基本的な形式は、日本でよく見られるものにほぼ一致している。

そのうちで、もっとも高級とされた形式は寄棟造であり、入母屋造がこれに次ぎ、切妻造はもっとも下等とされたらしく、また宝形造は特定の機能のものに限定されたようである。宝形造はひとまず措き、基本三形式を見ると、寄棟造は殷の青銅器の装飾に採用される建物模型にすでに見られ、また切妻造は最近、殷代の遺構に残欠ながら実物が発見されている（河北省藁城県台西村）から、いずれも始源がきわめて古いことは明瞭である。一

屋根の諸類型(「中国建築の歴史」より)

方、入母屋造は両者より新しい形式とみてよい。入母屋造のことを唐・宋時代には「廈両頭造《かりょうとうぞう》」と呼んだが、北宋・李誡《りかい》編の建築技術書『営造法式《えいぞうほうしき》』には、俗に曹殿、また漢殿、また九脊殿ともいう、としている。あたかもこの形式が漢代になって盛行したような伝承である。「廈両頭造」や北宋・沈括《しんかつ》の『夢渓筆談《むけいひつだん》』に見える「両徘徊《りょうはいかい》」の呼称からして、すでに切妻造の両妻に庇を張り出すという、入母屋造の原形を示唆するのにじゅうぶんであるが、このことは『営造法式』の入母屋造の両妻部分にかんする詳しい技術的説明や、それを実際に伝える宋元時代の入母屋造の遺構の処理状況を見れば、ほとんど直ちに得心がゆくであろう。つまり、入母屋造は、前二者よりも発生が新しく、木造建築架構が技術的にも一定の水準に達してはじめて出現したものとみてよさそうである。

それでは、何故に寄棟は入母屋より高級だというような観念が生じたのだろうか。北京の故宮太和殿に代表されるように、時の最高級の建築は、寄棟造の大屋根をいただくのがつねであった。曲阜の孔廟大成殿は、一見、故宮と比肩する荘厳と見紛うけれども、注意して見ると屋根は入母屋(故宮は寄棟)、基壇は二重(故宮は三重)という

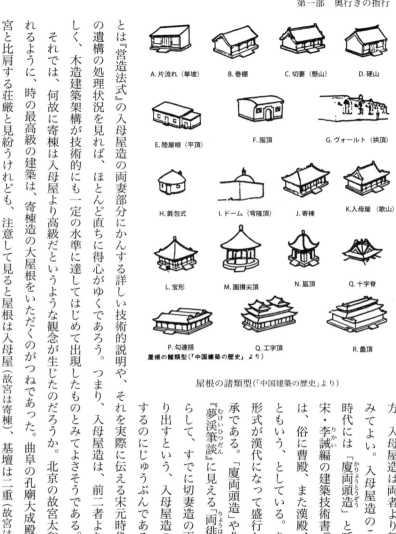

故宮大和殿

等差がつけられている。こうした等級制限についてのもっとも顕著な史料は、唐代の営繕令で、「宮殿はみな四阿(寄棟造)で鴟尾《しび》を施す」と定め、諸王公の邸宅は「厦両頭造」(入母屋造)と規定している。

ところで、この種の等級観は、すくなくとも漢代には存在していたことが知られる。礼の書物に見える「栄《えい》」という屋根妻を指す用語の解釈をめぐって、後漢の鄭玄《じょうげん》は、「栄とは屋根の両翼である。周の制度では、卿《けい》・大夫《たいふ》以下の者はその室を夏屋《かおく》とした」(『儀礼』士冠礼・注)とし、その夏屋については「夏屋とは漢代の門廡である。そのかたちは、脇が広くて低い」(『礼記』檀弓・注)と入母屋造を充てている。つまり、かれは、天子・諸侯は寄棟造、卿・大夫・士は入母屋造という等差をすでに想定していたことになる。蛇足を加えるなら、夏屋の夏は廈《ひさし》に通ずると考えるのが自然であろうが、鄭玄は、あるいは夏・殷・周の夏に重ねて考えたかも知れぬ。『考工記』に「殷人の重屋は四阿の重屋(二重寄棟造)」だといっているのに注意すれば、夏は殷より素朴であり、殷は周より素朴であったという先入主から、入母屋、寄棟、棟の短い宝形に近い寄棟、という三王朝の発展過程をかれが想定した疑いは拭い去れないのである。それはさて措くとしても、寄棟造と入母屋造というような等級観念は、どうやら漢代ころの礼の解釈をめぐる過程において定着したものではないだろうか、とわたしは推測する。もとより屋根の形態それ自身に、直截的に等級観をみちびき出す性質をみとめるのは困難であるし、むしろ等級観念の成立の背景をそのように措定したほうが、以後歴代の宮室造営に際してそれが根強い支配力をもちつづけた情況を、よりよく説明してくれるのである。

三　屋根をめぐる寓意

最後にひとつつけ加えなければならないのは、中国古代建築にあって、屋根がとりわけ寓意の対象とされたという事実である。屋根は、しばしば鳥の飛翔に喩えられた。古く『詩』小雅・斯干に、宣王の宗廟を、「跂《つまだ》って斯れ翼たるが如く、矢の斯れ棘《すみや》かなるが如し。鳥の斯《ここ》に革《せま》るが如く、翬《きじ》の斯《ここ》に飛ぶが如し」とうたうのをはじめ、漢・六朝の宮殿を描写した賦には、同種の表現が数多く見られる。後漢ころには軒反りの技法がすでに芽生えていたと推定され、北魏にはそれが普遍化したが、こうした屋根曲線の造型は、いくぶんなりとも飛翼の寓意と無縁ではなかったにちがいない。ただ、清朝のとくに南方の極端な屋根反りは、必ずしも中国の各時代・地方に普遍的なものでないことには、注意する必要があることをつけ加えておこう。

屋根の大棟両端には鴟尾や摩竭《まから》魚が置かれ、降棟《くだりむね》の先端には走獣が並べられ、破風の下には懸魚《げぎょ》が吊されるのがつねである。鴟尾をもって天上の魚尾星にあて、魚・水で火を防ぐための表象とする伝承もあるが、これは疑わしい。これらの屋根装飾は、いわゆる辟邪《へきじゃ》（魔除け）の象徴にほかならない。降棟に、走獣と呼ばれるところの、仙人や、龍、鳳、獅子、麒麟、天馬、海馬、獬《かい》、猨《さる》、吼《こう》などの想像上の動物を並べるのもそれと同様である。

屋根に魔除けが必要なのは、その場所が、建物の中でも幽界に近いと考えられたからであろうか。古代の礼の制度では、人が死ぬと、「復」という招魂《たまおぎ》の儀式を定めている。死者の霊魂を呼び戻す儀式で、まず東の栄《えい》（妻）から屋根にのぼり、屋根中央で危《き》（大棟の上）を踏んで北を向いて三回死者の名を呼ぶもので、これと同様な儀式は近代まで中国の民間風俗にも見られた。この場合、屋根の大棟を境にして、北は幽冥の世界である。人が死ぬと、魂《こん》（精神を主宰する陽気）と魄《はく》（肉体を主宰する陰気）とが相はなれて、魂は天上にのぼり、魄は地上にとどまると考えられていた。屋根は、その限界的空間にあって、魄の棲処であると考えられたこともあったらしい。湖南省長沙市馬王堆三号墓から出土した前漢時代の医書に、東栄の蔡（東の妻側の屋根に生えた雑草）をとって薬剤の成分とする、という一種の呪術的処分が見られるのも、その一例としてあげることができる。

すでにあたえられた紙数は尽きた。中国建築独特の屋根造型に注意するとき、しばしば誇張された反り屋根の形態のみを重視しがちであるが、それは比較的新しい実物資料から得られる直観的印象にすぎぬ場合が多い。より普遍的な要素は、むしろ屋根そのものにたいする中国特有の一種の思い入れではないか、とわたしはおもう。それなくしては、現代の新素材を用いながらの、「大屋根」にたいする異常なまでの執着は、とうてい説明できないのではあるまいか。

「廈両頭造」の原初的構造（江蘇省・楊湾軒轅宮）

六　十字路の報時楼閣

一　古都・長安の鐘楼にのぼる

中国の都市を旅していると、いまでも町の真ん中に古めかしい大きな楼閣がそびえ立っているのに出会うことがよくある。これが鐘楼とか鼓楼と呼ばれる建物で、それぞれ楼上に鐘または太鼓を置き、昔はこれを鳴らしたり叩いたりして、住民に朝晩の時報を告げていた。

陝西省の省都西安は日本人旅行者のあいだに根づよい人気があるようだ。そこには、かつて世界にその名を馳せた唐王朝（六一八～九〇七年）のみやこ長安があった。わたしも八年前の夏に西安を旅したことがあるが、そのときつよい印象をのこしてくれたもののひとつに鐘楼の参観があった。

鐘楼は、西安の市内を縦横に走る東西、南北の大路の交叉点に立っている。つまり長方形平面の城壁の四面に一カ所ずつ開かれた城門をそれぞれ結びあった十字形のちょうど中心にある。したがってこの重層の建物の楼上にのぼれば、西安の市内、東南西北《トンナンシーペイ》三六〇度をぐるりと見わたすことができる。近くは西に鼓楼、遠く南郊には玄奘三蔵ゆかりの大雁塔が望まれ、眼下には古びた民家の家並が展開する。ちなみに西安は、城壁、城門、角楼

西安の鐘楼。明代の建物。昔の中国では、寺院や宮殿だけでなく、都市の中にも住民に時刻を知らせる報時楼閣――鐘楼や鼓楼が建てられた。台上に見える鐘は唐代のものという。

鐘楼より望んだ西安の家並み。

西安の鐘楼より鼓楼を望む市街光景。

西安鐘楼の銅鐘

（城壁の隅櫓《すみやぐら》）が比較的よくのこっていることでも、中国の古都のうちでは筆頭にあげられる。もっとも、いまの西安は唐の長安のときのままではなく、明の時代、一三七四〜七八年に再建されたもので、そのとき現在の名に改められた。もとの長安に比べると規模もずっと小さくなっている。鐘楼の建物そのものもやはり明の一三八四年に建てられたものである。ついでにいうと、そのときはいまよりも西寄りの交叉点にあったのだが、明代に城内が発展整備されたのにともなって一五八二年に、実際にも中心にちかい現在地に移築された。鼓楼も鐘楼とほとんど同時期の建築になる。つまり、わたしたちがいまも見ることのできる西安の城壁や城門、鐘楼や鼓楼などはいずれも明の時代の形式、デザインを伝えているわけだ。

それはともかく、鐘楼にのぼると間近に見ることもできるのだが、高い基台の隅に大きな銅鐘が吊るされている。これは建物より古く、唐の時代のものだという説明があった。そのかたちは日本の寺などによくある梵鐘とはおよそ異なり、鐘の口縁が波形でスカート状にひろがったもので、中国の鐘に特有の風格があった。これが唐の長安城下に時を知らせていた鐘なのだろうか——ひそかに往時の世界最大の文明都市にたいして、そんな想いをめぐらせたことがいまもわたしの記憶にある。かつての官僚制社会では、官吏の勤務時間を鐘楼の鐘をついて知らせたり、日没と夜明けの時刻を鼓楼の太鼓を叩いて住民に知らせていた。いまでは西安の鐘楼も鼓楼も、ヨーロッパの都市の時計塔とはちがって、現実の市民生活とは無縁の歴史的な文化財となってしまった。このまわりを自転車で走っている人びとの労働や暮らしの時間を統制しているのは、もはや鐘と太鼓ではなく、手表《ショウビアオ》（腕時計）であり、あるいは中央電視台（北京中央テレビ局）の定時ニュースである。

二　都市の十字路に立つ報時楼閣

ところで、この西安のように、城内に東西・南北の十字形大路が交叉し、その真ん中に鐘楼あるいは鼓楼が立つというのは、中国の明・清時代の地方都市にしばしば見うけられるパターンで、どうやらこれが基本型であるらしい。西安の鐘楼の周囲は、ここに載せた写真を見てもわかるように、いまはロータリー式になっている。これは近代都市交通に支障をきたすために改造された結果であって、トロリーバスが鐘楼のまわりを厄介そうに迂回して走る。北京の門前や徳勝門、南京の中華門、あるいはソウルの南大門なども同じことだ。いうまでもなく本来は、鐘楼の下をくりぬき、中で交叉するアーチ形の門洞がすなわちこの都市のメインの交通路となっていたにちがいない。その様子は、まだあまり開発の進んでいない地方都市へ行くと、いまでも実際に見ることができる。たとえば山西省の太谷はその典型的な例のひとつである。

この町は山西商人の創始になる票号という為替預金業でさかえたと

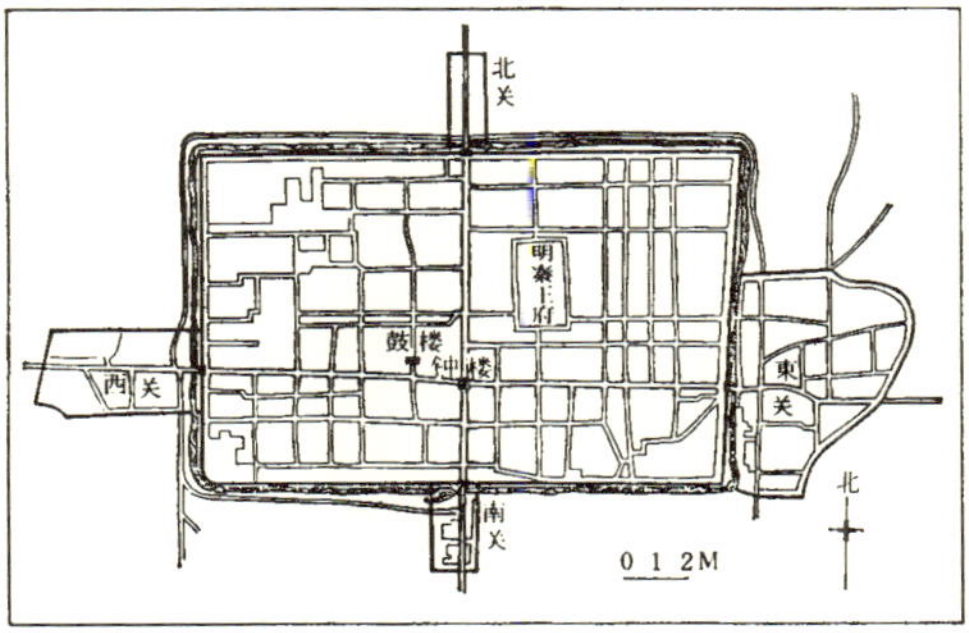

西安の都市平面図・明代、1374～78年の建設。以後、数次修築。

山西省太谷の十字路に建つ鼓楼。いまは報時楼閣としての機能こそ果していないが、真下を通りぬけて交叉するメイン・ストリートは、昔そのままに、市民生活の中で行きつづけている。

ころだが、ここでもやはり長方形の城壁内に直交する十字形大路が通っていて、その交叉点に鼓楼が立っている。この地方都市では明の一四五〇年建設の都市プランが、そのまま現代に生きつづけているのだ。大路と呼ぶにはあまりにも幅の狭い十字路が鼓楼の真下で交叉して四方に伸び、道の両脇には文字通り廛屋《てんおく》が簷《のき》を接して建ち並ぶ。歩行者はもとより、自転車も馬車も、そしてまれには自動車までが、鼓楼の下をくりぬいたアーチ形門洞をくぐり、往きかっていた。同じような都市プランは、このほか河北省の宣化や甘粛省の酒泉、寧夏回族自治区の銀川などでも、いまだにのこっている。

このようなパターンの町づくりはいつごろから現われたものだろうか。文献の伝えるところによると、地方の城鎮に防犯の目的で鼓楼が建てられたのは北魏時代、六世紀の兗州《えんしゅう》（山東省）にはじまり、また京城の中に鼓楼を建てたのは唐時代、八世紀初めごろ張説《ちょうせつ》という文人の創案になるというが、いまひとつはっきりしない。けれども、北宋の首都開封《かいほう》の情景を描いた有名な絵画「清明上河図」のなかにも、幹道をまたいで建つ城楼の上層に太鼓が置かれているのが見いだされる。そして、すくなくとも明・清時代の西安や太谷などより先んじて、元代には、地方の城鎮に「漏刻《ろうこく》」、すなわち水時計を置いた城門や譙楼《しょうろう》（物見櫓）が立っていたことを明確にしめす史料もいくつかある。しかも、こうした報時楼閣の機能をもつ鼓楼を十字路に建てる都市プランは、ほかならぬ大都《だいと》に採用されていたと考えられるのだ。

大都というのはモンゴル族のクビライ・カーンが一二六四年に建設着工した元王朝のみやこで、現代の首都北京のいわば前身になる。いまは一般公開されている故宮博物院はもとは明・清両代の宮殿であるが、その有名な天安門にはじまって南から北へ整然と建ち並ぶ宮殿建築群のセンターラインを、そのまま延長していったところに、明・清のときの鼓楼と鐘楼がある。この鼓楼が立っている場所は、じつは元の大都の周到な都市計画にもとづく建設の際、「中心之台」の四文字を刻んだ石碑が立てられたところで、まさしく都市全体の中心地点であった。ここから目と鼻の先、わずか西に寄った大路の交叉点に、元の大都の鼓楼は立っていたのである。そして鐘楼はその大路のもう一筋北の交叉点にあったらしい。

三　時間を管理し、時刻を報ず

中国の都市でこのように鐘楼や鼓楼が重視された背景には、この国特有の歴史がある。古代中国では、天体の現象を観測し、暦を編集することは「天子」たる皇帝の所業とされた。暦をつくり、時間を管理することは、配下の官僚の活動を、そして都市社会全体の活動を規制するうえでも必要不可欠だった。毎日の労働が時間にもとづいて算定された点は現代のわたしたちとかわりない――夏・春秋・冬それぞれに応じた三種の勤務時間の長短などもあったが。

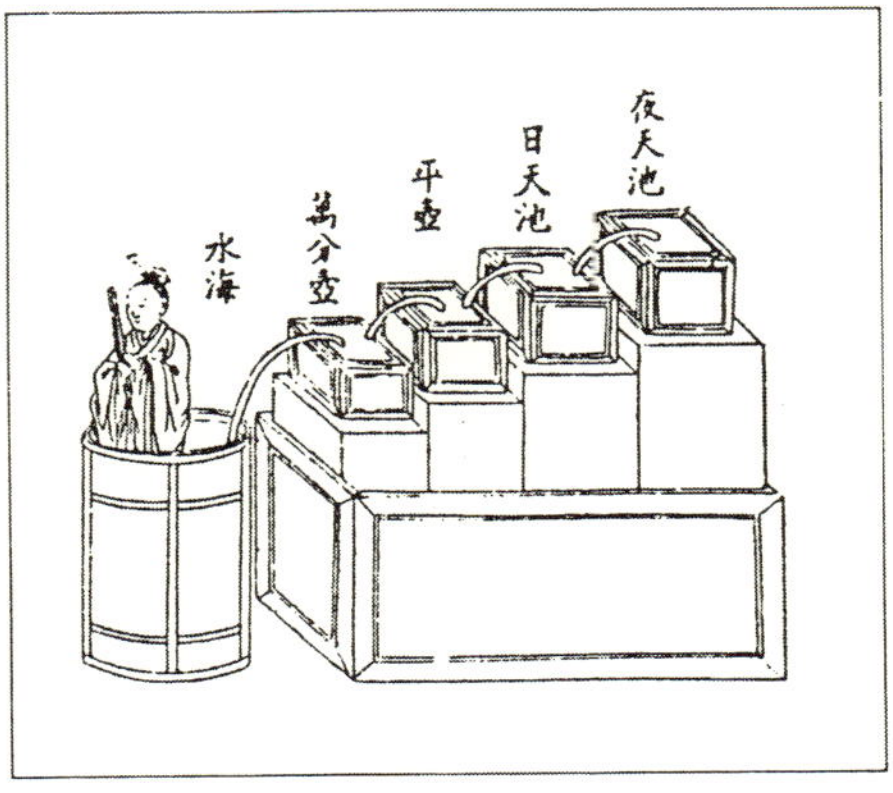

唐・呂才の漏時＝水時計(『古今図書集成』暦象彙編・暦法典・巻99による)。

それゆえ中国では、時刻を測定し、管理する制度が古くから発達した。戦国時代（前四〇三〜二二一年）ころに成立したらしい『周礼《しゅらい》』という儒教経典に、軍隊に同道して水時計で時刻を知らせる「挈壷氏《けっこし》」とか、国の祭祀や国賓・国葬などの大典がおこなわれる日の朝、臣官に大声で時刻を告げる「鶏人《けいじん》」という官職がすでに定められている。

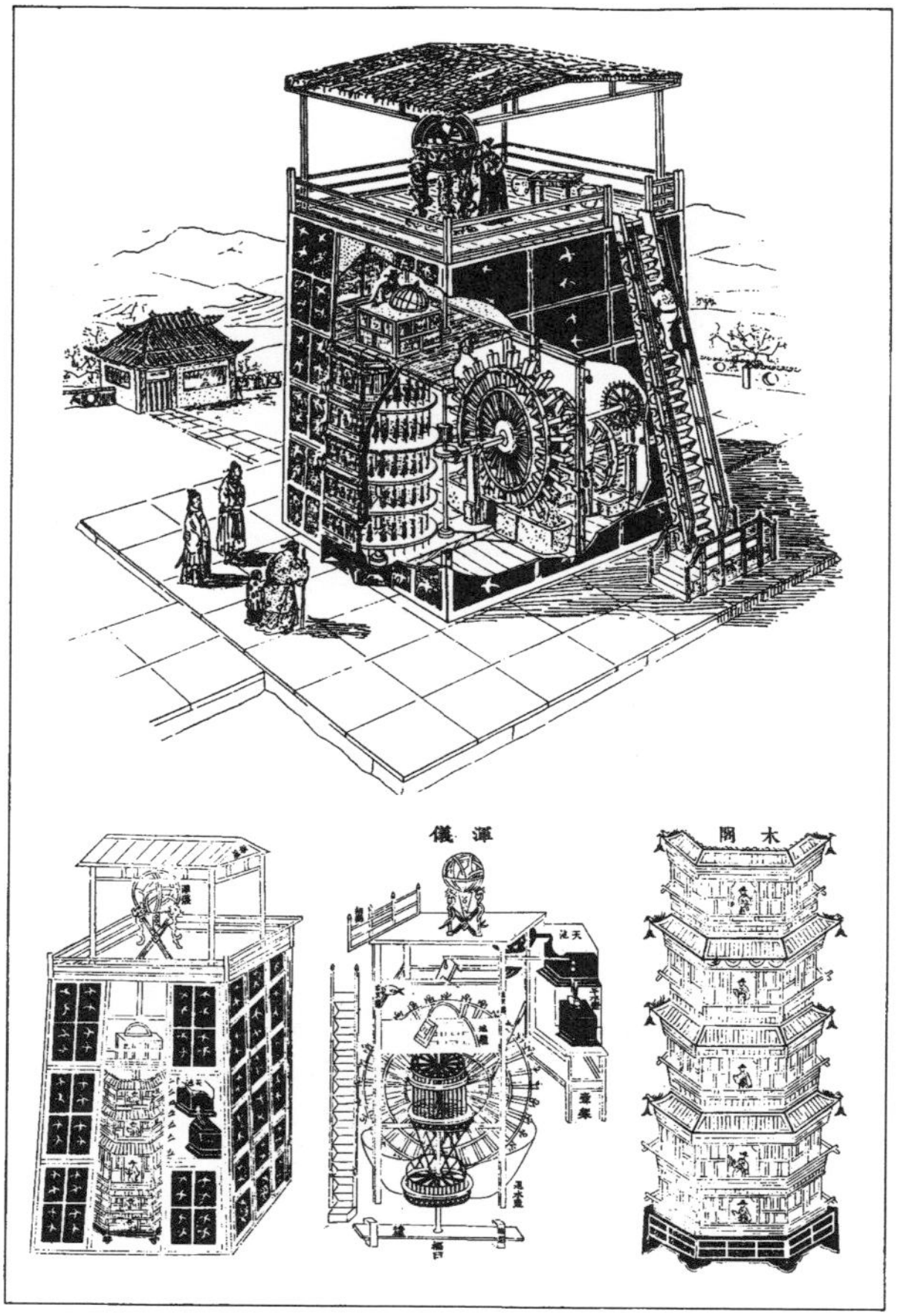

北宋・蘇頌の天文時計塔。上層の露台に天体観測用の渾儀が置かれ、下層の階下には水槽から流出する一定量の水で駆動する水車が設けられていて、その回転が縦軸を伝って階上の天球儀の運行、さらに5層の木閣を象った正面に現われる人形の報時装置の運転と連動している。下図は蘇頌『新儀象法要』に載せる全体（左）、駆動部分（中）、報時装置（右）の図解。上は同書にもとづくニーダム博士らの復元図（Joseph Needham, *Heavenly Clockwork*, Cambridge Univ. Press, 1960による）。

漏刻と呼ばれた水時計は、後漢時代(二五〜二二〇年)いらい技術的改良が加えられてゆき、貯水量の減少にともなって生じる誤差を補正するために、のちには水槽を二つ以上重ねた正確なものがつくられるようになった。唐代、七世紀半ばごろ、呂才《りょさい》が創案したのは四段式水槽からなるもので、近年発掘された明日香水落《みずおち》遺跡に、この形式の漏刻が伝えられたのではないかという考古学のニュースはまだ耳新しい。また、北京の故宮にある清代の漏刻もまさにその伝統的なタイプである。

漢の宮殿では、昼漏(昼間用の漏刻)の水が尽きて夜漏(夜間用)にバトンタッチする時刻に、宮中を見まわり、城門の上で銅鑼を打ち鳴らし、周辺の民家をまわって拍子木を叩き、防火を呼びかけたという。唐の長安でも、夜明けと日没に宮城の南門の太鼓が打ち鳴らされ、これを合図に城門を開閉して、一〇〇人がかりで警備にあたった。禁を犯した者にはきびしい刑罰が定められていた。

ところで時代は降るが、北宋の一〇八八〜九二年に河南省の開封につくられた建物は、中国のながい報時楼閣の歴史のうえでも特筆に値する。それは、天球儀と観測儀と水時計とを組み合わせ、全体が水車によって運転されるという大がかりなものであった。機械仕掛けで回転し、順に扉から現われる人形が鐘や銅鑼や拍子木を叩いて時刻を知らせた。この水力機械時計には、後世の脱進機《エスケイプメント》に相当する。時間を等間隔に保つための装置も施されていたと推定される。

機械時計の技術革新は、さらに時代が降ると、ルネサンス期のヨーロッパが主流となるが、こうしてみてくると、中国の鐘楼とヨーロッパの時計塔とが、歴史のどこかでつながっていることも、あながちありえない話ではないのである。

七　中国の伝統的木造建築

一　中国木造建築の伝統

一九七三〜七四年に浙江《チョージアン》省河姆渡《ホームードゥ》から発掘された高床式建築の遺構と大量の木造部材は、じゅうらい知られていた華北・中原地方の建築とはまったく異なる構造体系に属するものであることをしめした。炭素14判定によると六〜七〇〇〇年前とされる、新石器時代につくられた部材の継手・仕口の枘や枘穴はじつに鋭く工作されており、その木造建築工法が、予想もしえなかったほどの高度な技術的水準をともなうものであったことをじゅうぶん物語るものであった(図1)。同じ類型に属する木造部材は、その後、同省羅家角《ルオジアーチャオ》からも出土し、かつて湖北《フーベイ》・江蘇《ジアンスー》・雲南《ユンナン》・広東《グワントン》などの諸省で発掘された、時代の降る漢代以前のいくつかの高床式木造建築遺構がけっして特殊なものではなく、長江の中・下流域から華南・西南地方に及ぶ一帯に根づいた、きわめて悠久な伝統であったことが想定される。

時を前後して、一九七六年以降、西周の都があったと推定されていた陝西省周原《チョウユエン》地区から、宗廟および宮殿とみられる建築遺構が発掘された。南北のこうした新発現の資料は、いままであまりにも空白の大きかった先秦時代の建築史を一挙に書き改めざるをえないまでの重要性をもつものである。たとえば、周原の宗廟と推定される扶風の建築遺址は、意外にも整然とした柱配置の平面を構成していた（図2）。じゅうらい知られていた先秦時代の宮殿址が、湖北省黄陂《ホワンポー》盤竜城《パンロンチョン》の殷代宮殿址に代表されるように、身舎にあたる土壁の構造体の周囲に、前後の柱筋の通らない側柱を配していた（図3）のにたいして、これは現存する唐代以降の木造建築と基本的には共通する整然とした平面である（図4）。もっとも、同じ周原でも、召陳からは異様に分厚い梁間方向の土壁が検出されているところをみても、これらはいずれにせよ土壁主体の構造から、土木混造へ移行する過渡的段階をしめしていることはまちがいない。それは、おそらく南方との交流のなかで醸成されていったものであろうし、そのような経過をたどって、はじめて後世のような木造軸部を根幹とし、土や塼（煉瓦）の壁を構造体として期待しないという中国建築独自の伝統が形成されるにいたった背景を理解することもできる。

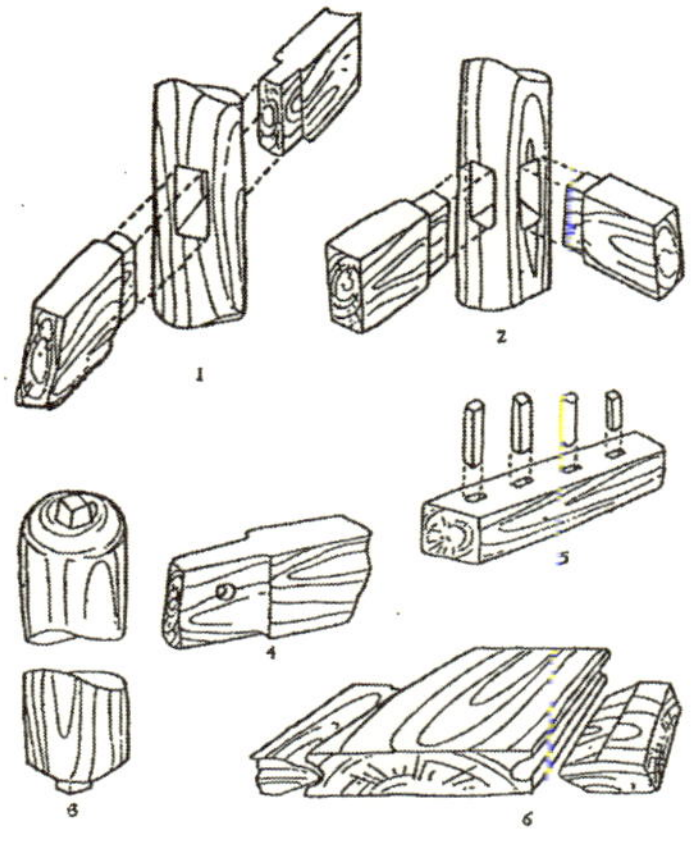

図1　浙江省河姆渡出土の高床式木造建築部材の枘・枘穴（『考古学報』1978-1）

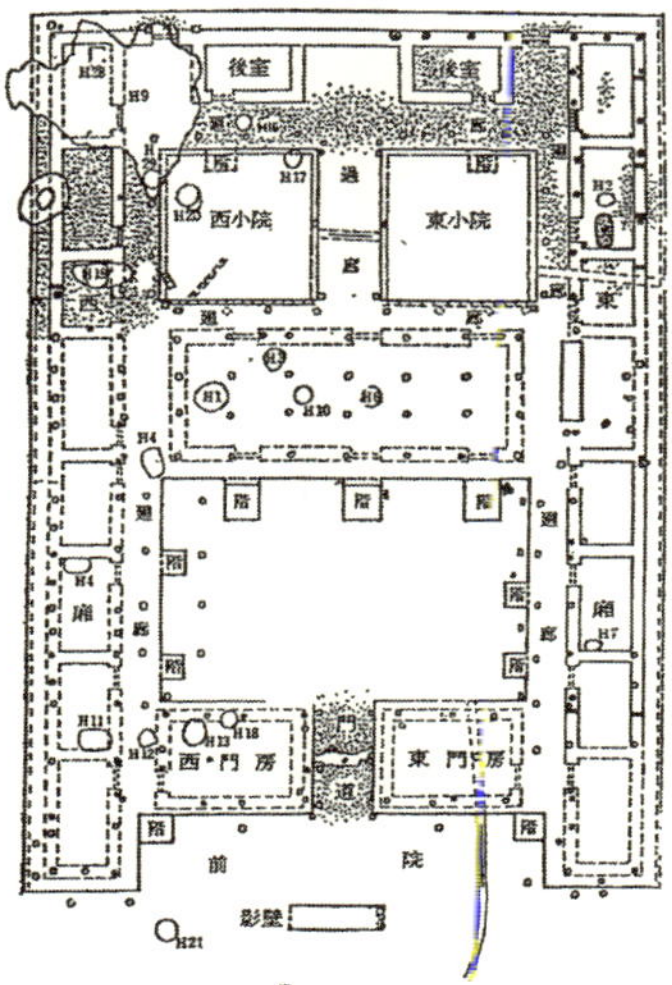

図2　陝西省扶風の西周時代の宗廟建築遺址平面図（『文物』1979-10）

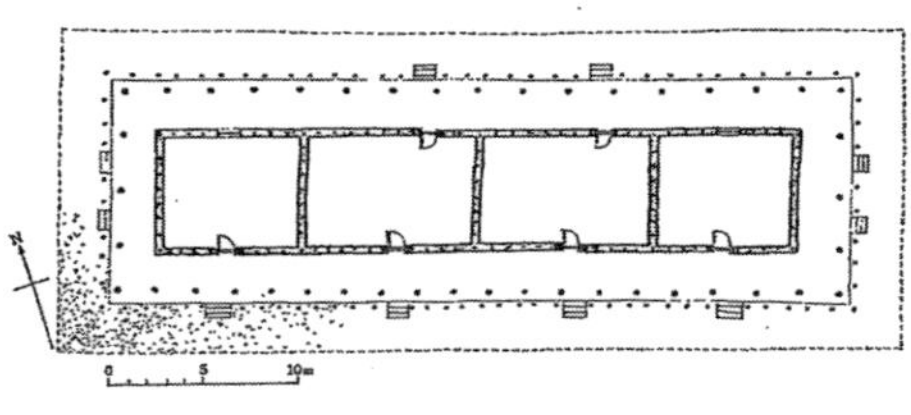

図3　湖北省黄陂盤龍城F1宮殿址平面図（『文物』1976-2）

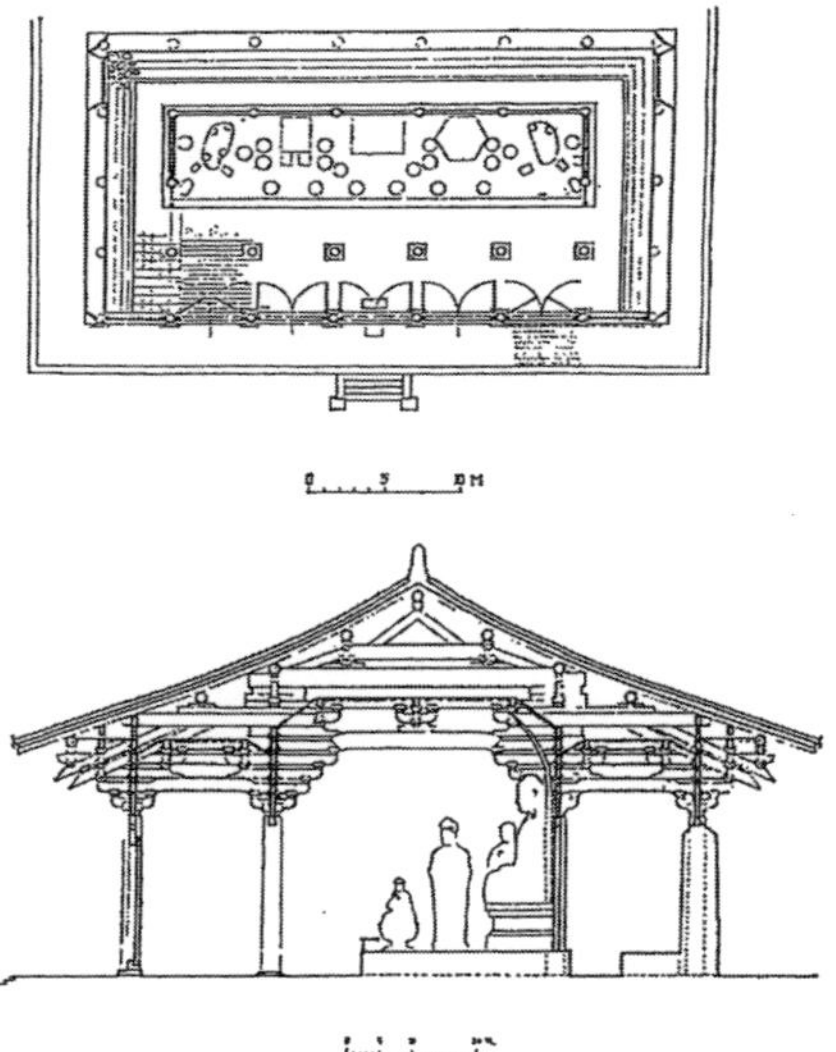

図4　山西省五台・仏光寺大殿平面図・断面図（劉敦禎主編『中国古代建築史』）

中国古代建築における木造への執着は、かなり早い時期からすでに顕著なものがある。たとえば、陝西省咸陽市楊家湾《ヤンヂアーワン》の前漢時代の墓から、木造による楼閣を地中に築き、さらに埋没してしまう土中にまで柱や斗栱を施した遺構が検出されたのは、それをもっとも如実にしめす例証である（図5）。時代は降るが、唐代初期に盛行した壁画墓の多くが、四周の壁面にあたかも吹放し廊のように柱や貫や斗栱を描き、その間に人物などを配しているのも木造の擬似的表現である。さらに宋代や金代の墓室内部で、墓主の生前の生活を描写するのに、塼を用いながら、あえてそれに彫刻を施して柱や斗栱、菱格子花狭間の扉や窓、卓や椅《いす》を表現するのにいたっては、木造を建築の正統と考える中国の不変な伝統を反映したものとしかいいようがない（図6）。明治後期に盛行した、塼造ヴォールトの無梁殿と呼ばれる形式が、外観の細部はやはり忠実に木造を模してつくられるのも、まったく同様の伝統に属するといえよう。

二　建物の三構成要素と比例寸法単位の伝統

中国古建築の技術を論ずるとき、かならず引き合いに出されるのが『営造法式』という建築技術書であり、この本は竹島卓一氏の研究をとおして日本でもなじみの深いものとなっている。北宋の徽宗のとき将作監に任ぜられた官僚建築家の李誠が一一〇〇年に編纂、一一〇三年に刊行された厖大な内容からなる建築設計マニュアルである。この本は、その自序にいうように、それまでの建築技術の経験的蓄積を集大成したものであった。この場合、

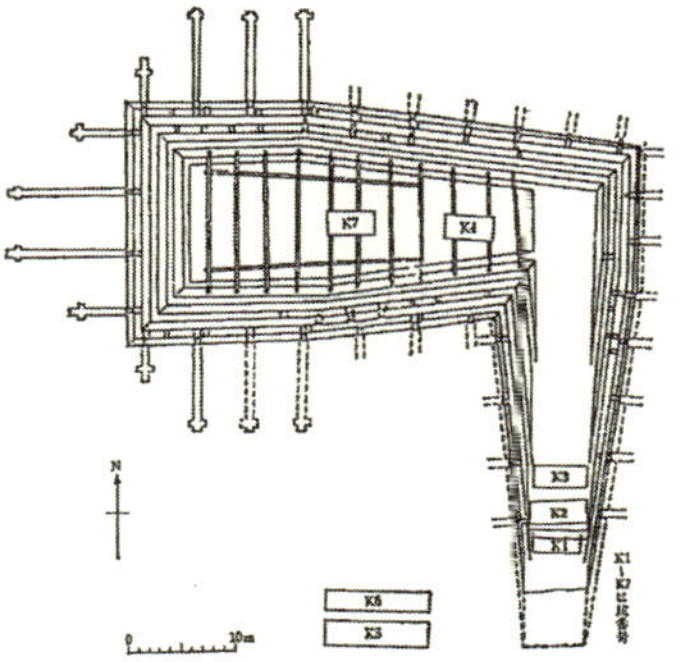

図５　陝西省咸陽市楊家湾第４号陪葬墓（前漢時代）平面図（『文物』1977-10）

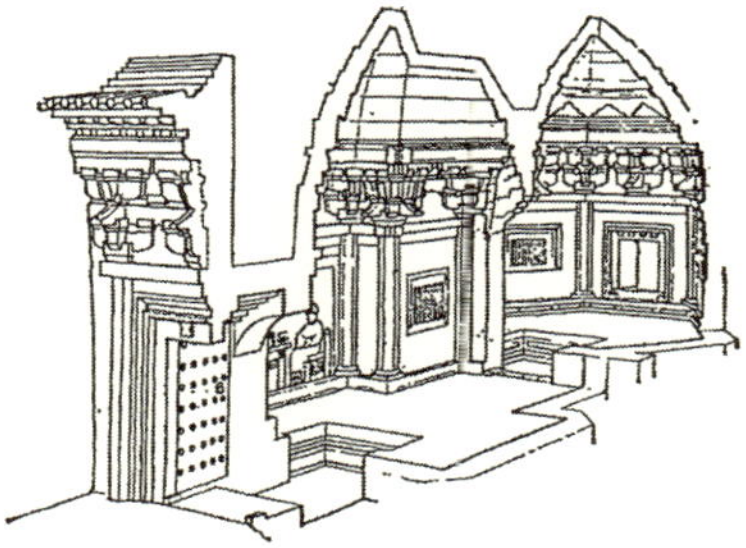
図６　河南省禹県白沙の宋代の墓断面透視図（劉敦楨・前掲書）

とりわけ注意すべきことは、李誡以前に同趣の建築設計要覧書を編著し、北宋初期の当時にあってかなり著名な建築家として知られた喩皓との関連である。喩皓《じゅこう》の著した『木経《ぼくけい》』三巻は、李誡の『営造法式』に先行するもので、後者へあたえた直接的影響もすくなくなかったと推測されるが、措しむらくは早くに散佚してしまい、今日に伝わらない。ただ、北宋の著名な科学者沈括《しんかつ》の『夢渓筆談《むけいひつだん》』にその一部が引用されており、それによって同書の基本的な方向をうかがい知ることはできる。

「一般に、建築は三つの分《ふん》(部分)からなる。梁から上を上分、基壇面から上を中分、基壇・階段部分を下分という。梁の長さがどれだけなら、棟木の高さをいくらにする、というようにして比例を定める。たとえば、梁の長さが八尺ならば、棟木の高さを三尺五寸に置くのが、庁堂の場合の方式である。また、柱の高さがどのくらいなら、基壇は何尺にするというようにして比例を定める。もし柱高が一丈一尺ならば、基壇高さは四尺五寸にするというような具合であり、斗栱や垂木にいたるまで、すべて一定の方式がある。これを中分という。基壇の階段の勾配には峻・平・慢の三段階があり、宮中の場合は御輦にもとづいた方式を定めている。……これを下分という。……」

この屋根・屋身・基壇という三構成要素は、のちに建てられた実在の建物をみるとき、あるいはそれ以前に記された文献の記述をよむとき、中国木造建築の設計における基本的な設定事項のひとつとされていたらしいことが知られる。日本建築との比較のために、あえて補足するならば、中国では古代いらい建築の荘厳を表すのは基壇の高さだという考え方があり、『礼記』などの儒教の経典にも説かれている。たとえば現存する北京の故宮太和殿の異様に高大な基壇を見れば、中国建築における基壇の重視という情況が理解されるだろう。

ところで、いま、引用した喩皓の『木経』に見える「分《ふん》」という用語は、じつは古代中国に特有の比例寸法単位の

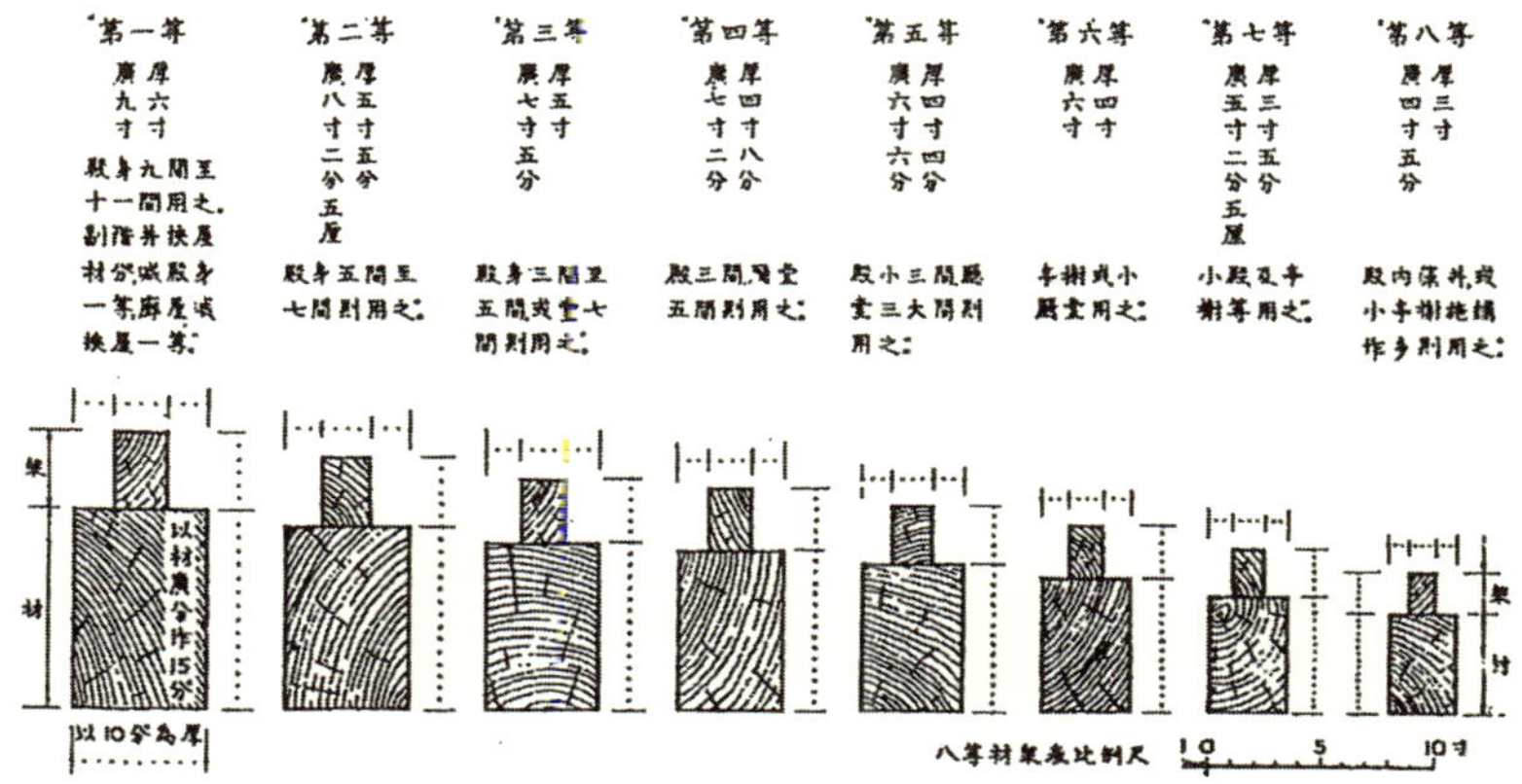

図7　『栄造法式』の第1等から第8等までの「材」寸法（梁思成『宋栄造法式図註』）

概念を反映したものである。この場合は、上・中・下三分にそれぞれ対応する比例・勾配との関連で用いられており、記述も簡単すぎるので、やや分かりにくいかもしれないが、『営造法式』にはより典型的な用例が見られる。李誡は同書で、建物を、その等級・規模によって第一等から第八等まで八段階に分類しているが、それぞれに「分《ふん》」という比例寸法単位を導入して、部材の寸法を定めている。実際の寸法計画に多用される単位は肘木すなわち「材」であるが、この「材」は等級にかかわらず一五分《ふん》×一〇分《ふん》の断面をもつ（図7）。第一等の大殿ならば「材」の実寸法は九寸×六寸、第八等の小亭ならば四・五寸×三寸となり、それぞれの一分《ふん》のあいだには六分《ぶ》と三分《ぶ》という二倍の差が生じる（分は尺寸分の分《ぶ》ではなく、等級に応じて変化する単位であることに注意されたい）。このような「分《ふん》」などの比例寸法単位制は中国の官僚制社会の統制の歴史において、きわめて悠久な伝統のなかで考案されてきたものであり、建築構造の規格化という方向が、非常に早い時期から追求されていることは、中国建築の伝統における注目すべき特色のひとつである。

三　間架と挙折

日本では、平安時代いらい「間面」記法を用いて建築の規模形式をしめしたことは、よく知られるところである。中国の場合も、これとはちがうが、やはり常用された建築の規模の表記法があった。「間架」というのがそれであり、建物の規模をしめすのに、間口の柱間数「間《けん》」と、奥行方向の梁組を重ねる柱や束の総数「架」によって、たとえば「三間五架」、「五間九架」などのように表記した（図8）。この表記法の用例は、個人の住宅の奢侈を禁じた法令にも見え、たとえば唐の開元二五年（七三七）の営繕令には「三品以上の者は、建物は五間九架を超えてはならず、主屋は入母屋造とし、門屋は五間五架を超えてはならない。五品以上の者は、建物は五間七架を超えてはならず、主屋は入母屋造とし、門屋は三間両架を超えてはならない。……六品・七品以下の者は、建物は三間五架を超えてはならず、門屋は一間両架を超えてはならない」というように、品階に応じた禁制を定めている。また建中四年（七八三）には、いわゆる「間架税」が設定され、建物の上・中・下三等の価に応じて、それぞれ一間ごとに、上価は銭二〇〇〇、中価は一〇〇〇、下価は五〇〇とする不動産税の算定基準にも用いられた。

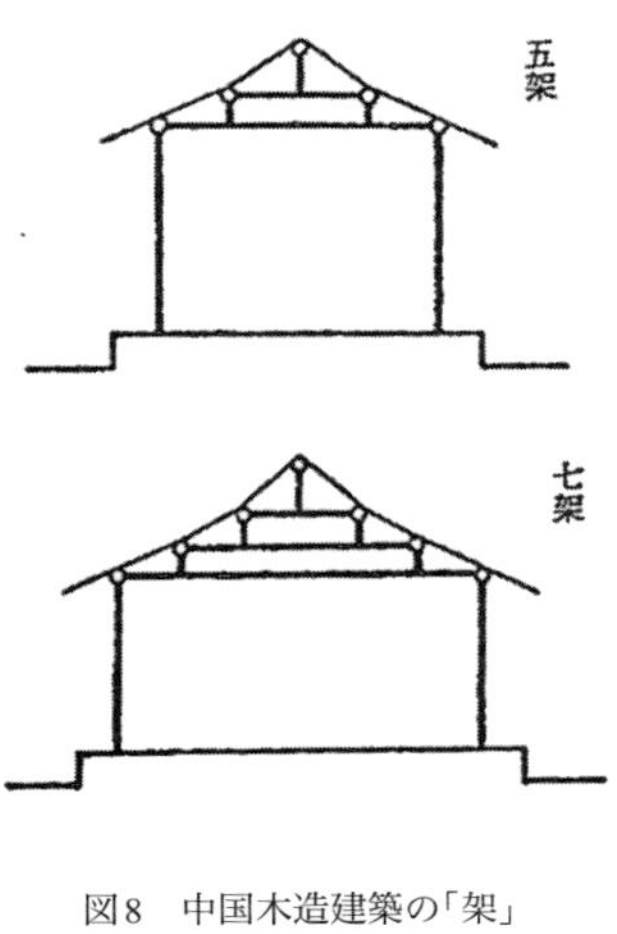

図8　中国木造建築の「架」

この「間架」表記法は意外にも起源が古く、儒教の経典『儀礼』郷射礼で、弓を射るポジションを母屋桁の位置によって説明した記述があるが、後漢の著名な学者鄭玄《じょうげん》の注釈に、「これは五架屋である。真中を棟《とう》（棟木）、次を楣《び》（母屋桁）前を庪《し》（丸桁）という」と見える。また中国最古の辞書『爾雅《じが》』の垂木の名称に対する注釈のなかで、西普の郭璞は、「閲《えつ》」というのは「五架屋の軒先側の垂木」に相当し、「交《こう》」というのは「五架屋の垂木のうちで直接、軒を支えず、棟木の上で交叉するもの」と同定した。両者の解釈は、図をもってしめせば、建築構造的にもきわめて明快なものであることがわかる。同時に、儒教の経典に見える建物がすでに「間架」によって構成される五架屋をもってはじめて理解されることは、この種の架構の溯源の古さをしめすものにほかならない（図9）。

「間」と「架」、すなわち桁行の柱間と梁間の架構という二方向の基本単位による木造建築の構成が確認されたところで、つぎに指摘しておくべきことは、その実際の施工における特徴的な手順であろう。『造営法式』は、その総論の部分で、「挙折《きょせつ》」と称する、母屋桁ごとに垂木を折りつないで架けることにより屋垂みを形成する手法について、つぎのようにいう。「挙折の方式は、先ず尺を丈、寸を尺、分を寸、厘を分、毫を厘とする縮尺（一〇分の一）によって、これから建てようとする建物の図を妻壁の表面に描き、その屋垂み勾配の緩急を定めておく。こうすれば建物内部の柱や梁の高さ、枘や枘穴の長さを正しく知ることができる」と。注記には「今日、このことを「側様《そくよう》（断面図）を定める」とか「草架《そうか》（小屋組）を点《えが》く」といっている」とある。木造の建物を施工する場合、妻壁に断面図を描いてから組みたてるという手順は、中国木造建築架構の基本原理を直截的に反映した方法であるといっていい。すでに説明したように、梁間方向の「架」が定まれば、桁行方向の「間」はそれを繰り返すことによって形成されるという考え方にもとづいているからである。明代ころの民間建築技術書『営造正式』を彙編した『魯班経《ろはんけい》』

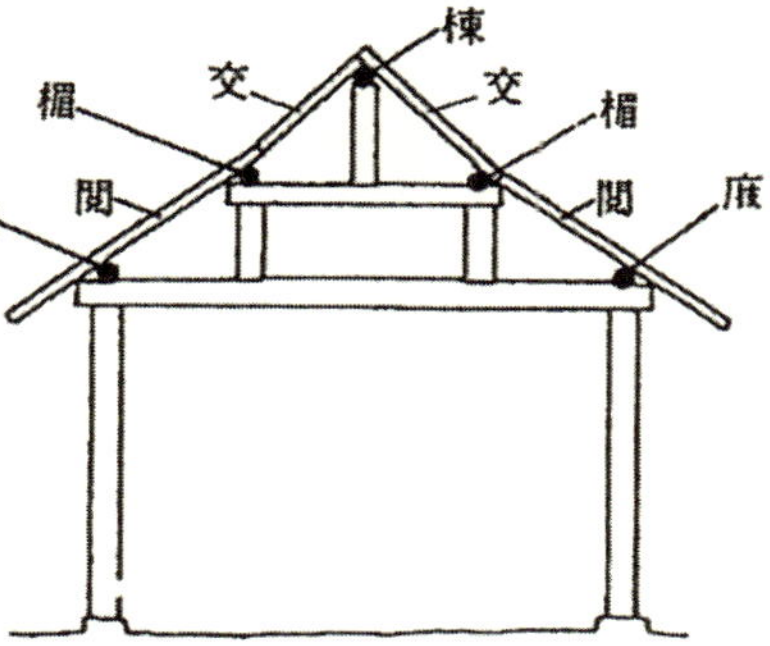

図9　『爾雅』『儀礼』などにみえる五架屋の垂木・母屋桁部材名の説明図

にも「屋様を画を起こす」の一項が見えるように、これは中国建築においてかなり普遍的な手法であったとみられる。宮殿・寺廟も住宅も、その「間架」「挙折」の基本原理においてえらぶところはなかったのである。

四　擡梁式と穿闘式

最後に、比較的新しい時代のものも含めて、中国木造建築における架構形式の類型について簡単にふれておこう。これまでのべてきた木造建築は、いずれも中国建築史の主流を形成してきたものであり、柱・梁、束を組み重ねることによって架構を形成している。この種の架構を中国では「擡梁《たいりょう》式」(あるいは「畳梁式」)と称し、比較的大きな部材を組み合わせて用いて、空間を構成するのがつねである。そのもっとも初期的な萌芽が、先秦時代には木材が豊富にあった中原地方、黄河中・下流域および以南の地区に見られていたことは、冒頭にあげた西周初期の宗廟址の例から明らかである。これにたいして、中国建築の伝統のどの時期に属するものであるかは検討を要するが、南方においては、「穿闘《せんとう》式」(あるいは「立貼式」)と呼ばれる架構法も用いられた。これは、柱と柱を繋ぐのに、梁ではなく、「穿」すなわち貫を多用し、柱を母屋桁まで立ち上げる架構である(図10)。清代後期のものまで含めていえば、この架構法は福建・江西および以南の地方にわたってきわめて普遍的に見られ、個々の用材は前者にくらべて小さいが、柱間もまた比較的狭くな

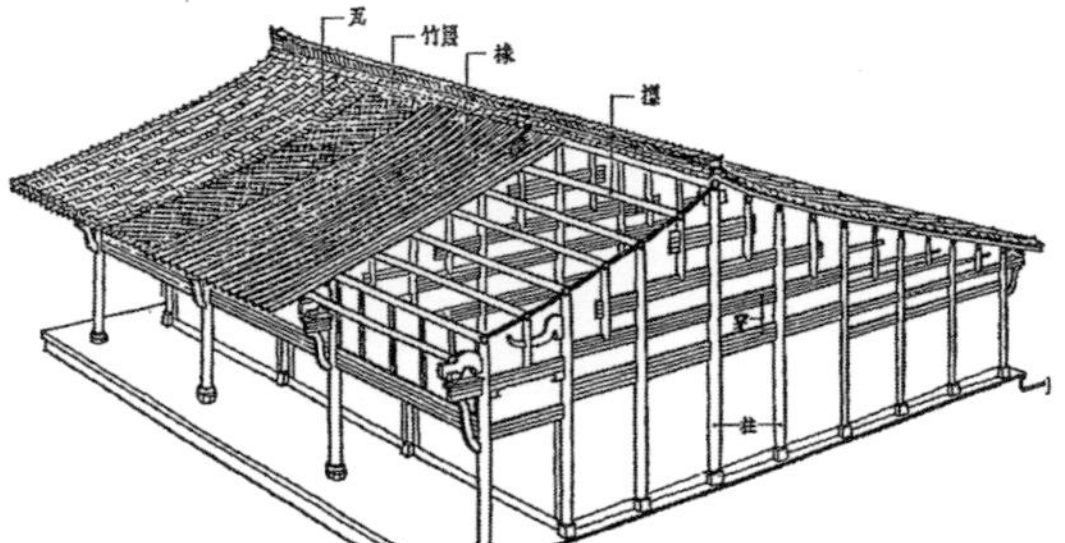

図10　穿闘式架構(劉敦楨・前掲書)

るのがつねである。南方および西南地方の少数民族の「干闌式」(高床式)や「吊脚楼」(懸造)の多くはこの類型に属する。このほか「井幹式」すなわち校倉造・井籠組の架構法は、まったく異なる類型になり、古代建築史のうえでは相応の位置を占めた時期もあったことが知られるが、今日では西南地方の住宅などを除いて、主要なものに採用されている実例を見ることはできない。また、わが国の建築が、「穿闘式」の影響をすくなからず受けているという、わたし自身の感ずる印象の当否は、読者諸氏にゆだねることにしたいとおもう。

八　装飾と構造を規定するもの

一　三大建築に見る類型的意匠

中国建築がそなえている鮮明な特徴のひとつとして、時代や建築の類型にかかわることなく一貫した、ある種の原則が存在していることをあげるのは、おそらく正しい指摘であろう。すくなくともヨーロッパや日本の建築を見なれた目にとって、それがいよいよ鮮明に映ることはたしかだ。整然と計画された都市平面、厳粛な空間を演出する宮殿や寺廟の大建築群、あまりにも人工的で類型的な庭園の構成要素、などを想い起こすのもいいだろう。中軸線上に閉鎖された中庭を排列してゆく建築群、群体と単体とを問わず追求される左右対称型平面、およびただしい種類をもつ庭園の化粧舗装文様・窓格子や欄干の文様など、都市平面、建築群から単体建築、装飾細部にいたるまで、その種の指摘を試みることは比較的たやすい。

こうした種々の原則は、いうまでもなく、中国固有の礼の理念、陰陽五行思想、あるいは自律閉鎖的な歴史といったさまざまな背景を考慮しなければ、理解することはとうていむずかしいにちがいない。けれども同時に、より直截的に、中国固有の思想もしくは伝統によって支配された要素を、建築という立体的造型のさまざまな末端の位相のうちから逆に抽出していくことも、またひとつの有効な指針をあたえるであろう、とわたしは考える。

その手がかりとして、まず、俗に三大建築の名でも呼ばれるところの、北京の故宮、泰安の岱廟、曲阜の孔廟を見ることはけっして無益ではない。それぞれの中心建築であるところの太和殿、宋天貺殿《そうてんきょうでん》、大成殿は、そろって黄色琉璃瓦で葺かれ、大棟の両端に巨大な鴟吻《しふん》を掲げた、威圧的とさえいえる二重の大屋根をいただき、大理石彫刻の欄干をめぐらした塼積み基壇の上に立っている。太和殿の三重基壇がとりわけ壮観であるとはいっても、すくなくとも形態だけから、どれが宮殿で、どれが道教の観で、どれが儒教の廟なのかを正しく識別するのは容易なことではないだろう。

故宮大和殿　北京

こんどは、もうすこし細かいところを見てみよう。故宮の建築には、和爾《わじ》彩色と呼ばれる、清式彩色のなかで最高級の手法が不断に使用されている。その彩色の文様・配色・比例は、どれをとっても驚くほど忠実に類型的だ。なかでも瀝粉貼金《れきふんてんきん》と呼ばれるところの、胡粉の盛り肉によって線紋を描いて、それに金箔を押す手法は超高級のもので、たとえば太和殿ではそれが柱の表面などにもふんだんに用いられているけれども、それを和爾彩色に多用する手法は、故宮のみならず、たとえば西太后を祀る慈禧陵においてもみごとに繰り返されている。

二　礼の理念と建築の等級規制

なに故に中国ではこのような、ひどく類型的な意匠が出現しえたのだろうか。この問題を考えるためには、いまひとつ建築の等級という要素にふれておく必要があるだろう。たとえば清朝の故宮を例にとるなら、太和殿は、当時の官僚制国家の権力が集中した政庁のうちでもとくに主要な儀式がおこなわれ、皇帝の王座を擁する、いわば頂点に位する建物であって、そのために規模はいうに及ばず、その建築の装飾にも、構造にも、当時においてあり得る限り最高の等級のものが投与されているのである。宮殿、離宮や庭園、壇廓、陵寝というような皇室に直属の建築は、いずれも工部という営造関係を掌握する官署の部局によって設計され、建設されたのであって、ただ単に贅を尽くすというようなことではなく、そこには清式大木式と呼ばれるような一定の体系化された設計基準の裏付けがあった。

そして、こうした特別の等級に属する建築以外のところで、それを上回るような装飾や構造が出現することは、原則としてあり得なかった。なぜなら、装飾や構造のごとき末端の要素にいたるまで、法による詳細な規制があって、たとえば庭園や住宅に和爾彩色を用いることは許されず、代わりに蘇式彩色のような簡素な手法が用いられることに定められていたからである。

故宮乾清宮　北京

いま例にあげたいくつかの建築はいずれも明清時代の再建になるものだけれども、このような類型的手法、あるいは等級制という方向は、必ずしも新しい時代になってはじめて出現したものではなかった。官僚制の強固な体系を古くから確立していた中国にあっては、建築はつねにその体系に組みこまれ、そのなかでの等級を明確にすることが義務づけられていたといっても言い過ぎではない。建築における等級制を伝えるきわめて古い史料がある。

『春秋経』に魯国の桓宮の建築のことが記されており、荘公二十三年(BC六七一)秋に、その「楹を丹に塗った」といい、『穀梁伝《こくりょうでん》』に「礼では天子・諸侯は黝《よう》(黒)・堊《あ》(白堊)であり、大夫は倉《あお》(蒼)であり、士は土黄(黄)である。丹塗りの柱は礼にもとる」と見える。同じく荘公二十四年に、その「桷《たるき》に雕飾した」といい、『穀梁伝』に「礼では天子の桷は削って磨き、さらに砥石をかける。諸侯の桷は削って磨く。大夫は削る。士は根本だけを削る。桷に雕飾するのは正しくない」と見える。前者は建築の彩色、後者は装飾について、それぞれ明確な等級による差別の概念があったことをしめしている。

また『逸周書《いっしゅうしょ》』作雒《さくらく》によれば、周の五宮(大廟、文王廟、武王廟、路寝、明堂)はすべて寄棟造で、装飾された斗栱《ときょう》などをもっていたというが、これとよく似た『礼記《らいき》』明堂位篇の記述では、彫飾した斗栱や二重屋根、透かし彫りの影壁(目隠し塀)などは、いずれも天子の廟に限られる装飾だ、といっている。一方、規模についても、『礼記』礼器篇には、「高いことを貴いとするものがある。天子の堂は九尺、諸侯は七尺、大夫は五尺、士は三尺である」として、堂の基壇の高さを文字通り等級に従って排列しているが、これは権力の示威という意味から、後世の実物にも相通ずるものを見ることができ、より容易に理解することができるだろう。

つまり、建築の規模や形態のみならず、装飾や構造のさまざまな要素にまで等級を配当させる考え方は、礼の理念と結びついたものであって、中国の場合きわめて古い始源をもつことが知られる。このような基本的な考え方が、その後、時代を追うにつれていよいよ詳細なものに体系化されていったことは、想像に難くない。たとえば、はるかに降って唐代には、すでに官位に従った建物の形式・規模・装飾の詳細な規定(いわゆる営繕令)がおこなわれ、天子の宮殿は寄棟造、王公以下の建物は入母屋造で複雑な斗栱や装飾天井を設けることは許されず、三品以上は間口五間、六品以下は間口三間とする、などのように定められているけれども、これもそうした古い時代からの伝統の所産であることは疑いない。この種の建築の詳細な等級規制は、その後、宋、明、清の各時代にも施行されたことが知られる。

三　建築設計規模としての『営造法式』

建築の意匠が、時代が降るほど類型化の方向にすすんだこともまた、いまのべたような等級規制の問題とけっして無縁ではなかった。ただ残念なことに、建築は医学などと同様に士大夫たちからは遠いジャンルで、官僚建築家は概してきわめて低い身分に属していたことなどのために、じっさいの技術や設計を物語るような古い史料はほとんどのこっていない。

この分野では、北宋の徽宗《きそう》のもとで将作監をつとめた李誡《りかい》が一一〇〇年に著わした『営造法式』が比較的よく知られている。現在伝わる版本は全三四巻からなり、土・石・木・造作・屋根・彩色・塼などの諸工事の各項目について詳細な技法を規定するとともに、それぞれの積算規準、材料使用量を掲げている。今日的にいえば、建築設計規準もしくは設計資料集成の類である。そこには周到に体系化された設計の手法が見られる。

木造建築を例にとれば、その原則は、「一般に建物をつくる場合、すべて《材》を基準とする。建物の大きさに応じて、それぞれの等級の《材》を用いる」ことであった。具体的にいうと、建物は第一等から第八等まで八段階の等級に区別される。そして《分《ふん》》や《材《ざい》》という寸法単位が導入されるが、この《分《ふん》》は尺寸分の分《ぶ》ではなく、等級に従って八段階に変化する比例寸法で、一五分《ふん》が一材（すなわち肘木の高さ）となる。たとえば第一等は一分《ふん》＝六分《ぶ》、一材＝九寸で、第八等は一分《ふん》＝三分《ぶ》、一材＝四寸五分、となる。これらの寸法単位を用いてすべての部材の位置や寸法が定められる。たとえば柱の径は三材、垂木の径は六分《ふん》というように。つまり第一等の大殿と第八等の小亭では柱の径は二倍ちがうが、ともに三材である。これはいわゆるモデュール（標準寸法単位）による設計手法であるけれども、それ自身がまた八段階に変化する体系をそなえているなど、むしろル・コルビュジェが提案したモデュロールにちかい、きわめて近代的な方法といっていい。

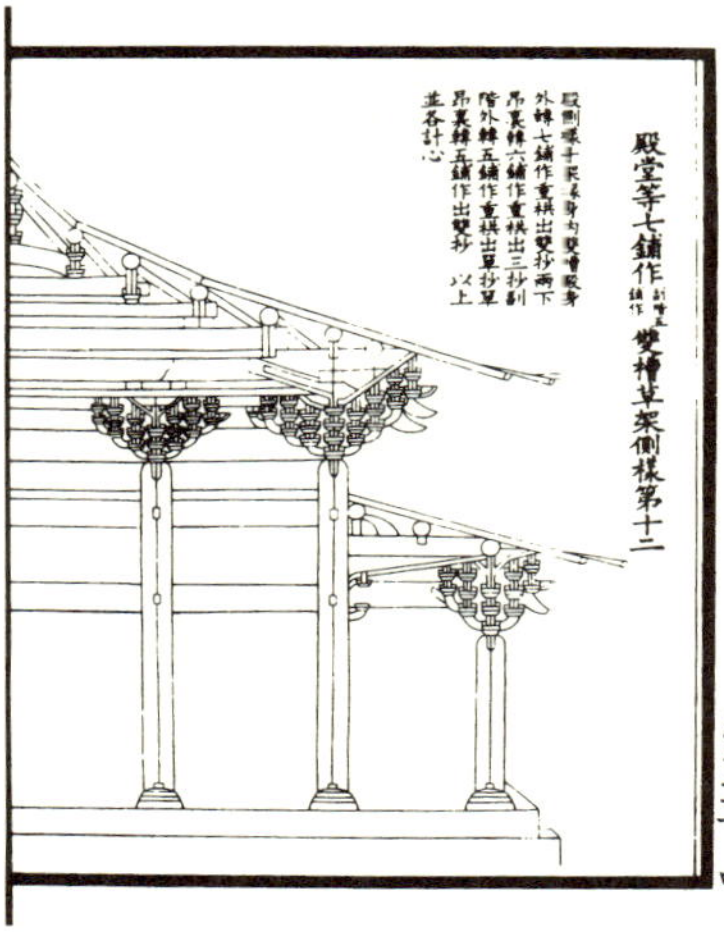

『造営法式』（仿宋本）大本作制度図様より

このような詳細な体系的手法が、ひとりの官僚建築家の手によって創出されたものとは考えにくい。これよりも先行して、北宋初期（十世紀中頃）に杭州、開封などで名匠として知られた喩皓《じゅこう》に『木経《ぼくけい》』の一書があり、すでに佚われたが、沈括《しんかつ》『夢渓筆談《むけいひつだん》』に引用された部分があって、やはり柱高と基壇高、屋根勾配と棟高などの有機的な寸法関係を記述したものであったことが知られる。李誠は、その先人の著作を活用しつつ、累積された技術的経験の体系化を試みたものとみていい。

『営造法式』と同様な官製の建築技術要覧書として、い

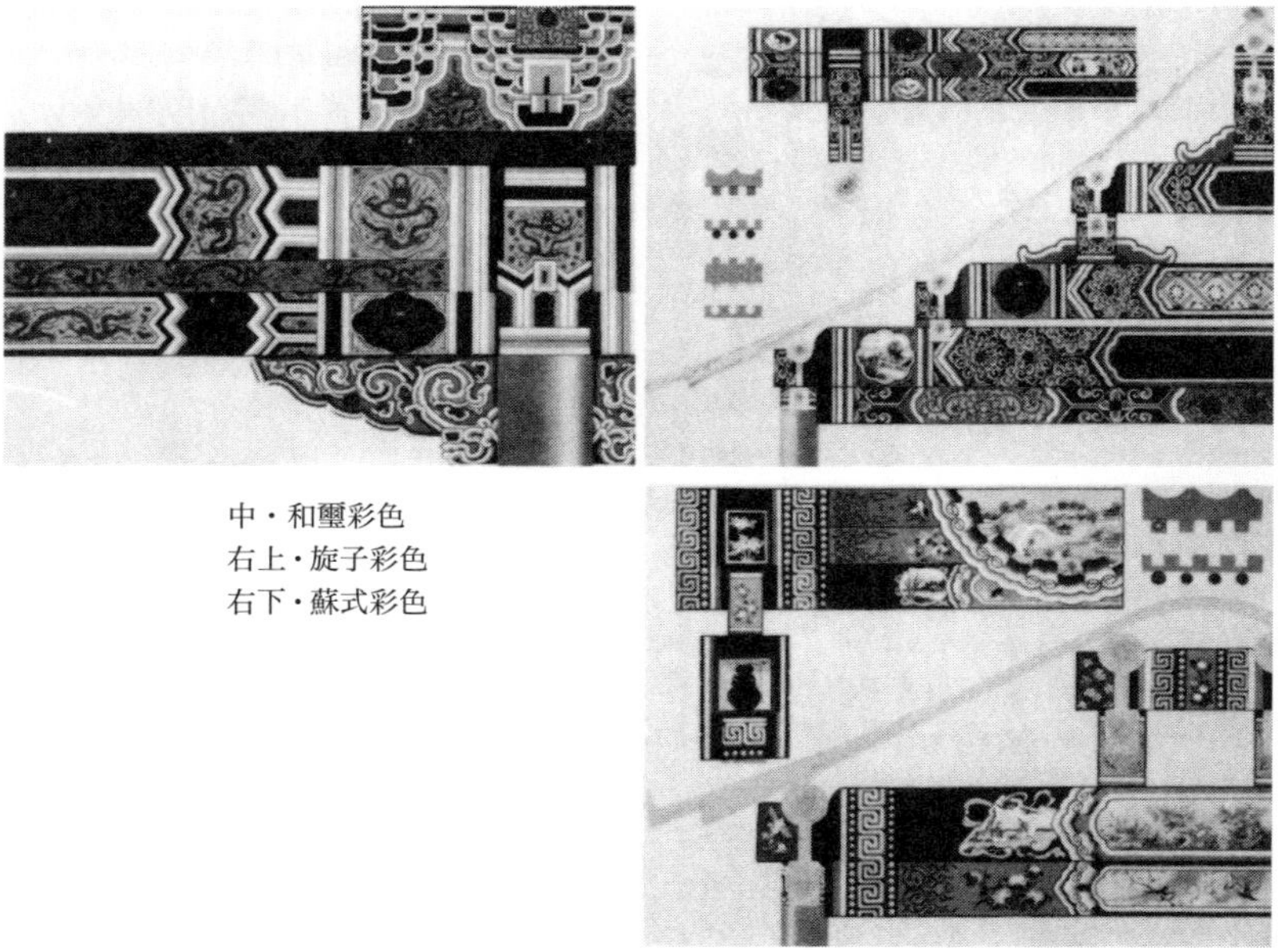

中・和璽彩色
右上・旋子彩色
右下・蘇式彩色

まひとつ清朝工部の『工程做法則例』がのこっており、現存する故宮などの建築の技術はそこに説かれたところをもって解釈できる。こうした書物は、いうまでもなく官署が担当する建築工事を統制し、それぞれの等級を明確にし、そしてなかんずく、その工費を積算するという経済上の必要から編纂されたものであった。各王朝が立つごとに、あるいは皇帝が即位するごとに、都城を映したり、宮殿を新築したり、離宮を営むというような官署による大規模な営造が繰り返された中国にあって、そのような体系化はむしろ必然的ななりゆきだったのかもしれない。そして、現存する古建築の大半を占める清朝時代の遺構は、中国建築の設計の体系化という伝統と同時に、意匠の類型化という伝統が行きついた終着駅を、もっとも顕著にしめしているといっていいだろう。

九　中国の穴居の伝統

一

中国における穴居の歴史については、かつて八木奘三郎氏[1]や龍非了氏[2]によってその研究の端緒が開かれたように、きわめて古い伝統をもつ。おそらくもっとも古い穴居についての文献史料は、西周時代の史料である『詩経』の大雅・緜編に、

古公亶父《たんぽ》は、陶復陶穴、未だ家室有らず。

という一句であろう。漢初の毛亨の伝には「其の土を陶(掏)いて之れを復《かさ》ね、其の壌を陶《すく》いて之れに穴す。室の内を家と曰う。未だ寝廟有らず。亦た未だ敢えて家室有らず。」といい、後漢の鄭玄の箋には「復とは、土の上に復《かさ》ぬるなり。地を鑿《うが》つを穴と曰う。皆な陶の如く然り。」とあり、南宋の朱熹の集伝には「陶とは、窰竈なり。復とは、窰《ひん》を重ぬるなり。穴とは、土室なり。家とは、門の内の通名なり。豳の地は西戎に近くして、寒に苦しむ。故に

其の俗此くの如し。……」という。古公とは豳公、亶はその字、周の文王の祖父太王をいう。紀元前十二世紀前半ころ、山西省南部の故地を追われて、岐山の下の周原に移り住んだと考えられている周王室の祖先である。近年の考古発掘によって、殷代初期には夯土牆(つき固めた土壁)の地上に建つ宮殿があり、また西周時代初期にははやくも木造構架と土壁を用いた宗廟がつくられていたことが知られるので、この史料は事実として亶父が穴居に住んでいたのかということよりも、伝承としての意義が重要である。さて、問題は「陶復陶穴」の語である。後世の注釈はこのように一定していないが、各氏が想定している形態を具体的にいえば、地上に土を積んで築いた土室と地下に掘った竪穴の穴居(毛伝・鄭箋)、焼陶の窯竈を二重に重ねたかたちの地上の土室(集伝)となろう(前者の解釈は、唐の孔穎達の疏にさらにくわしく説かれている)。土室とすると穴居には属さないことになるが、今日の中国の建築学でも、いわゆる窰洞《ヤオトン》には、靠山窰《カオシャンヤオ》(山掛け式)、地坑窰《テイカンヤオ》(下沈式・天井式)のほかに、日乾煉瓦などで地上に築いた土造アーチ住居の類を錮窰《グウヤオ》と称し、その一類型に加えるのがつねであるから、いずれにしても無縁ではないことになる。「復」を土室、「穴」を竪穴に同定する点では毛・鄭・孔各氏とも一致するが、「陶」字の解釈は異なり、鄭玄は土室・穴居がいずれも「陶のようだ」といい、朱熹はいっそう明瞭に重層の陶窯竈に似た錮窰形式を想定して、豳の地(陝西省邠県)は寒冷がきびしかったので、そういう住風俗が生まれたのだという。八木奘三郎氏はその説に引かれたものか、この記述を、近年もこの地方にみられる横穴式住居、すなわち窰洞を表わしたものとみる。窰洞の歴史は、後述のように、最近の資料によると、従来考えられていたよりもはるかに古くさかのぼるから、氏の着眼は今日ではけっして無視できないものとなったといえる。ただし、鄭玄の注釈そのものについても議論がある。清の段玉裁は後漢の字書『説文』の「復とは地室なり」の注で、この条を引き、「陶」は「窯」字の仮借であることをのべているが、近年、それを新石器時代の穴居の土間床面によくみうけられる焼成の痕跡(考古学でいう「紅焼土」）と結びつける解釈のあることにふれておく必要があろう。[3]「陶復陶穴」が靠山窰、錮窰、竪穴のいずれも表わしたものか、興味は尽きないが、ここではこれ以上、字句の詮索に深入りしている余裕はない。

『詩経』の一句は大きな問題を含むが、このほかに古代の住居にかんする一般的な伝承としておもいうかぶのは、『易経』繫辞下伝に、

上古は穴居して野処す。後世の聖人、之れに易《か》うるに宮室を以ってす。

と、あるいは『礼記』礼運篇に

昔者《むかし》　先生　未だ宮室有らず。冬は則ち営窟に居り、夏は則ち橧巣に居る。

という記述である。ほかにも類例はみられるが、これらはいずれも大古は穴居であったのが、しだいに地上の宮室へと発展をとげたという説である。じっさい宮室はべつとして、住居はかなりのちの時代まで穴居が一般的であったようだから、この伝承は必ずしも無視するにあたらない。ただ、ここにいう「穴居」「営窟」が具体的になにを想定して書かれたのかとなると、断片的にすぎて明瞭なイメージをつかむのはむづかしい。前者は一般的に竪穴の類だとしても、「営窟」のほうは、孔穎達の疏にしたがえば「地上に土を積み重ねてつくるものを窟という」、つまり今日いう錮窟（地上の土室）の類だという。同趣の伝承は、『墨子』節用篇にもみえるが、それには、つぎのようにいう。

古者《いにしえ》人の始めて生まれ、未だ宮室有らざるの時、陵丘《おか》に因りて穴を掘り、而して焉《ここ》に処《お》る。……

このばあいは、「穴」ではあっても、明らかに断崖に掘られた横穴式の穴居を想定して書かれている。つまり靠山式の窰洞は、おそくとも戦国時代には明瞭な文献的例証を得ることができるわけである。

春秋時代の文献にも穴居にかんする断片的記載は二、三みられる。たとえば『左伝』襄公三十年（BC五四三）に、

（秋七月）鄭の伯有、酒を耆《この》みて窟室を為《つく》る。而して夜　酒を飲み、鐘を撃つ。朝至るも未だ已《や》まず。朝者曰《いわ》く、「公焉《いず》くに在りや」と。其の人曰く、「吾が公は壑谷《かんこく》に在り」と。

とある。鄭は河南省鄭州のあたりにあった国であり、この地は今日でも窰洞の多い代表的な地方であるから、まず想起されるのは「窟室」が窰洞の表現ではないかということである。しかし、西晋の杜預《どよ》の注によると、「窟室とは地室なり。……壑谷とは窟室なり。」とあるから、これにしたがえば地下の穴ぐらのような室ということになろう。古代の中国に穴居が普遍的であったことは、たとえば漢代の代表的な字書『説文』のなかに穴居に関連する文字が見いだされることからもうかがい知ることができる。すなわち、その穴部に、「穴というのは、土室のことである」、「盔《べい》というのは、北方において地の孔を利用して土穴（穴居）をつくるもののことを盔と称する」、などというのがそれである。また广部には「广《げん》とは、厂《がん》に因《よ》りて屋を為《つく》るなり」というのがみえ、これは段玉裁の注に「山石の厓巖（断崖）のところを利用して住居をつくるものを广という」というように、ほんらい岩窟・岩屋の類であるが、

後世には山掛け式の横穴一般にたいする呼称として同文が引かれるばあいがあり、その意味では靠山式の窰洞と関連することばである。

二

古代の文献史料のいくつかをみてきたが、つぎに、最近の考古学の新資料をとおして、中国の穴居、とくにいわゆる窰洞の初期における出現の例を探してみたい。まず、穴居については、これまでもいくつかの研究でまとめられている[4]ので、ごく簡単にのべたい。

新石器時代の住居は、長江中・下流域および以南の干闌(高床)式をべつとすれば、穴居が主流を占めた。もっとも普遍的にみられるのは方形や円形平面の半穴居であり、仰韶文化の陝西省西安半坡のものがよく知られているように、居住面を比較的深く掘り下げて、屋根を地面まで架けおろす形式であったと推定される。なかでも初源的もしくは簡素な形態をとどめているとおもわれるのは、側壁に内転びをつけた、いわゆる「袋穴」式とよばれる穴居である(図1)。同じ半穴居といっても、周囲に低い土の腰壁を立ち上げるものもあり、この種のものは掘り下げが浅くて、極端なばあいはほとんど地上住居と区別がなく、木造

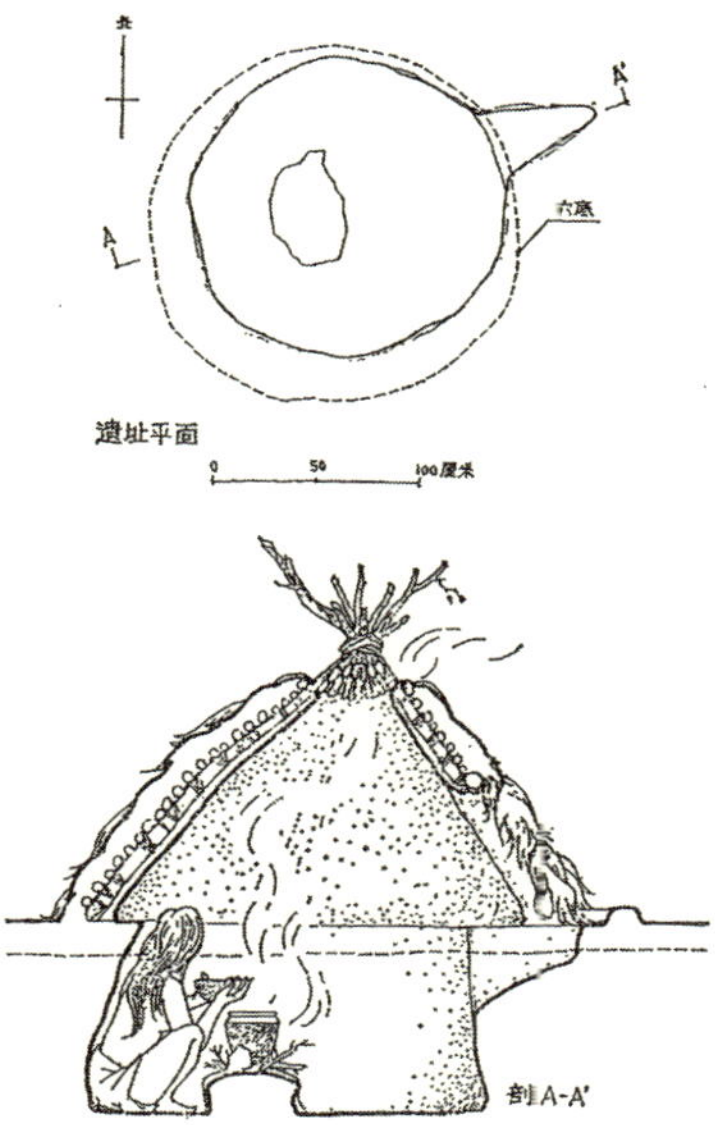

図1　河南洛陽孫旗屯・袋形半穴居遺址(楊鴻勛氏復元)

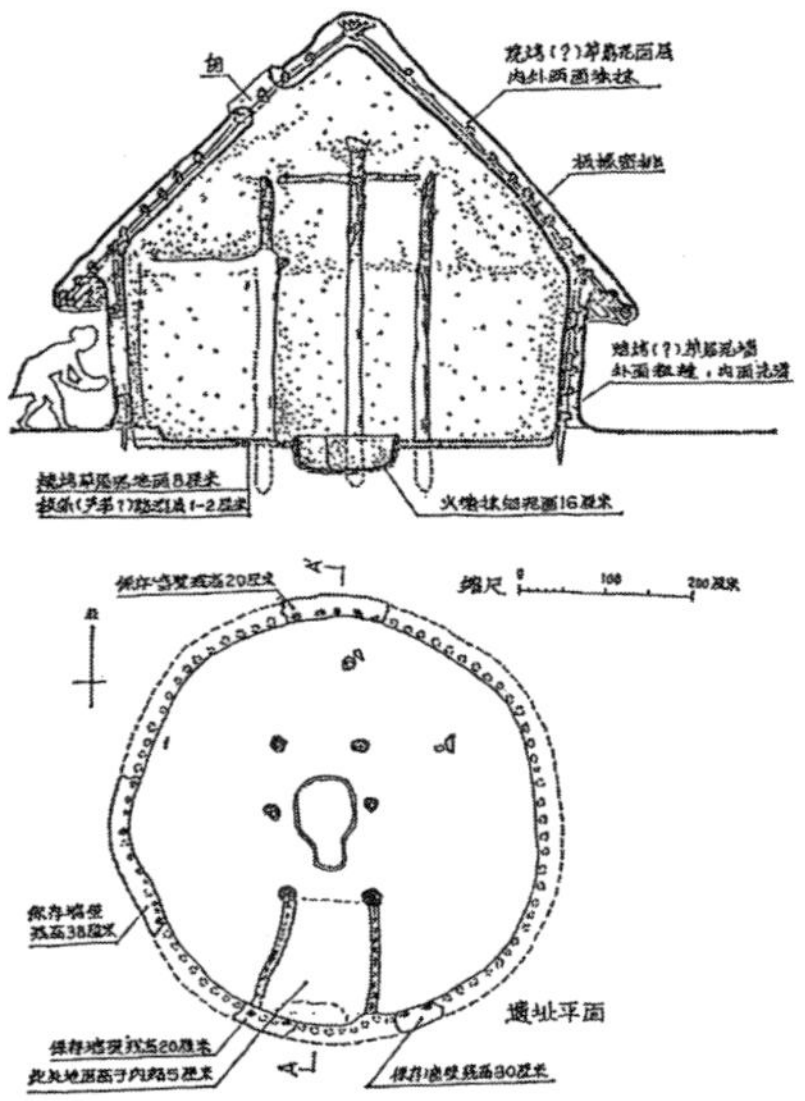

図2　陝西半坡遺址F3（楊鴻勛氏復元）

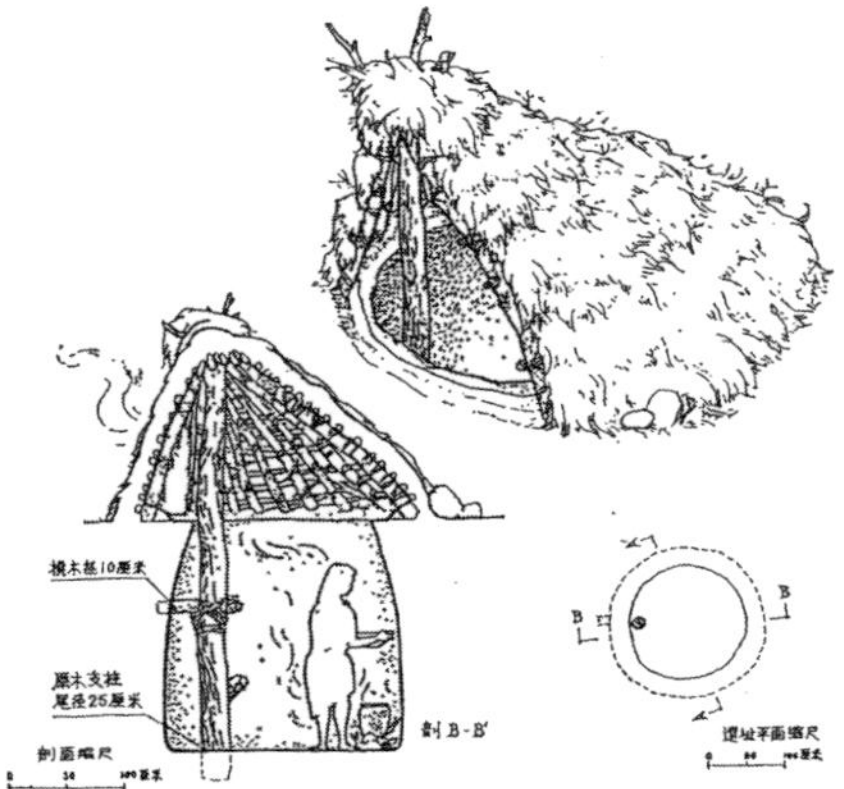

図3　河南偃師湯泉溝遺址H6（楊鴻勛氏復元）

構架も整備されるので（図2）、技術的発展の系統からいうと、ほとんど異次元の段階に属する。一方、半穴居ではなく、完全な穴居ともいうべき、掘り下げの深い袋穴もあり（図3）、このようなものは、とりわけ原始的な穴居の形態を髣髴とさせるにじゅうぶんであるといえよう。このほか、いうまでもなく地上住居もはやくから出現し、河南鄭州大河村の仰韶文化住居址は、すでに三棟連結で室内を間仕切る平面のものであって、要するにその形式の差異と時代とは、必ずしも一様に並列的な発展の法則にしたがうものではないことを注意しておく必要がある。

　さて、そのような穴居の諸類型のなかで、近年、窰洞の初期的、あるいは先駆的な形態をとどめるとおもわれる住居址がいくつか発掘されたことは注目に価するであろう。ひとつは、一九七九年に甘粛省鎮原県の常山文化遺址から発掘された住居址H14である(5)(図4)。この住居址は、仰韶文化に属する常山下層文化期(炭素14判定によるとBC二九三〇＋一八〇年)の遺構で、入口が狭く、奥が広くなった袋状の穴居であり、地表から深さ七〇センチメートル－一・三メートルのところに、黄土にすっぽり埋もれた、居室・門道・屋根からなる穴居の坑口が発見された。門道の部分は斜路になっていて、門洞にあたるところの頂部をヴォールト状の天井とし、居室土間床面には焼成された痕跡があって、四本の柱が立つ。すなわちスロープの入口から降りて入る穴居であるが、張孝光氏の復原図に描かれているように(図5)、居室部分は木柱と蓋い屋根で支え、門洞のところは黄土をくりぬいた洞穴としており、全体は斜面を利用しているので、いわゆる窰洞と共通の原則を採用しているといえよう(6)。もちろん、厳密にいえば全体がそのまま同様ではないが、すでに門洞には窰洞の手法が用いられており、すくなくとも現在知られる最古の窰洞式住居址に数えられるべきものである。報告によれば、H14を含めて六基の住居址が円形平面の土窰式もしくは半土窰式であるという。

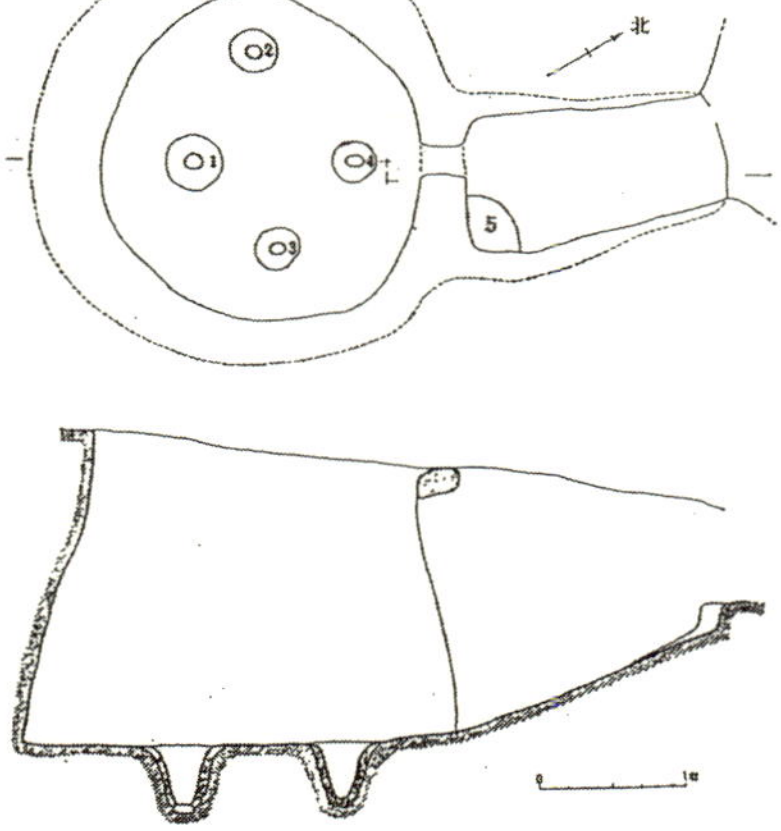

図4　甘粛鎮原常山遺址H14　平面図（上)、断面図(下)

つぎに山西夏県東下馮の住居址である。龍山文化東下馮類型のもので、一九七四～七九年の発掘され、住居址は三〇以上、地上・半穴居・窰洞式の三種があり、このうち窰洞式住居址が多いという。これらの窰洞は断崖や溝壁の場所を選び、修整を加えたうえで、洞を穿ち、つくられている。平面は円形、楕円形、および隅丸方形の三種があり、面積は約四平方メートル、門洞の高さは八〇センチメートル、

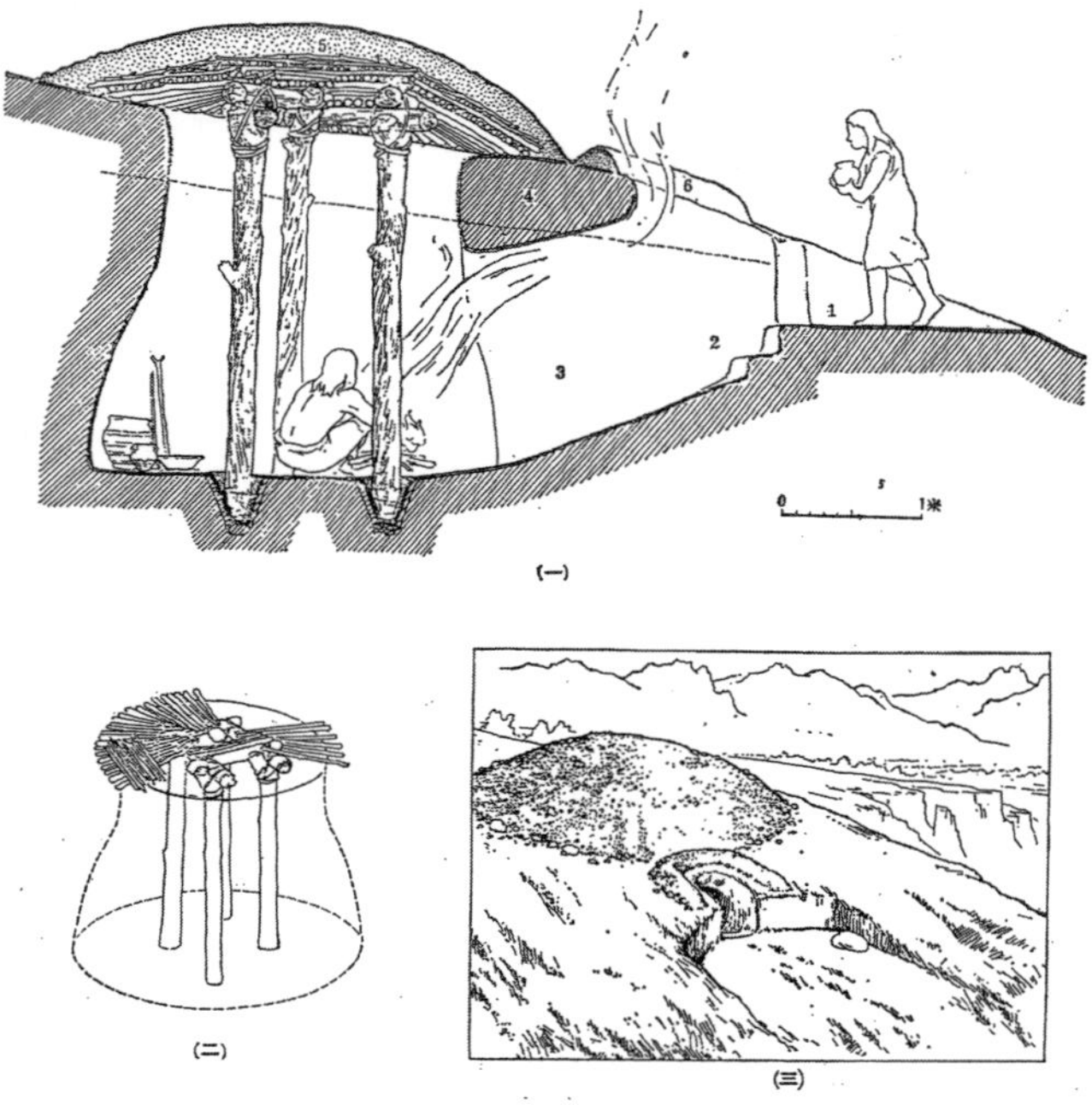

図5　甘粛鎮原常山遺址H14　復元図（張孝光氏復元）

幅は五〇センチメートル程度で、居室の頂部はドーム状につくられている。F565はその一例で（図6）、平面は円形、断面はアーチ状をなしているけれども、頂部はすでに倒壊している。規模は東西径二・五五メートル、南北径二・三〇メートル、門道の長さ四〇センチメートル、幅四五センチメートル。[7] ついで、一九八〇年に発掘されたF205は、円形平面の袋穴形で、やはり山掛け式にちかい半土窰の残欠とみられる[8]（図7）。この東下馮類型というのは、考古学的には龍山文化の晩期にあたり、二里頭文化東下馮類型といわれることもあるが、炭素14判定ではBC二〇八〇〜一九五〇年、すなわち近年来議論の絶えない夏王朝の年代に相当す

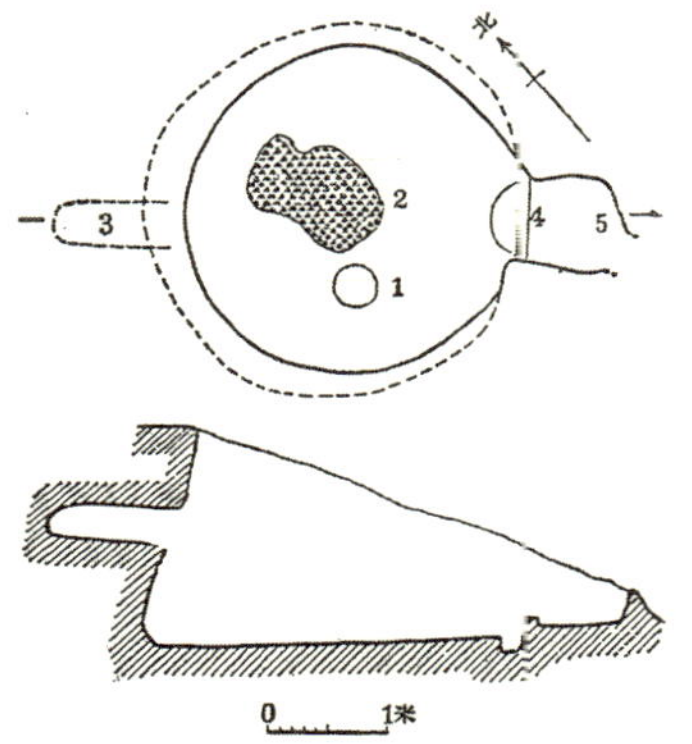

図7　山西夏県東下馮遺址F205　平面図(上)、断面図(下)

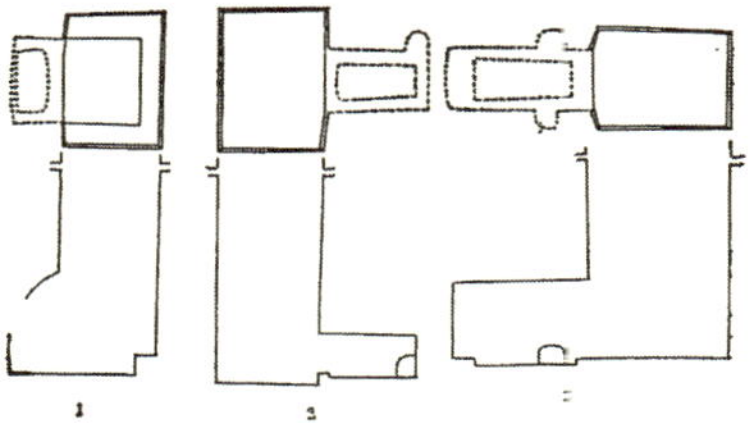

1.I式(76号墓) 2.II式(68号墓) 3.III式(29号墓)

図8　陝西半坡土洞墓　平面図・断面図

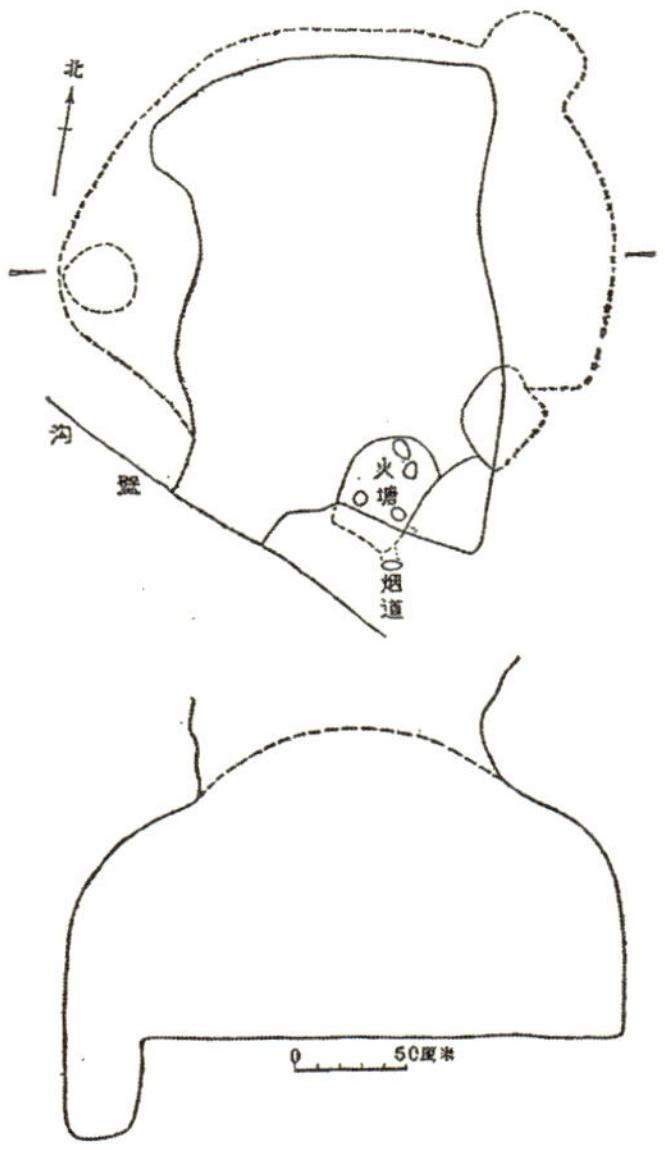

図6　山西夏県東下馮遺址F565　平面図(上)、断面図(下)

るもので、この地区もまた夏墟と伝えられるところである。

これら甘粛隴東地区や山西晋東南地区は、今日でも窰洞が数多く分布する地域であるが、その黄土の性質を利用してつくる技術的伝統がこのように古くから育まれていたことは驚異的ですらある。なお、時代は降って戦国時代になるが、窰洞住居ではなく、土洞アーチ墓のばあいも、最古の例は陝西の秦墓にみられる。たとえば半坡の土洞墓(図8)がそれであるが、壁龕から土洞墓へ発展したものとみられる。これも同様に当地の黄土の性質を利用したものであり、地上の窰洞を地下の墓室空間に適用したものとする説がある[9]ことを付け加えておこう。

三

文献的にみても、考古学的資料からみても、穴居はもちろんのこと、今日いわゆる窨洞につらなる伝統は、従来いわれているよりもはるかに古くさかのぼるものと考えてよいだろう。しかし、これではまだ今日、山西・河南・陝西・甘粛等の各地でひろく使われている窨洞が果たして古代の文献や遺跡に直結するものかどうか不審におもう向きもあろうから、歴史時代のもうすこし時代の降る明確な例証を二、三あげることにしよう。まず、南宋の鄭剛中の遊記『西征道里記』に、つぎのような興味深い記述がある。これは紹興十九年（一一三九）[10]とおもわれる条である。

滎陽《けいよう》より以西は、皆な土山に穴処多し。謂《おも》えらく土の理　直にして摧圧の患い無からん。然れども路旁の高山を見れば、摧折する者多し。存する者は尚お半掌の如し。則ち土穴に疑うらくは圧せる者有らん。居人当《まさ》に自ら能《よ》く択ぶべきのみ。……陝西は往往にして洞を為《つく》る。皆な及ばざる所なり。洞を穿《うが》つの法は、初め若《も》し井の深さ三丈なるを掘り、即ち旁らに之れを穿つ。此れより高低横斜　定勢なし。低処の深さは或いは四、五十丈、高処は平地より去ること遠からず。烟水の及ぶ能《あた》わざる所なり。凡そ洞中の土は、皆な初め穿てる井中より之れを出だし、土尽くれば洞成る。……然れども今の陝西の遺民は、半ばは是れ土洞の中に生く。今人の居る者は、頗る覆圧の禍に懲《こ》りて、洞下に於て多く柱を立てり。……

滎陽は河南省、今日でも多く窨洞の分布する地区である。ここで、とくに注目すべきものは、陝西地方の窨洞を穿つ方法をのべた記述である。さきに深さ三丈の「井」を掘り下げてから、つぎにそこから前後左右に洞を穿つのである。これは、今日いわゆる「下沈式」(天井式)と呼ばれるもので、人工的に中庭をオープン・カットで掘り下げておいて、その壁面から奥へ掘りすすむ窰洞の一類型についての比較的早い記録である。この形式は今日でも河南洛陽・鞏県、陝西乾県など各地に分布しており、わたし自身も陝西省の乾陵附近で目のあたりにしたことがある。「天井《テイエンチン》」は近代ではむしろ南方で住宅の中庭を指していうことばとして多く用いられているが、ここでも原文に「井」(井戸)の名が、本来の字義に即して用いられているのが注目されよう。

つぎに、降って明代の謝肇淛の『五雑組』の記事を引用してみよう。

地窖《ちごう》は、燕都(北京)に之れ有りと雖も、秦(陝西)・晋(山西)には及ばず。蓋《けだ》し人家顓《もっぱ》ら以って蓄室(倉庫)に当《あ》つ。其の地は燥なるが故に腐らず。其の土は堅きが故に崩れず。斉(山東)より以南は為《つく》る能わざるなり。三晋(山西の北中南部)の富家は粟数万石を蔵し、皆な窖もて之れを封ず。……近辺一帯に至るまで、常に土室を作りて以って虜を避く。其の中大廈の若し。尽室　其の中に処る。其の隧道を封ずれば……

窖は穴ぐら・地下の貯蔵庫の類を指す語で、新石器時代の住居址からも発掘されているが、この時代でも黄土乾燥地帯の陝西・山西では、土地の特性を利用して、この種の窖穴を穀物貯蔵に用いていたことがわかる。また、山西地方では、土室すなわち窰洞をつくることが普遍的におこなわれたこと、その内部は殿堂のように広大であったことも知られる。隧道は、古くは墓の甬道の類をいい、ちかくはトンネルのような坑道を指すが、ここでは窰洞のアーチ・ヴォールト状の形態をよく伝える表現とみてよい。

最後に、清代の顧炎式『天下郡国利病書』にみえる記述を引いておこう。

> 山西は土瘠《や》せ民貧しく、村落の細民は屋宇を高地に就《つ》く能わず。土を鑿《うが》ちて窰と為し、以って之れに居る。夏は涼しく冬は温かし。『孟子』の所謂「下〔上《たか》〕き者は営窟を為る」、『漢書』の所謂「甌脱」とは是れなり。

と。夏涼しく冬温かいとは、窰洞の居住性の特徴をすでにして指摘したことばである。『孟子』の「営窟」は、さきに『礼記』の引用のさい疑問をのこしておいたが、顧炎武はそれを窰洞にあてており、この解釈のほうがわたしにとってはつごうがよい。『漢書』の「甌脱」は蘇武伝にみえるものだが、ほかに『史記』の匈奴伝にもみえ、注によると「土穴」のことであるという。このばあいは、斥候の屯守のためのもので、住居とはすこし趣きを異にするようである。

以上、請われるままに、穴居、とりわけ窰洞を中心として、歴史的な観点から概要をのべてみた。窰洞の起源と変遷については、なお不明な点も多い。けれども、たとえば文字資料でいえば、すでにふれた文献以外に、殷代の卜辞にみえる「」、「」のような甲骨文字をそれぞれ「復」、「窌」に釈し、窰洞、窖穴と解する学者もいるから、わたしの見解はけっして始源を上古に求めすぎるものではあるまいとおもう。窰洞については、とくに最近、中国だけでなく、日本をはじめとする外国の建築学界からも注目を浴び、現地調査もさかんであるが、歴史的にどの程度古い伝統をもつものなのかという点については、これまでほとんど明らかにされていない。その意味では本日の報告が、関心をもつ諸氏にわずかなりとも具体的な資料を提供しえたのではないかと信ずる。

註

1 龍非了「穴居雑攷」『中国営造学社彙刊』第五巻第一期、一九三四。
2 八木奘三郎『支那住宅志』、三三一一〇一頁、一九三二。
3 楊鴻勛「仰韶文化居住建築発展問題的探討」『考古学報』一九七五年第一期。
4 劉敦楨『中国住宅概説』一九五七(田中淡・沢谷昭次訳『中国の住宅』一九七六)。楊鴻勛・前掲論文。
5 中国社会科学院考古研究所涇渭工作隊「隴東鎮原常山遺址発掘簡報」『考古』一九八一年第三期。
6 張孝光「隴東鎮原常山遺址一四号房址的復原」『考古』一九八三年第五期。
7 東下馮考古隊「山西夏県東下馮遺址東区・中区発掘簡報」『考古』一九八〇年第二期。
8 中国社会科学院考古研究所・中国歴史博物館・山西省文物工作委員会　東下馮考古隊「山西夏県東下馮龍山文化遺址」『考古学報』一九八三年第一期。
9 葉小燕「秦墓初探」『考古』一九八二第一期。
10 原文は紹興乙未に作るが、己未(十九年)の誤りであろう。

この文章は、一九八五年九月四日、建築会館で開催された「中国の生土建築　講演会」における講演の内容を後日整理したもので、付図・資料とも当日会場で配布したプリントに従っている。)

一〇　干闌式建築の伝統
――中国古代建築史からみた日本

　日本の建築が、歴史的にみて東アジア文化圏における明瞭なひとつの伝統に所属していることに気づいたひとは、すでにすくなくない。ましてそのような視点はけっして目新しいものではなく、今日でも民族学や植生学などの領域では一定程度、共通認識となりえているらしいが、一方かつてはそうした方向へ主導した建築学の領域において、むしろ正確な理解がなされていないように見うけられるのは皮肉な現象だ。けれども、たとえば日本住宅史の研究が、古代遺跡の発掘から近世遺構の調査にいたるまで資料が急速に充実してきたとき、ふたたびそのような視野が求められようとするのは、きわめて自然な方向というべきである(1)。最近わたしは、中国古代建築について文献および発掘遺構にもとづく考察をすすめる過程において、いくつかの興味をそそる事実に直面したが、それらは日本建築史や民族学の研究者にとってむしろ資するところあろうとおもわれる内容をも含む。その簡介をここに呈することが、いまわたしに課せられた主題のようである(2)。

　中国古代の建築はじゅうらい、墓・闕遺構、画象石・塼、壁画あるいは文献資料によってかろうじて断片的な状況が知られていた漢代がありこそすれ、それ以前についてはましてほとんど具象性をともなうイメイジに欠けていた。ところが、解放後、急速に増加した墓の発掘調査や、いくつかの文献的研究の進展にともなって、すくなくとも木造建築については後漢までに、後世の遺物をとおしてわたしたちが知る基本的構成が確立されていたと考えられるようになった。(3) 同時に漢代以前についても、解放前は殷墟《いんきょ》(河南《ホーナン》省安陽《アンヤン》)のみであったのに加えて、近年、河南省偃師二里頭《イエンシーアルリイトウ》、湖北省黄陂盤龍山の殷代遺構が発掘され、また浙江省余姚河姆渡《ユイヤオホームードゥ》遺址から大量の木造部材が出土するに及び、いずれもじゅうらいのあまりにも曖昧模糊とした先秦時代建築史に、はじめて光明を投ずる契機をあたえた。一方、これまで先秦時代の建築を考えるときにふれざるをえないにも拘らず、記述内容が簡略でしかも難解であるために、あるいは迂回、あるいは忽略されてきた『考工記』匠人営国条の記事があった。それは、三代(夏・殷・周)の宮室をそれぞれ世室・重屋・明堂の呼称でしめし、形態を説明したもので、周の明堂《めいどう》という儀礼政庁正殿にかんする漢代以降の煩瑣な議論を呼ぶ根本史料のひとつでもあるのだが、それはさておくとして最大の問題は、それ自身短く、テキストとしての問題をも内包する経文の解釈が難渋を余儀なくさせたうえに、それをいわば強引に条理の正しいものとして説明しようとした後漢の著名な学者、鄭玄《じょうげん》(ＡＤ一二七～二〇〇)の注釈が、以後歴代に君臨したことであり、とくに清朝の数多くの経学者たちに、いかにして矛盾を牽強附会するかという苦肉の考証論文を競わしめ、今日にまで伝えるところとなった。

考古学調査の技術水準が向上し、発掘の正確なデータが読み取れるようになったいま、いわば、ようやくにして鄭注《ていちゅう》の呪縛から解放されるときが来た。いわずもがな『考工記』は、前漢のとき佚われていた『周官』(周礼《しゅらい》)の「冬官」にあてて補われたもので、他の官とは成立の事情も年代も異なり、そこに多くしめされる技術的な内容の記述は、むしろよく春秋後期から戦国時代にかけての考古学的資料に一致することが知られている。(4) そうした成果を考慮しつつ読む『考工記』匠人営国条の経文は、とりわけ殷の「重屋」の項において不自然さが目立つこと、きわまりない。おびただしい礼経論争史の過程において、ほとんど例外的に建築家の職能をあわせもっていた隋の工部

図1　戦国時代銅器の建築図

尚書、宇文愷《うぶんがい》がその「明堂議表」のなかで、この経文それ自身のテキストへの疑問を呈し、鄭注の改竄を指摘したことは、けっして偶然ではなかった。[5]『考工記』匠人条には、すでに後世の再編の痕跡が浮かんだ。つまり、現存する発掘遺構に沿ってみるなら、殷代には、横長平面で室を並列させ、木造構架にその構造を直接あおぐことをしないで、厚い土壁を主たる構造体とし、簡素な木造構架を架けわたすのが中原の主要な伝統であった。一方、春秋から戦国時代にかけて、夯土台（つき固めた土の基壇）を段状ピラミッド式に築き、木造の庇を各層の周囲に配する形式のあったことが、戦国時代の銅器に描かれた建築図（図1）や、文献にいう「台《だい》」「榭《しゃ》」の表現から、すでに知られていた。『考工記』匠人に混沌と点綴された建築の表現は、その二つの異なる伝統を強いて三代に按分した結果であろう、とわたしは考える。すなわち、殷代などの土壁を主とし、横長平面をもつものと、そして時期はそれよりおくれる、段状ピラミッドに木造構架を配したものとである。しかし、いまのべた二つの類型は本来、異質のものに相違ない。後者は、礼制に見うけられるところの、高層の偉容をもって尊厳の表象とする建築であり、同時に、後漢以降の、わたしたちがすでに知っている木造建築の基本的構成をみちびくものにほかならないだろう。つまり、それは中国特有の、木造構架を主体とし、牆壁を単なるカーテン・ウォールとする伝統につうずる。そのあいだには、強烈な契機が転回点をもたらしたような状況があったと想定せずにはいられない。

ここで問題になるのが、いまひとつの、これまでのべたものとは脈絡の途絶えた伝統である。浙江省河姆渡で近年発掘された遺跡から、数多くの枘・枘穴を工作した木造部材が出土した。構造体を土壁にたよるのではなく、掘立柱であり、しかも上部は失われているとはいえ、木造構架のたくみな構成をそなえていたことが、だれの目にも明らかである。年代は、炭素14判定によると約六〜七〇〇〇年前という。高床をそなえた、この種の純木造建築を中国では一般に「干闌《かんらん》」式とよぶ。このような系統は、発掘例こそまだすくないとはいえ、長江流域および以南において、はやくも新石器時代から芽生えていたことがすでに知られていた。(6) たとえば江蘇省の呉江銭山漾《ウーチアンチエンシヤンヤン》、丹陽香草河《クンヤンシャンツアホー》、呉江梅堰《ウーチアンメイイエン》などの遺構である。しかし、これらはいずれも柱根や板壁の残存であり、今回の河姆渡遺

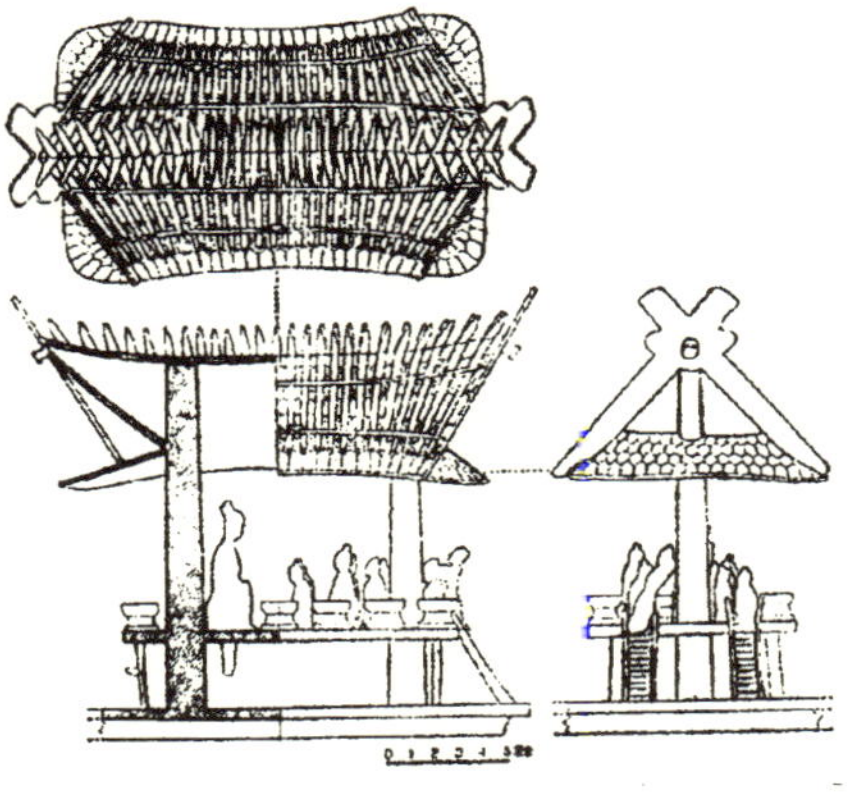

図2　雲南省石寨山漢墓青銅貯貝器蓋の祭殿模型

図3　雲南省石寨山漢墓青銅貯貝器腰部の糧倉図(拓本)

址発現の意味は大きい。ただそれが高床構造であったというだけではなく、枘・枘穴の工作状況が、その架構の技術的水準の高さを同時に明示するからだ。

干闌式建築の遺構・遺物というと、地方的に限定され、しかもとくに現存する建物では、主として民家や倉庫であることなどから、これまであまり重視されていなかった。しかし、比較的具象性をそなえた遺物をもとめると、雲南省晋寧石寨山《チンニンシーチャイシャン》の漢代の墓から出土したものがあり、いままでなぜか日本研究者からは無視に等しい扱いをうけてきたが、その一例をあげれば図2、3のようである。螻羽を三角形にはね出し、棟を長くして反らせ、棟持柱をそなえた祭殿、あるいは校倉造の高床倉庫である。その形態が日本古墳時代の埴輪家、家屋文鏡に描かれる画象、伝讃岐国出土銅鐸に描かれる高床倉庫などにあまりにも類似していると感じ、日本古代建築の失われた祖形を眼前に見るおもいがするのは、けっして、わたしだけではあるまい。しかし、形態の類似をもって説く広域文化論が、とくに日本研究者たちには、不評と好奇心とをともなってみつめられることを知っているわたしには、以下に最低限度の資料を呈示しておく義務があるかもしれない。

中国にあって干闌式建築の伝統をもっていた民族は、いわゆる「正史」の記述では、辺疆・蛮夷の異民族にほとんど限られている。その漢民族による呼称は、おどろおどろしい蔑視をなによりも露骨にしめす表現であるが、しかし、ついでにいえば、華北・中原の伝統と正統的な史書に載らなかったこれら蛮夷の伝統とは、もとよりそれぞれ異質の始祖をもっていたにちがいない。惜しむらくは、干闌式建築の比較的古い時代の完全な遺構が現存しないことではあるが、しかし民族学などの調査によると、中国で民家に干闌を用いているのは、雲南、貴州、広西、台湾等各省のタイ、ミャオ、チンポー、ハニ、プイ、チワン、トン、パラウン、ワ、高砂(カオシャン)等の各民族であり、この系統が東南アジア、ミクロネシア等に分布していることも、いまさらいうに及ばぬ。ただし、干闌式建築の伝統は、単に東洋史でいわゆる塞外文化圏、あるいは少数民族などに限定されるものではなく、長江流域にも育まれていた木造建築の高度な技術水準の悠久な伝統であることに注意しなければならぬ。北方と南方の文化、あるいは土と木の建築文化という、より広範な視点が、いま必要となろう。いま、華北・中原の伝統からはじめて、それと対比しながらしめしてきた所以でもある。たとえば古来、中国建築史の冒頭を飾る常套句のひとつである『礼記《らいき》』礼運篇の「冬は営窟に住み、夏は橧巣に住む」とは、前者は土の建築、後者は木の建築を表象化したものではないか、とわたしは考える。『淮南子《えなんじ》』本経訓において、五行の土と木に、それぞれ延楼・桟道、台榭・城郭というイメイジが配当されたのも、同様なフレイムで考えたい。また『史記』によれば、前漢武帝のときにつくられた建章宮において神明台と井幹楼がふたつながら立つのは、けっして偶然とはいえまい、すくなくとも土と木、北方と南方の二つの異なる伝統が合体せんとする気運のようなものが感じとられるのだ。

すでにあたえられた紙数は尽きた。『後漢書』東夷列伝・倭に「城柵・居室あり」と。また『魏志』倭人伝に「居処・宮室・楼観・城柵、厳《おごそ》かに設く」と。城柵といい、楼観というは、その一方の伝統に属すること、すでに明らかであろう。ただ、東夷といいつつ、干闌の蛮俗という直截的表現の見えない点を異にするにすぎぬ。

註

1　たとえば、太田博太郎・内藤昌・木村徳国(座談)「日本の家屋の変遷をたずねて」『歴史公論』六-一、一九八〇。

2　限られた紙数で尽くせないところは、下記を参照されたい。田中「先秦時代宮室建築序説」『東方学報』五二、一九八〇。

3　林巳奈夫編『漢代の文物』、京大人文科学研究所、一九七六。Else Glahn, "Some Chou and Han Architectural Terms", *Bulletin of The Museum of Far Eastern Antiquities*, No. 50, Stockholm, 1978。

4　林巳奈夫「中国先秦時代の馬車」『東方学報』二九、一九五九。吉田光邦「周礼考工記の一考察」『東方学報』二九、一九五九。

5　田中「隋朝建築家の設計と考証」(山田慶児編『中国の科学と科学者』所収)、京大人文科学研究所、一九七八。

6　安志敏「「干闌」式建築的考古研究」『考古学報』一九六三―二。

第二部　玉座の空間——中国建築にみる伝統

一　中国の住まい
——四合院と南北の伝統

中国の住まいの類型について語るとき、食物や言語などの場合と同様に、北と南という大枠の分類はとりあえず有効である。すなわち、同じく木造を主体とする住居ではあっても、概して北方は塼積みの壁が分厚くて、窓や扉の開孔部は比較的小さく、木造部材の露出部分がすくないのにたいして、南方は壁面に漆喰仕上げが多用され、開孔部が比較的おおく、木造構架をむしろ露出させ、漆塗りや彫刻を施すものがすくなくない——などといった傾向をそれぞれあげることができるだろう。あるいは、総じて華北・中原地方には平房《ピンファン》(平屋)がおおく、楼房《ロウファン》(二階屋)がすくないのにたいして、江南・華南・西南地方では楼房が比較的おおいといえる。また、北方のある地域には主たる構造体をもっぱら塼《せん》(焼成煉瓦)や土坯《トウピー》(または墼。日乾煉瓦)、夯土《ハントウ》(版築)などに仰ぎ、木造構架をほとんど用いない住まい——「窰洞《ヤオトン》」の名で知られる横穴式住居、「錮窰《グーヤオ》」と呼ばれる平地建の窰房、あるいは「土楼《トウロウ》」、「荘窠《チュアンフー》」などと称される平地建の土造住居——がある一方、南の特定の地域の漢族や少数民族にはその反対に純然たる木造の懸造《かけづくり》ないしは高床式住居——それぞれ「吊脚楼《ディアオチアオロウ》」および「干闌」と称する——がすくなくないというような現象も指摘し得る。このようにいうとき、いずれも北と南という区分はかなりおおざっぱなもので、たとえば湖南・湖北地方などは、右にあげた類例によってはどちらにはいるか微妙な場合も含まれるし、福建や雲南は

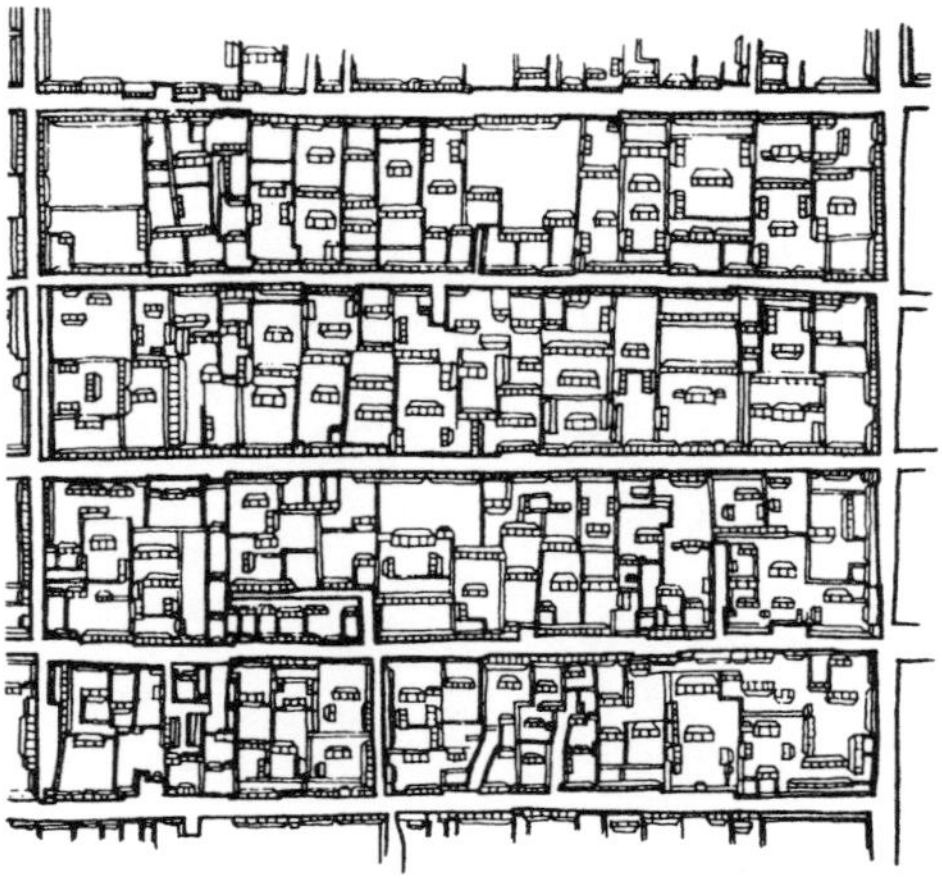

図1　北京四合院住宅平面図（劉敦楨著、田中淡・沢谷昭次訳『中国の住宅』、鹿島出版会、1976）

なかでも特異な例外として区別されなければならないこともある。けれども、巨視的にみた場合、こうした南北の二大区分が有効であることも事実なのだ。そのような地域による住まいの特徴の差異は、たとえば降雨量のすくない黄土地帯に特有の「窰洞」と、逆に木材が豊富な湿潤地帯にみられる「干闌」のように、主としてその土地の気候風土に左右されている要素がおおい。住まいは建造物であるから技術的および経済的条件に大きく制約されるのは当然だが、それと同時に、日常生活上の風俗習慣にもつよく影響されるため、それぞれの地方色に自ずから多様な要因が反映される。

中国の広範な国土に分布する住居の様式を南北に大きく色分けすることは可能だが、さらに細かくみていけば、建築平面、材料、構造、さらには外観、装飾の各面にわたって、地方ごとにじつにさまざまな類型をもっている。全土の圧倒的多数を占める漢族の住まいに限ってみると、そのなかでも代表的類型とされるのは、いわゆる「四合院《スーホーユワン》」の住宅である(図1)。これは、北京をはじめとする華北地方の都市住宅の典型的な平面配置であり、『乾隆京城全図』をみても、当時の北京城内ではすでにじゅうぶん普遍化した住居類型であったことがよくわかる(図2)。「四合院」は、また「四合房」とも呼ばれたが、要するに文字どおり東南西北に四棟を配して、中央の「院子《ユワンツ》」をとり囲む平面のものをいう。地域や年代によって若干の呼称のちがいはあるが、近代の北京では一般に北側の主屋(母屋)を「正房《チョンファン》」とか「堂屋《タンウー》」、東・西に向かい合う脇棟を「(東・西)廂房《シアンファン》」、南側の向かい棟を「倒座《ダオツウオ》」のように呼ぶ。これが基本単位だが、じっさいにはそれだけでまとまっている例はすくなく、それを南北方向の中軸線上に幾重にも繰り返して重ねてゆき、縦に奥行の深い「院落《ユワンルウオ》」(中庭群)を形成する場合がおおい。その中庭群の奥行の重なりを「進」で数え、「一進」「両進」「三進」のように称する(たとえば図1は三進の四合院)。いま東南西北の四棟からなる基本単位を繰り返して重ねてゆくといったのは、説明の便宜上であって、じつはあまり正確ではない。というのは、ここに例示した両進以上の四合院の場合、前後の中間に「垂花門《チュイホワメン》」と呼ばれる、文様彫刻で彩られた吊束《つりづか》(「垂花柱」という)をもつ、住居のなかでもっとも華麗なつくりの門が立ち、「内院」(後庭)と「外院」(前庭)とに分けられるのが一般的である。そこが日常生活のうえでも外と内とを、私的空間と公的空間とを区画する重要な結界となっているのである。したがって、ここにあげた図にもみえるように、前にのべた四棟のうち、住人自身の日常生活の場となる主要な三棟——「正房」「東廂房」「西廂房」——は内院に配されるが、来客などのための部屋——「倒座」あるいは「客庁」——は外院のほうに置かれる建物であって、これらの東南西北の四棟をただ機械的に繰り返すというわけではない。また、街路に面する大門は垂花門とはちがって一般に質素な外観をもつもので、この門は、外部か

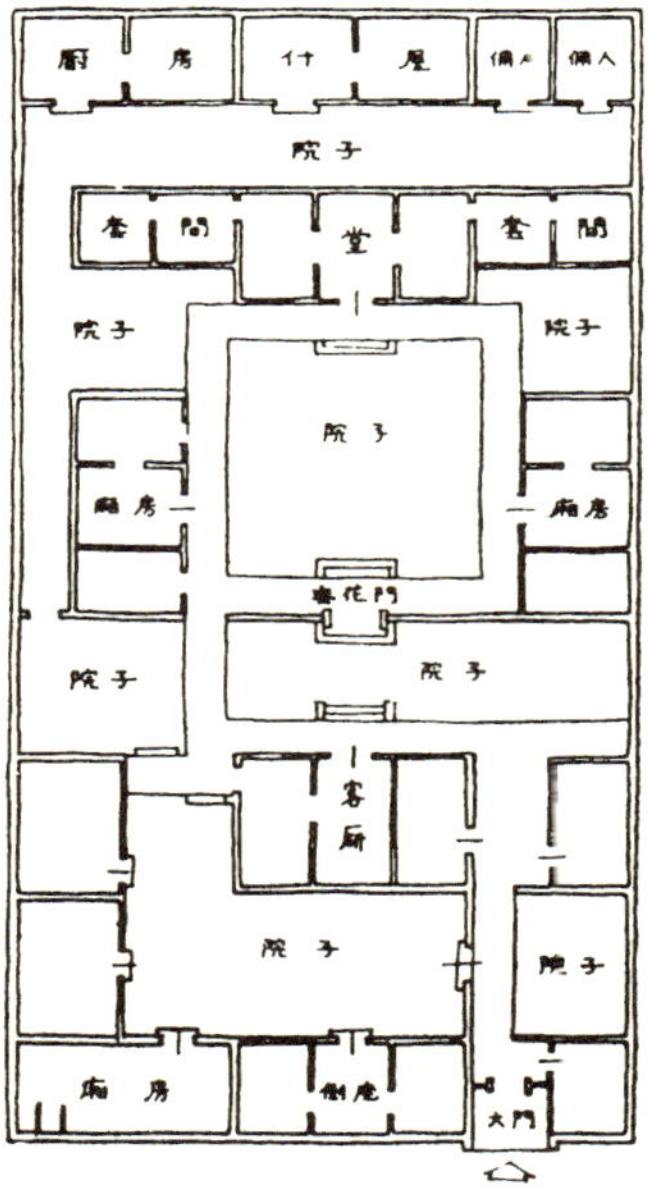

図2　『乾隆京城全図』にみえる北京城内の住宅

らのアクセスが直線的すぎると邸内が見通せてしまったり、奥行が浅く感じられることを嫌うために、敢えて東南隅に屈曲させて開かれ、門内の見返しには塼彫で装飾された「照壁《チャオピー》」という目隠し塀が立つことがおおい――ただし、これもより正確には、前掲『乾隆京城全図』からもわかるように、城内の住居の敷地がすべて南向きというわけではないから、東南隅とは限らず、正面に向かって左寄りに開くというべきだが――。しかし、ともかく奥行方向に幾重にも中庭群を連ねるような場合であれば、原則的には基本単位四棟の繰り返しであるといっていいだろう。また、主屋「正房」の左右には通常すこし小さい部屋「耳房《アルファン》」（または「套間《タオチエン》」）が付設されることがおおく、その裏側には厨房や作業場のための小院が設けられるが、それは主要な「院子」ではないから「進」の数にはカウントされないのがふつうである。

たとえば、『金瓶梅』に、西門慶が訪れた楊家には「一間門楼」をはいると「粉青照壁」が立っていて、外院のなかにすすむと「三間倒座客位」があり、全体の敷地は「到底五層」（前述の表現で「五進」というのと同じ）で「後街に通じ」ていたとあるのは、まさにこうした四合院の典型的な平面配置――相当大規模な部類に属するが、――であることをしめすものである。

このような典型的な四合院住宅は、北京城内だけでなく、河北省西部から、山西省の西部にまで広く分布している。さらに、四合院でも、典型的な北京城内住宅タイプでないものなら、吉林、陝西、山東、河南、江蘇、浙江、福建、さらに湖南、湖北、四川、広東、雲南の各省にいたるまで、広範に分布している。北京城内に現存する四合院の遺構はもっとも古いものでも清朝中期ごろまでらしいが、山西省の太行山脈の西側には、さらに古く明代まで溯る遺構が残っている。たとえば、襄汾丁村にはすくなくとも正房は万暦年間の建立にかかる四合院住宅が現存しており、「掛落《コワルウォ》」という楣《まぐさ》下の透かし彫り、格子組や礎石彫刻などに地方的特色をしめす（写真1）。平遙城内にも、丁村の明代住宅と様式的に近似した清代初期以降の四合院の遺構があり、斗栱《ときょう》(柱上の組物)や窓格子の文様、青石柱礎の精緻な彫飾などが傑出した特徴となっており、なかには正房を塼造の錮窨につくり、屋上をテラス状にしたものもある。これらの比較的古い年代の実例も、大門から照壁を経て屈曲するアプローチ、垂花門などの平面配置の構成は、基本的には北京城内の実例でみたのとまったく同様である。

写真1　山西省襄汾丁村の明代住宅(筆者撮影)

このように華北の四合院住宅は、実物遺構の年代では明代に遡り、分布範囲もじゅうぶんに広い。これにたいして、江南地方あるいは華南、西南地方の住まいの代表的な類型をみると、地方によってかなり多様というべきである。もちろん建築平面の分類として四合院に属するものもあるが、外観の直感的な印象はかなり異なる。けれども、あくまでも主流をなすのは、華北の四合院住宅と同趣の閉鎖的中庭群形式(現代中国の建築学で「封閉院落式」と呼ぶ概念)であるといっていい。すなわち二階建であっても、建築平面としては広義的に四合院に分類すべきもの、もしくは厳密には四合院の要件を備えていないが、建築群配置の基本原理としてはきわめてそれに近いもの、そして立地条件の関係から中庭群そのものが中軸線を外れたり、中庭をまったく省略した都市住宅などがあげられる。たとえば江蘇、浙江

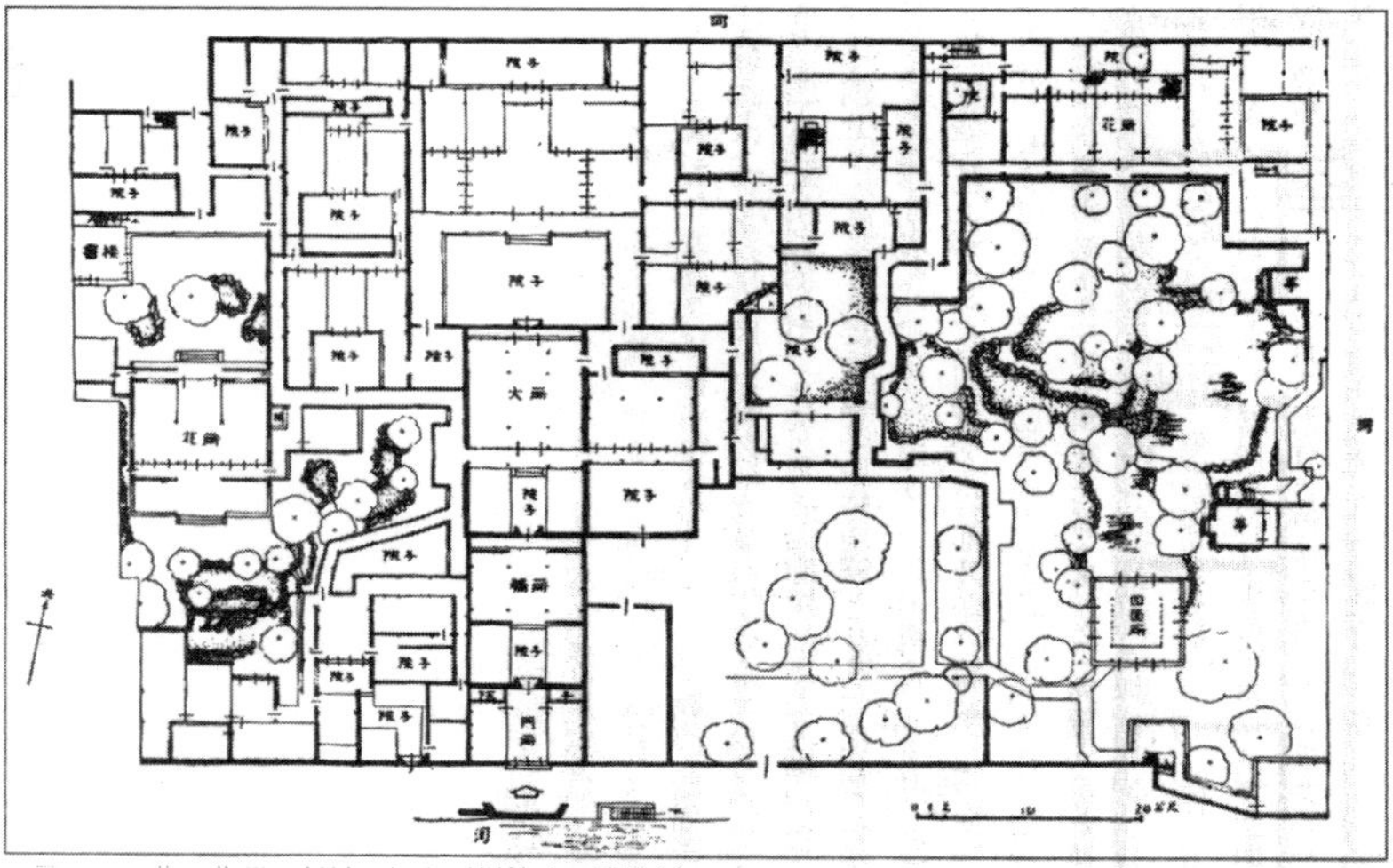

図3　江蘇省蘇州小新橋の住宅(劉敦楨・前掲書)

両省あたりの本格的な住宅として代表的な類型は、中軸線の上に奥行方向に中庭群を重ねていくという点では華北の四合院と同様だが、ただ東・西廂房にあたる棟がなく、この部分がたんなる漆喰塗りの築地塀となり、代わりに走廊などで連絡する形式である(図3)。この場合、「天井《テイエンチン》」と呼ばれる中庭の一進ごとに中軸線上に前方から順に、「門庁《メンテイン》」「轎庁《チャオテイン》」「大庁《ダアテイン》」と重ねてゆくもので、華北の四合院ほど明確ではないにしても、奥に進むにしたがって公私の区別が順次明確になってゆく構成をとる点では同様といえるだろう。

大邸宅の場合——これは北方の四合院住宅でも同じことだが——主要な中軸線上のほかに、その傍らにも副次的な中庭群が設けられ、「跨院」が形成されることがおおい。これらの中庭および両脇を区画している塀のさらに外側には、「陪弄《ベイロン》」などと呼ばれる婦女や下僕のための勝手用通路が設けられるのがつねである。つまり、この種の江南地方型の閉鎖的中庭式住宅は、東南西北の四棟によって形成されるという四合院の語義からすると厳密には除外されることになるのだが、建築群の配置のありようとしては共通する基本原則のうえに立っていることが容易に理解されるだろう。

　また、明代の住宅遺構が数おおく残っていることでは前掲の山西省の例よりも内外でつとに知られている地区として、安徽省徽州の歙県・黟県一帯がある。ここの住宅は、小さな「天井」(中庭)をとり囲んで四周に二階建の建物を配するもので（なかには単層のものもあるが、典型例ではない）、小さな敷地空間を効率よく利用していることに加えて、梁や束、欄干、扉、窓格子などに施される素朴な彫刻や彩色にもすぐれた特色をしめしている(図4)。徽州地区と省境をはさんで地理的にも近い江西省の浮梁地区（景徳鎮市の遠郊）にもこれらときわめて酷似した様式をもつ明代の住宅遺構が現存する。これらは重層の建物なので、一見するとまったく異質のように感じられるかも知れないが、□字型の平面で中庭をとり囲むという意味では、北京の四合院や江南の中庭式住宅と軌を一にするものなのである。

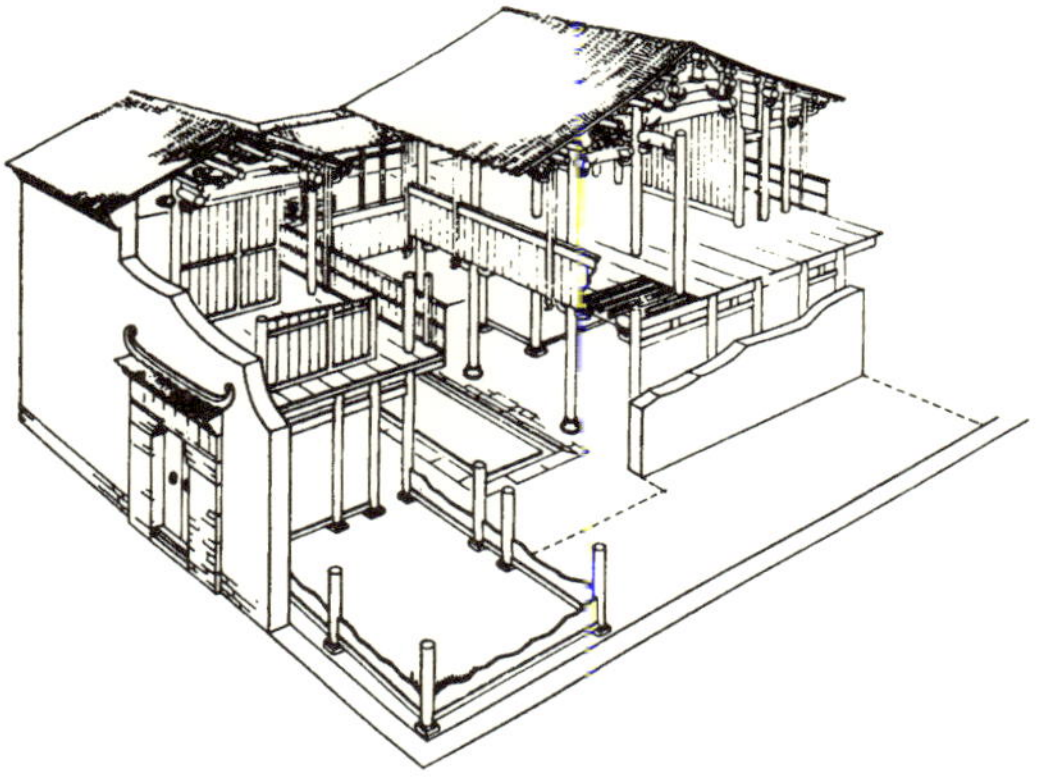

図4　安徽省歙県拓林郷西渓南郷の明代住宅（張仲一・曹見賓・傅高傑・杜修均『徽州明代住宅』、建築工程出版社、1957）

　このほか、雲南省の昆明市郊外には「一顆印《イークーイン》」と呼ばれる、真四角で閉鎖的な外観をみせる住宅の類型があるが、これも中央に小さな「天井」(中庭)を設け、四周を総二階にしたつくりであって、単層と重層の別を問わなければ、やはり平面構成の原則は同根に帰せられるべきものである。

　さきほど北京城内の例で、都市住宅の敷地の制約のことにすこしふれたが、地方都市の場合でもそれと同様な状況が生ずる

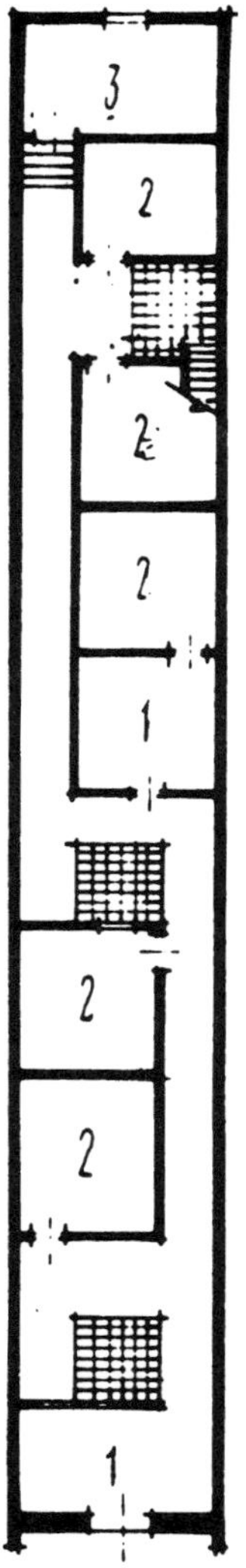

図5　広東省の都市住宅平面図（陸元鼎・馬秀之・鄧基生「広東民居」『建築学報』1981年第9期）

ことはいうまでもない。たとえば、広東省の都市住宅をみると、なかには二階建の四棟で中庭を囲む本格的な構成のものもあるが、その一方では、「竹筒屋《チュートンウー》」という俗称がしめす如く、左右両側に棟を並べず、走廊を互いちがいに片寄せ、ひたすら奥行方向に棟を並べているものがある（図5）。これは、いうまでもなく敷地の関係で完全な四合院型の平面構成を採ることができなかった結果であって、変則型ではあるけれども、やはり前述の閉鎖的中庭群式住宅の一類型に区分されるべきもので、「鰻の寝床」といわれる京都の町屋の形成とほとんど同類である。

なお、江南や華南の都市住宅には、またこの種の制約のために、街路側が桁行方向になり（日本建築でいう平入《ひらい》り）、奥行の梁間をかなり深くとって、大屋根で一棟を蔽う形式のものもすくなくないが、これも京都や高山のような街路沿いに立つ町屋とまったく同じ事情からきたものである。たとえば、『水滸伝』にみえる、宋江が妾の婆惜のために借りた住宅は「一間房子」、つまり間口が柱間一間にすぎないが（「間《けん》」は日本家屋のような一間＝六尺の意ではなく、柱と柱の間隔を数える単位。間口一間は両脇に二本の柱が立つものをいう）、「楼房」で、二階は前後二室からなり、その広さは「一間六椽」というから、総二階で、奥行は垂木を折りつないで架ける本数が六本、すなわち柱間にして六間（前室・後室各三間）というかなり大きなものであったことが知られる（椽「垂木」を折りつなぐ本数は柱だけでなく、梁上の束の部分を含む場合もあり得るが、この場合は民間住宅なので常識的に解釈しておく）。

つぎに、中国の住まいの建築的構成にみられる普遍的な特徴を知るために有効とおもわれる、やや特殊な例をとりあげてみよう。それは、すでにふれた「窰洞」である。黄土の断崖に横穴を掘った住まいであり、河南省西部、陝西省北部、甘粛省東部などに集中的にみられる住宅形式で、そのほかにも山西省中部、河北省西北部、内蒙古自治区などにまでかなりの広範囲にわたって分布している。窰洞には、自然の黄土の断崖を掘っただけのもの（「靠山窰《ガオサンヤオ》」という）と、はじめに地下に向かって中庭のためのスペースを掘り下げてから、その四周の壁面の内部に向かって窰を掘り進むもの（「地坑窰《ティカンヤオ》」または「天井式《ティエンチンシー》」と呼ぶ）とある。前者の場合でも、一室のみの単純なものから、「窰上窰」（二階建の窰洞）につくるものまである。このタイプのなかには、主たる窰洞の全面の平地を前庭として周囲を塀でとり囲み、その中に平地建の窰（「錮窰」）を付設したものもあるが、これはかなり四合院の廂房に近い構成といっていいだろう。また、後者の「地坑窰」の場合は、人工的に掘り下げたスペースがまさしく「天井」となり、その周囲に掘り進んだ居室が中庭を向いてとり囲むので、居室の数こそ四室とは限らず、六室からなるものなどもあるけれども、平面配置の原理は四合院のそれといちじるしく近似したものであることに気づく（図6）。このような材料も意匠もまったく異質な住宅の類型の相互間にも、じつは共通の建築構成の原理が作用していることこそ、中国の住まいのもつ特色としてとりあげなければならないで

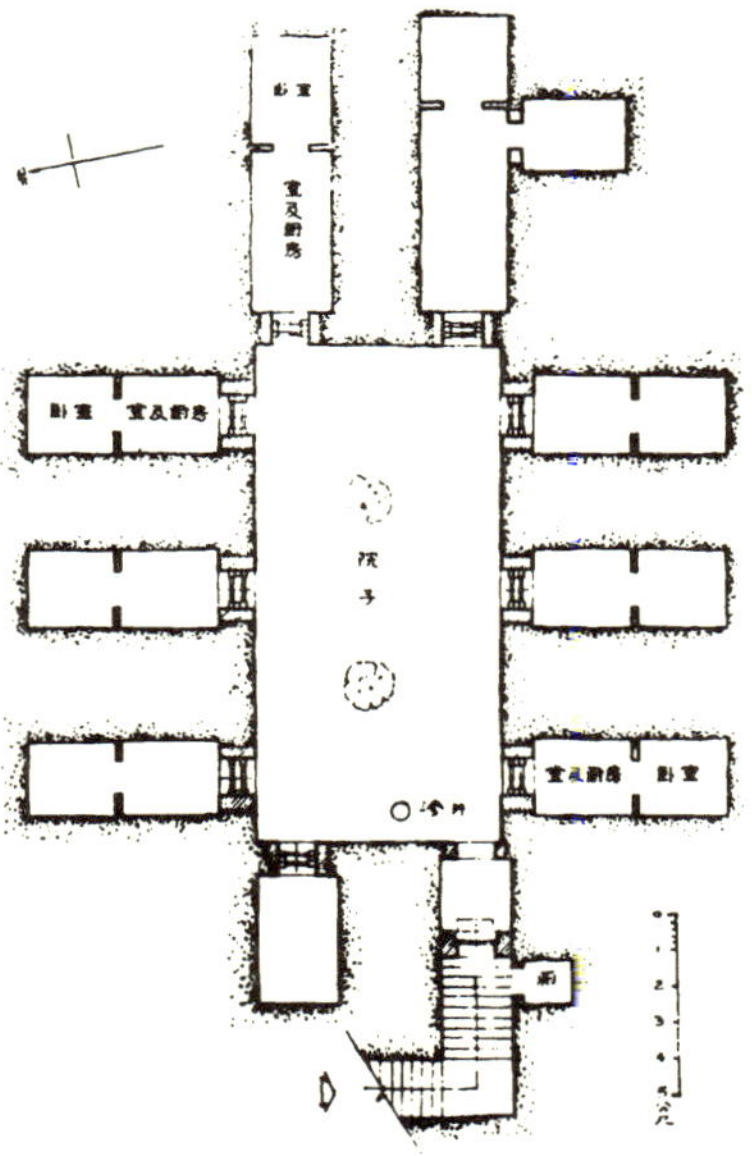

図6　河南省鞏県孝義鎮の「天井式」窑洞（劉敦楨・前掲書）

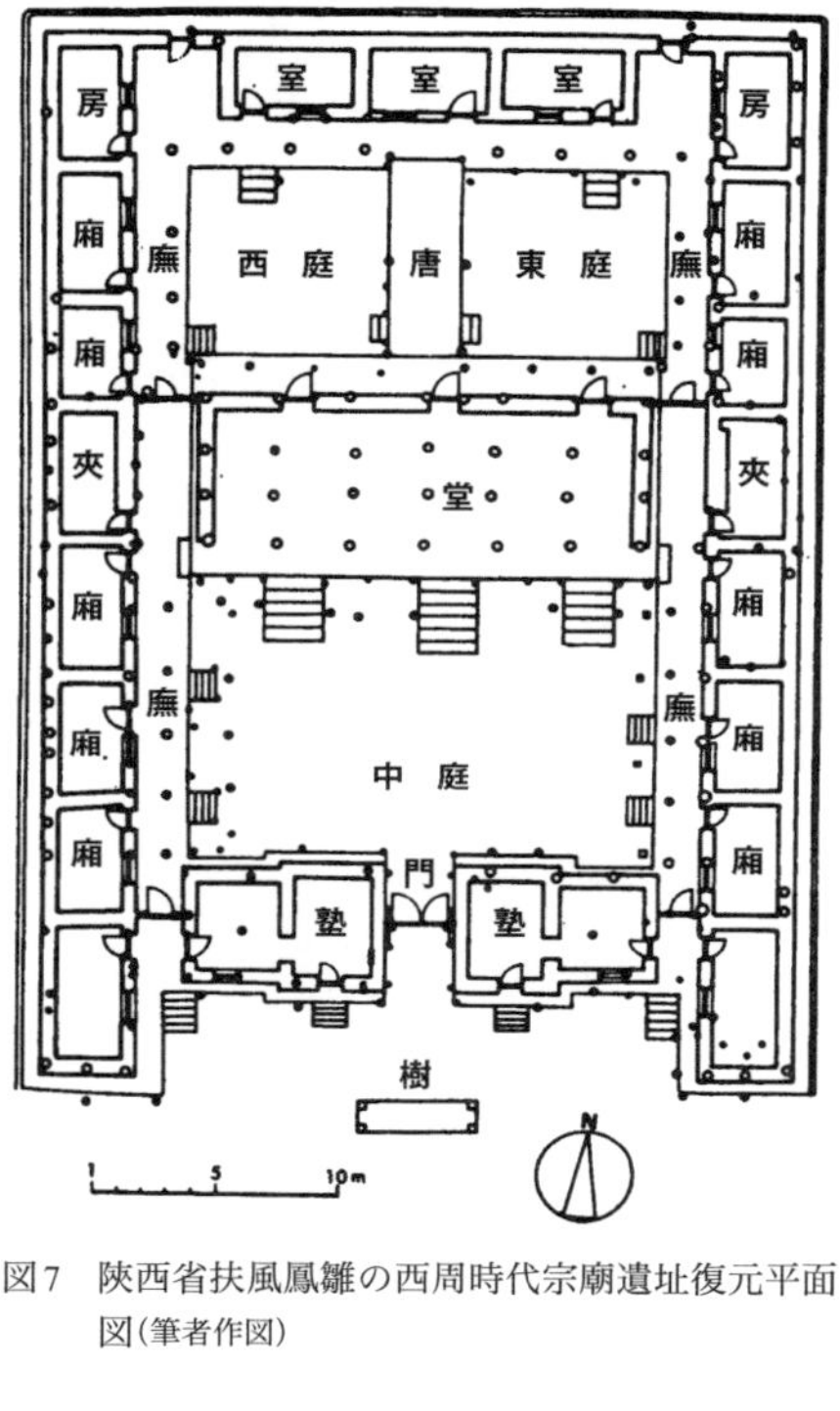

図７　陝西省扶風鳳雛の西周時代宗廟遺址復元平面図（筆者作図）

あろう。

以上に揚げたいくつかの事例からみても、漢族の住まいは、閉鎖的中庭群式の平面配置を基本原理として形成されている情況がおよそ理解できるとおもわれる。もちろん、ここにあげたのは一部であって、すべての類型を網羅しているわけではなく、例外もある。とくに農村住宅には閉鎖的平面を採らず、三合院や曲屋のような開放的構成になるものがすくなくない。ただ、住宅の建築的類型化のいくつかの顕著な実例を各地方に求めた場合、そうした基本原理の存在を否定することはできない。加えて、それはたんに住宅に限らず、中国建築一般について、しかもきわめてながい時代をつうじて、指摘することができる特徴でもある。宮殿はもとより、仏寺、道観、孔廟、さらに陵墓、官衙、学校、甚だしくは清真寺（イスラーム教寺院）やラマ教寺廟にいたるまでほとんど普遍的な原則となったのである。四合院の平面配置と清朝の宮殿群のそれとは、基本原理のうえでは軌を一にするものにほかならない。さらに、そうした伝統的な構成は、近世になってから成立したものではなく、驚異的なまで古い淵源に由来する。住宅でこそないが、いわゆる偃師殷城内の尸郷溝四号宮殿遺址は、正殿と東西の「廂」とのとりつき部分が厳密にはわずかに閉鎖されてはいないものの、ほとんど限りなく四合院平面に近づいているし、西周初期の周原宗廟遺址（陝西省扶風鳳雛甲組）には、すでに完璧な両進の四合院が出現している（図7）。

住宅の発掘遺構にはあまり古いものはないが、たとえば東周時代の山東省臨淄郎家荘一号墓から出土した漆器に描かれている絵は、明らかに当時の貴族住宅をもとに図案化したものと推察され、それは間口三間の建物四棟が中庭をとり囲んで配置されたかたちを表現したものとみられる（図8）。四合院式配置をもった住宅の画像は、後漢時代の山東省沂南出土の画像石にもっと具象的な前後両進構成の描写が見いだされる。また、明器の陶房としては、楼房で四合院を形成した実例が、漢代の陝西省勉県老道寺一号墓などから出土しているし、唐・宋時代以後になると画像、明器などの実例も数おおい。南宋の「文姫帰漢図」に描かれた邸宅や元の大都城内の発掘調査で検出された遺構などはすでによく知られた例である（写真2）。

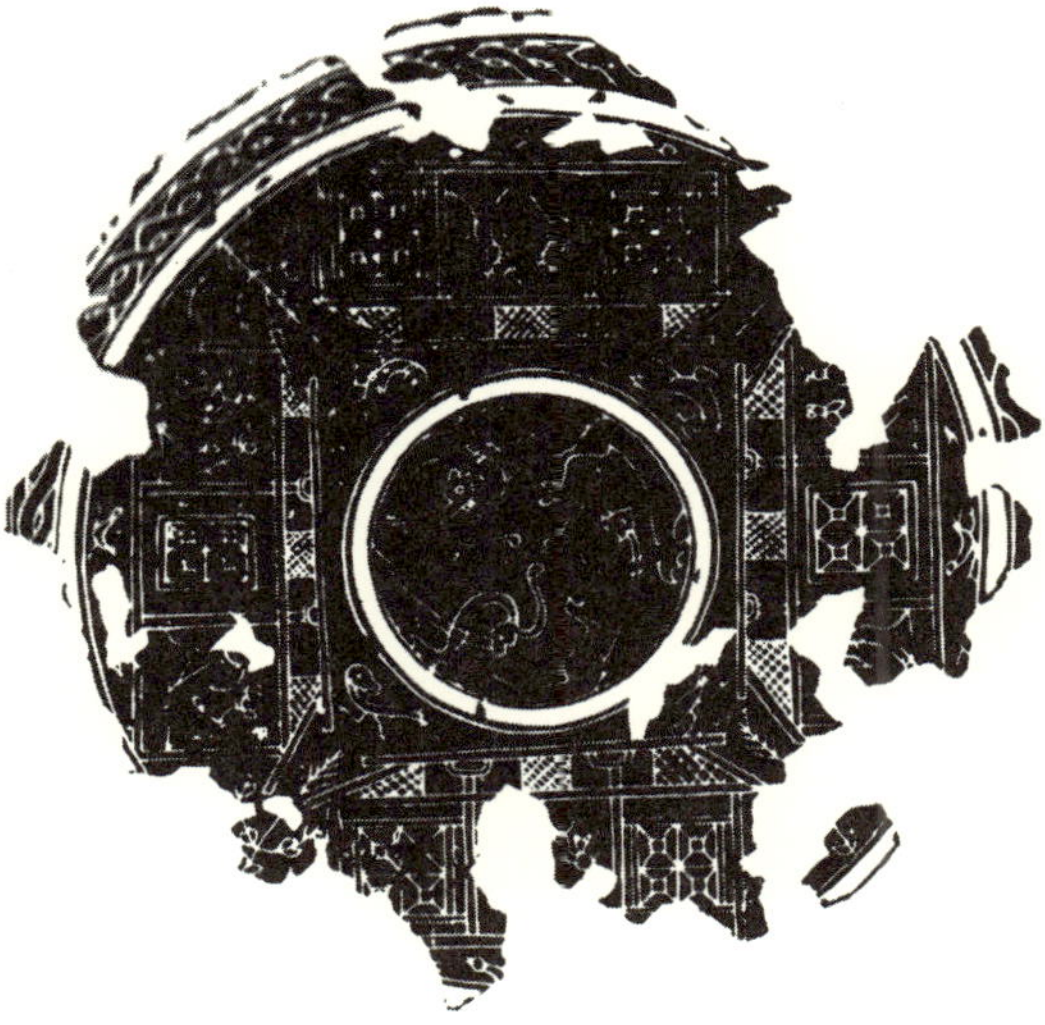

図8　山東省臨淄郎家荘1号墓出土漆器の東周時代の家屋図案（山東省博物館「臨淄郎家荘1号東周殉人墓」『考古学報』1977年第1期）

要するに、四合院に代表される中国の住まいの構成は、驚異的なまでに悠久の伝統に根ざしたものである。現在みることのできる南と北の住まいの風格のちがいもまた、そうした伝統のなかで相互に融合され、形成されていった結果にほかならない。現存

写真2　元の大都・后英房住宅址（中国社会科学院考古研究所・北京市文物管理処・元大都考古隊「元大都的勘査和発掘」『考古』1972年第1期）

する住宅の類型でいえば、「窰洞」に代表される土の家と、「干闌」に代表される木の家は、北と南のそれぞれの伝統のもっとも初源的な形態を象徴的に伝えているというべきであろう。いまでこそ干闌＝高床住居は西南地方の少数民族の居住区、および東南アジアからミクロネシアにかけての島嶼部にのみ逼塞されてしまい、窰洞＝穴居は限定された黄土地帯にのみ残影をとどめているにすぎないが、いずれも本来、その始原は新石器時代に溯り、往時の地理的な分布情況もいちじるしく異なっていた。両者は、四千年の歴史の流れのなかで南北の建築的伝統が融合され、今日に連なる中国の伝統的住居様式が形成されるより以前の原型を伝えているのであろう。

二　王座の空間

一　王権を体現する装置

中国の建築を歴史的に通観するとき、その王道を歩んできたのは、仏教の寺でも道教の観でもなく、あくまで宮室建築であったことは、厳然たる事実であって、否定のしようがない。もちろん北魏の洛陽の永寧寺や唐の長安の大興善寺のように、あるいは宋の汴梁の玉清昭応宮のように、その時どきの王朝のみやこを彩るのに不可欠な宗教建築が建てられたこともあった。しかし、それは歴史を通じてみて、例外とまではいわないけれども、その当時の皇帝の特定の宗教への篤信、宗派への傾倒といったそれぞれ固有の時代的背景と結びついていた。たとえば、国立の仏寺や道観が建てられたような場合である。一般的にいえば、天子の居所である宮室こそ、古代中国において建築デザインの精華をしめす、代表作品であり、ほとんど唯一の建築類型でなければならなかった。もとより広大な版図を統制する絶対権力者にとって、その政治・行政の正朝は、技術的にも装飾的にも疆域内で最高の水準を備えた建築でなければならないのは自明の理である。だからこそ、もっとも優秀な官僚建築家を輩下に擁し、かれらにデザインの枠を発揮させようと躍起になったのである。しかも、そのデザインはたんに豪華絢爛たるを旨とするだけでは足らず、しばしば古代以来の礼の制度に則ったものであることをも要求されたのだから、まったく厄介な話ではある。

歴代王朝を通じて宮室は建築の最高級に位置した。これは圧倒的な歴史上の事実である。しかし、もうすこし現代風に定義するならば、宮室に代表される、皇帝直属で官営工程の建築類型と、いうべきかもしれない。その類型のなかには、狭義の宮室だけでなく、城郭、城門、寝殿、陵墓、壇廟、衙署、大学といったものも含まれる。ただし、それらはあくまでも宮室の付属施設でしかなかった。つまり、城郭は皇帝の宮室を防護する巨大な軍事施設であり、城門はその内外を分かち、人馬の出入を管理統制する要諦であった。天壇や地壇、あるいは社壇や稷壇は、往古以来の王の祭祀儀礼を踏襲するために必要な付属装置であり、さらに陵墓は自らの死後、黄国での安寧を保証する地下の宮殿であった。それらの建築は、すべて当然ながら官制の規格にしたがって設計、施工されたから、仏寺、道観、または住宅のような民間の建築とは明確な一線を画し、当時として第一等の装飾・技術を備えていたことはいうまでもない。しかし、そのなかでも頂点に位置づけられるのが狭義の意味での宮室であった。

王の宮殿に最高級の建築が用いられるのは、古今東西を問わず、いってみれば当然至極のことであろうが、古代中国の場合はもうすこし限定的な条件が存在したのもまたたしかである。たとえば、唐・宋時代以降に編纂された百科全書を繙いてみると、その大分類のひとつに「宮室」という項目がたてられているのは、象徴的である。そこに収載された古典の記事内容を読めば、実際は狭義的な宮室・宮殿・寝殿の類だけではなく、ひろく建築・造園・土木工程にかかわる事象が含まれているのである。すなわち、旧中国の知識人たちにとって、ほとんど現代の「建築」に相当する概念をしめすことばは「宮室」であったといってもいい。逆にいうと、宮室こそ、実体および理念の両義において、中国古代の建築を集約するキーワードであったと理解することができる。

古代中国には、『考工記』に記されるように、王宮を正方形平面の城内中央に置き、南北と東西方向の幹道が各三本、城内を縦横に交叉し、四面の城門各三基に通ずるという、一種の理想的な都市プランが想定されていた。『周礼』ではさらに、王城を中核として、外へ順に「郊」、「甸《でん》」、「稍《しょう》」、「懸《いき》」、「畺《きょう》」、というように一定距離ごとに区画した儒教的中央集権の王畿《き》のモデルを設定しているが、その「国中」すなわち王城をとり囲む同心円的パターンの原点に位を占めるのが、まさしく皇帝の王座であったことになる。したがって、それは中国古代の官僚制社会にあっては、たんに国家権力の表象というだけでなく、中央集権の求心的構造を体現する一箇の明確な装置であったとみなすことも不可能ではないのである。

二　異次元に設定された意匠

現在、故宮博物院として公開されているところは、かつて紫禁城と呼ばれ、元の大都のあとを改造して築かれた明・清両代の北京城の宮城である。いまみられる建築群のプランの基本形は、明朝の初めに南京からこの地へ王城が遷され、宮城が建設されたときの様態をほぼ受け継いでおり、以来、清朝最後の皇帝傅儀が玉座を逐われるまで、両王朝にわたって王城の中樞であった。いま、長安街と天安門広場に面した天安門をはいり、端門を経て、凹字型に五棟の闕楼《けつろう》を張り出した高壮な午門をくぐると、一転して広大な中庭の視界が開ける。そこを横切って流れる金水河に架かった五道の白石橋を渡り、太和門を過ぎると、ようやく太和殿の大廈が眼前に現れる。この建物が紫禁城の宮廷の中枢部をなす外朝の正衙（正殿）であり、国家の重要な典礼（儀式）はいずれもこの建物で執り行われた。明代初めの創建当時は奉天殿と名づけられ、のちに皇極殿と改称、そして清代初期に現在の名

大和殿

称に改められたもので、いまの建物は清の康熙三四（一六九五）年の再建にかかるが、基本的構成は創建以来のそれを踏襲している。華麗な彫刻を施した白石の欄干をめぐらす広壮な基壇の上に立つ宮殿は、間口一一間、奥行五間、幅六三メートル、高さ三五メートルに及び、中国に現存する最大級の木造建築である。屋根は、独特の黄色琉璃瓦で葺かれた二重寄棟造で、木造の部材はことごとく極彩色の文様装飾に彩られている。これらの建築装飾には、すでにのべたように、例外なく当時の設計マニュアルで最高の等級のものが採用されている。金色瑠璃瓦はすなわち黄金、至上の富貴を表現し、梁や桁、柱、垂木、格天井などの部材の色彩文様は清朝の官営工程で「和璽《わじ》彩色」と称する最高の形式にしたがっている。

殿内中央の柱間一間四方の部分に、皇帝の「宝座」が設えられている。宝座は、透彫に金漆を施した七級の高い須弥壇形式の基台の上に立ち、七扇の透彫、金漆塗りの屏風が据えられ、その前に金漆の龍紋を彫りめぐらした大きな椅子が置かれている。これが皇帝が腰掛ける御座である。宝座の上、御座の左右には香炉、香筒、宝瓶《ほうへい》、用端《ろくたん》、仙鶴などが並べられている。ほとんどあらゆる鋪設《しつらい》は金漆あるいは珠玉、七宝をもって飾られており、まさに目映いばかりである。殿内の総面積は一三七〇平方メートル以上もあるが、この宝座の置かれた中央間の部分だけは、鋪設にみならず、建築の装飾も特別扱いになっている。宝座四隅の柱には普通なら線紋で描くところを、厚く盛り上げた胡粉で描いた上から全体に金箔を被せる、「瀝粉貼金《れきふんてんきん》」と呼ばれる最高に贅沢な技法を駆使して、王位の象徴たる雲龍の紋様がその全身にびっしり描かれている。また、天井は、この部分だけはたんなる極彩色の格天井ではなく、「闘八藻井《とうはちそうせい》」と称する、正方形の隅を切って八角形に組み合わせた装飾的な形式を用い、中央に珠に戯れる龍が盤《わだかま》り、全体が金箔で彩られている。その周囲の梁や桁の紋様は、もちろん金を挿し色にふんだんに用いた「和璽彩色」となっている。まさしく俗に「金鑾《きんらん》殿」と称される所以である。この種の空間を限定した異例の荘厳は、玉座とその鋪設が別格の領域であることを表示するための措置であること、もはやいうに及ばぬであろう。

太和殿はいちじるしく高い三重の基壇の上に立つ。しかもそれは背後の中和殿および保和殿とともに、工字型平面を呈する共通の基壇となっている。頭上よりはるかに高い基壇というのは、見る人に威圧感をあたえるのはにじゅうぶんである。参観者がはじめて故宮を訪れたとき、まず驚かされるのは、全体の規模の宏壮にして配置の整然たることもさることながら、その異様なまでに高大な基壇からなる構成であろう。こうした構成は、じつは中国の礼制建築のきわめて古い淵源に根ざしている。建物本体よりも壇の高さを貴ぶのは、春秋戦国時代以来、天子の宮室に不可欠な要素とされていたころのなごり以外のなにものでもないし、いわゆる「工字殿」もまた周王朝の宗廟にさかのぼる宮室古来の正統を引き継いだものに相違ない。いまこれを高大にすぎる基壇だと感じるのは、臣下の目の高さ、

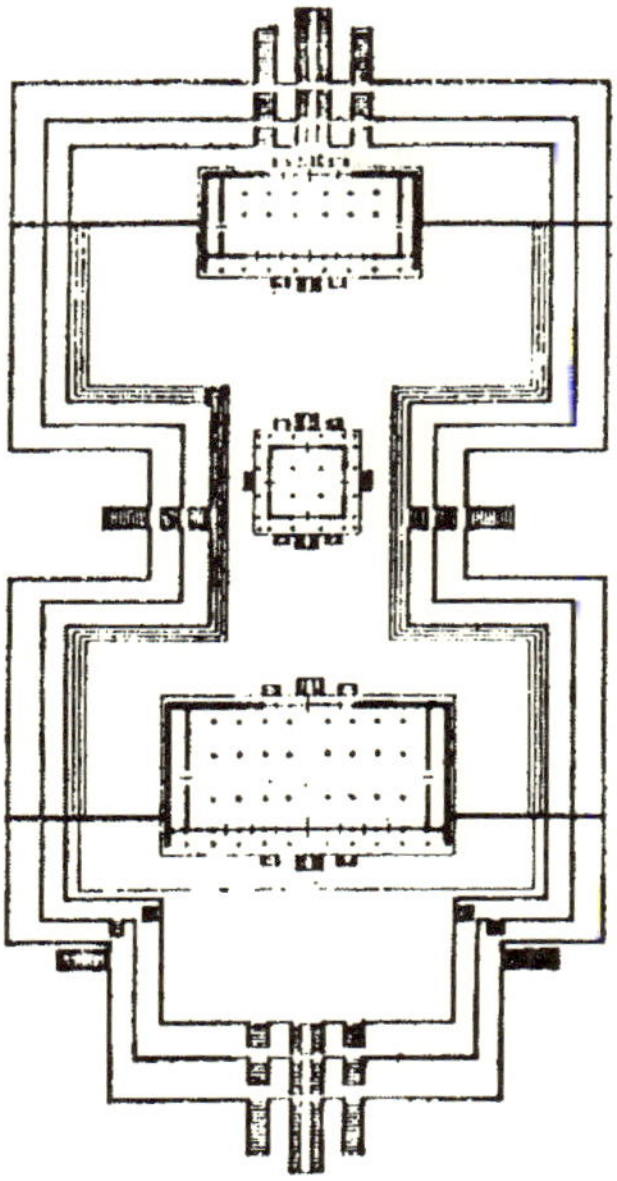

大和殿・中和殿・保和殿平面図

故宮大和殿

尺度から見るためであって、宮室は本来、外部空間と内部空間とを問わず、今日いわゆる人間的尺度とは、物理的には同次元でありながら精神的には異次元に属する基準——敢えていってしまえば、皇帝の玉座という基準によって、設計されているといっても過言ではないのである。

三　紫禁城宮殿の設計理念

太和殿の白石の三重基壇の前面には、三箇所に、平行する長い「升陛《しょうへい》」すなわち石壇がとりつけられている。その中央通りの部分にだけは、精緻な雲龍紋が一面に彫られており、その両脇には幅の細い石段がつくられている。なかでも太和殿の後方にある保和殿の背面基壇にとりつけられた石段と斜路は、紫禁城の宮殿のなかでももっとも長く、地面に立つと、まさに仰ぎ見るほどである。雲と龍の装飾は天子の占有であるから、この石段の彫刻が施された斜路部分は、つまり皇帝が通行するための専用空間であることを表示している。通行といっても、もちろん自ら歩くわけではなく、宮殿の出入に際しては輿《こし》(輦)に乗って移動するのであり、この雲龍の斜路が皇帝の輿が宙をよぎる「御道《ぎょどう》」となる。ちなみに、中和殿は、太和殿で重要な儀礼がおこなわれるときの準備室に相当する建物で、いまもそこには清朝の当時に用いられた肩輿が置かれている。それは覆いもなく、肩に担ぐ略式のものであるが、本来皇帝の乗る御輦は前後に二本ずつ棒が延びたかたちで、これを前竿(前棒)左右各三人、後竿(後棒)左右各三人、計一二人で担いで、それぞれ左右の細い石段をのぼったのである。すでに宋代の建築技術書には、階段の勾配を設定するのに御輦を規準とすることが記されている。すなわち、前竿が腕を下に垂らし、後竿が腕を真上に捧げたのが「峻道《しゅんどう》」(急勾配)、前竿が上腕が水平になるように肘を曲げ、後竿が肩の高さにするのが「慢道《まんどう》」(緩勾配)、前竿が腕を下に垂らし、後竿が肩の高さにするのが「平道《へいどう》」(標準勾配)である——と設定している。設計原理としては、人間工学に通ずる近代的な基準であること、むしろ意外なくらいだけれども、同時に、宮殿建築全般の階段勾配の基準が、もっぱら皇帝の輦竿の水平が保たれるためにのみ算定されているという事実にも改めて驚かされずにはいられない。

皇帝の宝座は、太和殿だけでなく、その後方の中和殿、保和どのにはもとより、内朝に相当する乾清宮《けんせいきゅう》・交泰殿《こうたいでん》・坤寧宮《こんねいきゅう》にも必ず設えられている。これにたいして、輦輿は、典礼儀式に必要不可欠な、いわば「動く玉座」であった。だからこそ、その通行路にあたる御道には雲龍の紋様彫飾が施されたし、階段の勾配の算定基準にもなったのである。いまでも、太和、中和、保和三大殿だけでなく、太和門、金水橋あるいは三大殿の後方に位置する内朝の乾清門、それをはいった乾清宮にいたるまで、中央の御道部分には雲龍彫刻が施されているのを見ることができる。本来は、さらに天安門よりはるか前方の大清門《だいせいもん》まで、「千歩廊」と呼ばれる両側壁で被った長い皇帝専用の御道が延びており、そこにもこの石彫が施されていた。つまり、輿の通る道筋も、宝座が設けられた建物も、いずれも紫禁城の宮殿建築群の中軸線上に集中しているわけである。それは、あたりまえといってしまえば、あたりまえかもしれないが、必ずしもさほど簡単なこととはいい切れないのではなかろうか。そこには、古代以来悠久の儀式典礼の伝統を重視する、典型的とさえいってもいいほど保守的な宮殿建築の設計理念がつよく働いていることを見逃すわけにはいかないだろう。

四　動く玉座

それでは、宝座は具体的にはどのような場所に設けられ、そこでいかなる類の儀式が執り行われたのだろうか。もうちょっと実際の情況に近づくために、文献史料に即して見ていくことにしよう。

清の乾隆七(一七四二)年に大学士の鄂爾泰《がくじたい》、張廷珠が勅命により編纂した『国朝宮史』の典礼一・礼儀の条は、太和殿について、つぎのように記している。

太和門内の中央に南面するのを太和門という。皇朝の正殿である。泰熙八年に再建され、同三四年にも再建された。……殿内に宝座が設えられており、皇帝は大朝（諸臣が天子に朝する儀礼）のとき、ここに臨む。毎年、元旦・冬至・萬寿《まんじゅ》(皇帝の誕生日)の三大節、および国家に大慶典のあるときは、同殿に出御して駕詞を受ける。およそ大朝の宴餐への参列、将師にたいする出征の下命、および平台に臨んで策士や百官に官位を授け、恩恵の謝礼を受ける儀礼のときには、いずれもこの建物に出御する。……

と。およそ右にあげられたような国家的式典は、いずれも太和殿で挙行されたのである。また、太和殿につづいて、

同殿の後方を中和殿という。……殿内に宝座が設えらえている。およそ三大節のときには、皇帝はまずここで宝座にのぼり、内閣・内大臣・礼部・都察院・翰林院《かんりんいん》・翰事府堂官および侍衛・執事人員の挙礼が終わっ

てから、そのあとで建物を出て府と和殿に出御する。……

と。さらに、つづけていう、

同殿の後方を保和殿という。……殿内に宝座が設えられている。毎年、除夕《じょせき》（大晦日の夜）には、皇帝が保和殿に出御して諸侯に宴を賜る。

と。この三大殿は外朝の重要な儀礼の場であるから、当然のこととして各殿にそれぞれ立派な宝座が設えられる必要があったのである。つぎに、保和殿の後方に位置する内廷については、

乾清門内の建物を乾清宮という。……皇帝が群臣を召して、咨対を聴き、百官を呼び入れて謁見するときは、いずれもここに出御する。……殿内中央に宝座が設えられ、その左右に図史《とし》、璣衡《きこう》、彝器《いき》が並べられている。……

とある。文中の図史とは図書と史書、璣衡とは天文観測儀器、彝器とは宗廟に供える祭祀用の礼器のことである。

つぎに、皇帝が宮門に出御して政を聴く、いわゆる「御門聴政《ぎょもんちょうせい》」の儀礼についての既述を見てみよう。本来、それは太和殿の前の太和門で挙行された儀式であったのを、のちに乾清門に移しておこなうようになったものだけれども、これまでの事例との均衡上、ここでは同じく乾隆の『国朝宮史』を引いておく。

> ［御門聴政の］当日になると、乾清門の首領太監らが、御榻《ぎょとう》と黼扆《ふい》を門の外に設え、中央に本案（案件を置く机）を一つ設え、その前に大学士、尚書らが跪いて上奏する氈墊《せんてん》（毛氈の敷物）を左側に敷く。黎明の刻に、領侍衛内大臣、内大臣、散秩《さんいつ》大臣、および豹尾班《ひょうびはん》侍衛が［乾清］宮の基壇下の左右に分かれて立ち、東西に向かい合う。記注官、翰詹科道官が階段の下に東面して立つ。部院衙門奉事大官および陪奉官属が全員中庭内に集会し、串刺し魚のように順序正しく列をなして祗《つつ》しみ候《うかが》う。定刻になると、皇帝は輿に乗って［乾清］門に至り、扉を開いて輿から降り、外に出ると扉を閉めて［御］座に陞《のぼ》る。……

このあと、さらに御門聴政府の式次第の詳細な既述がつづくのだが、それはここでの論旨とはあまり関係がないので措くことにし、また引用文中の官名についても煩瑣になるので説明は省く。ここで、冒頭にみえる「榻《とう》」というのは、一般に両側と背もたれに腰壁についた椅子式の座具のことで、「御榻」とはすなわち皇帝の座す宝座である。また「黼扆」とは宝座の背面に立てる屏風（衝立）のことで、要するに太和殿や乾清宮などに見られる宝座と屏風のセットを指す。したがって引用の最後に、腰から降りた皇帝が「座に陞る」とあるのは、太監らが乾清門内に設営した御榻のことである。すなわち、ここではまさしく宝座が宮内から宮門へ移動し、皇帝がそこまで輿に乗って出御するのである。このような典礼が粛粛として保持されていたという事実を知ったなら、愚昧の筆者でなくても、輦輿を「動く玉座」と譬えてみたくなってしまうではなか。

五　地下宮殿の玉座

玉座は、皇帝の権力集中の牙城である宮室の、さらにその中核に相当するものであった。しかも、それはただ宮殿にのみ必要とされた装置であったわけではない。いま、解放後の発掘調査によって明らかにされ、一般に公開されている定陵の「地宮」すなわち墓室を覗いてみよう。定陵は、北京市郊外昌平県の北一〇キロメートルにある明王朝の一三代の皇帝を葬る「十三陵」のひとつで、万暦帝（朱翊）および孝端、孝靖の二人の皇后を埋葬した陵墓である。定陵の建設は帝の存命中から着手され、万暦一八（一五九〇）年に竣工している。ついでにいえば、没年は万暦四八（一六二〇）年である。

墓室は石造のアーチ・ヴォールト構造で築かれており、中殿を中心にして、その左右に両配殿、後方に後殿の計四室からなる。最奥の後殿が主墓室に相当し、万暦帝と両皇后の棺槨はここに安置されている。この前室にあたる中殿には、中央および前方左右に向かい合って三基の白石でつくられた椅子が置かれていて、それぞれ万暦帝および両皇后の「神座《しんざ》」（発掘調査報告書の表記にしたがう）に比定される。そのかたちは、前述した榻の類型に属し、ただ背もたれ部分が側壁より突出し、さらにその中央が一段高くつくられているので、榻というよりは太和殿などで見てきた屏風にちかい印象を受ける。座の御部には、須弥段式の仰蓮や四脚の浮彫が施してある。

もはやこれ以上くどくどと細部装飾について説明を重ねる必要はあるまい。これはたんなる供物の案《あん》（テーブル）ではなく、地下宮殿すなわち後の世界、地下宮殿における玉座であるにちがいない。

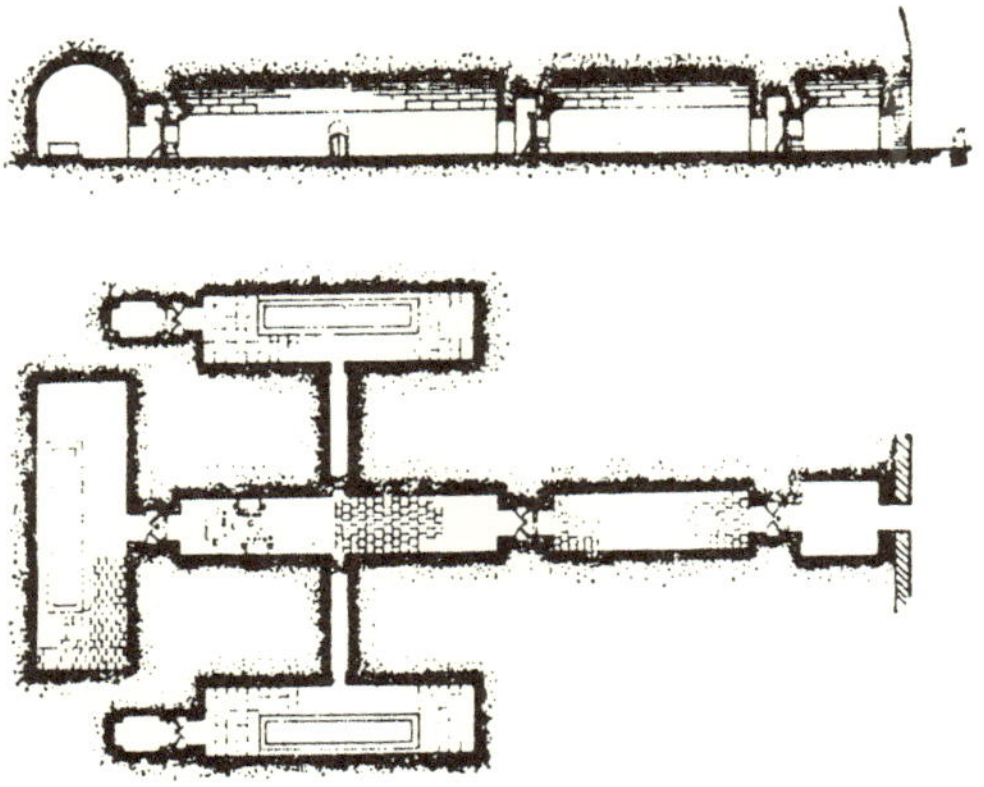

定陵墓室の断面図・平面図

すくなくとも、わたしはそう思う。

皇帝が即位し、健在のうちに自らの陵墓を造営する、そのことじたいは、中国では古代以来、全然めずらしいことではない。けれども、このような形状の神座が皇帝が没するよりはるか以前につくられていることは、やはりきわめて象徴的といってもいいのではなかろうか。

魂《こん》は天上の宮室に、魄《はく》は地下の宮殿に。広大無縁なる中国を統べた皇帝ならばこそ、黄泉の国に往きてしのちもなお、宮室に住み、玉座に座すことを得なければ、終いにその身を安きに厝くことはできなかったのであろう。

三　聖なる空間表象としての傘蓋

一　傘蓋

インドの仏塔＝ストゥーパに起源する

傘あるいは傘蓋《さんがい》は、中国の建築のなかで特有の表象として現れている。仏塔の最頂部に突き立てられた相輪《そうりん》と呼ばれる部分は、そのもっとも顕著な形象である(図1)。日本の五重塔や三重塔などにも伝えられているから、読者にもなじみ深いかたちであろう。ちなみに、日本の塔の相輪は形式がほとんど固定化しており、方形の露盤《ろばん》、半球形の伏鉢《ふくはち》、仰蓮をかたどる受花《うけばな》の上に、九輪《くりん》、さらに水煙《すいえん》、竜車《りゅうしゃ》、宝珠《ほうじゅ》を戴くのが通例である（図2）。中国の仏塔はこれに比べるとはるかにヴァリエーションが多い。いまから話題にしようとする相輪の部分も、中国の場合はまさに多種多様といっていい。

まず、中国の仏塔の基本的な構成をみておこう。中国の場合、仏塔の形式自体が日本のようにほとんど多層の楼閣式塔に限定されるのではなく、軒を密接させた密檐式塔や、ラマ塔（チベット様式）、あるいは単層の墓塔な

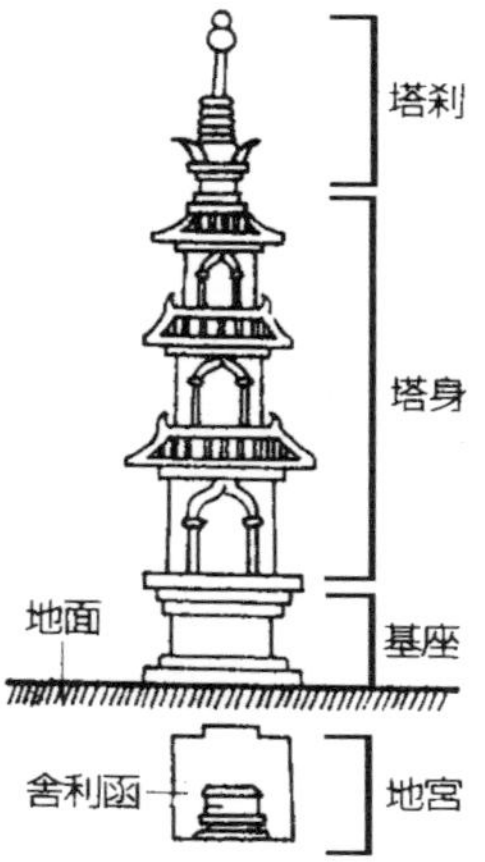

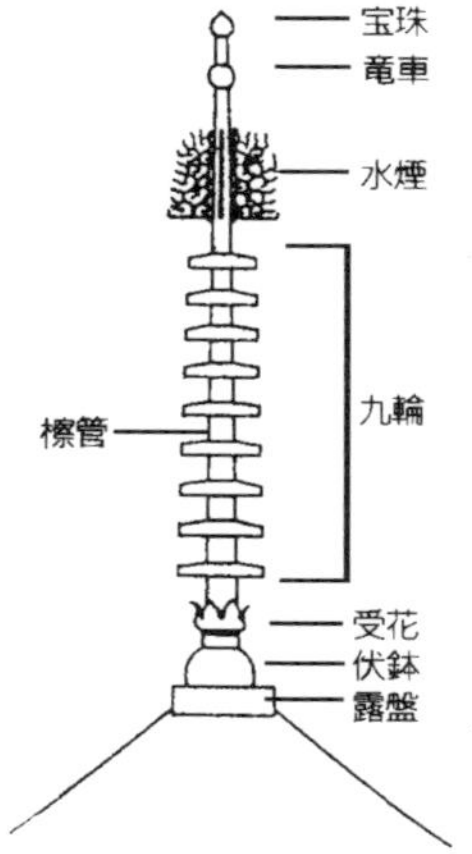

図1（右）　清水寺三重塔の相輪。写真＝相原功
図2（中）　相輪の構成
図3（左）　中国仏塔の構成（羅哲文『中国古塔』）

ど多彩な類型があるけれども、話がややこしくなるから、とりあえず楼閣式塔の典型的なタイプで説明することにしよう。

塔は、日本と同様に、上から塔刹（日本でいう相輪）・塔身・基座（日本では基壇）の三つの部分からなるが、ただ基壇部分が高く装飾的なことと、地下に舎利函を納める地宮がしばしば設けられるのが異なる（図3）。最近の保存修理にともなう発掘調査では、しばしばこの地宮の存在が明らかにされ、中から数多くの宝物が発見された例が報告されている。

塔刹は、さらに刹頂・刹身・刹座の三つの部分から構成され、中を刹杆《さっかん》が貫く。中国に現存する最古の木造層塔である山西省の応県木塔（仏宮寺釈迦塔、遼・一〇五六年、図4）を例にとると、刹座は受座部分の上に仰蓮がのり、刹身は刹杆で貫通された透かし彫りの太鼓状の宝珠および五層の環があり、その上の刹頂は円光・仰月・宝蓋・宝珠からなる。日本の塔とちがって分厚い環だが、中国ではこの部分を相輪と称し、塔刹の主要な形象となってい

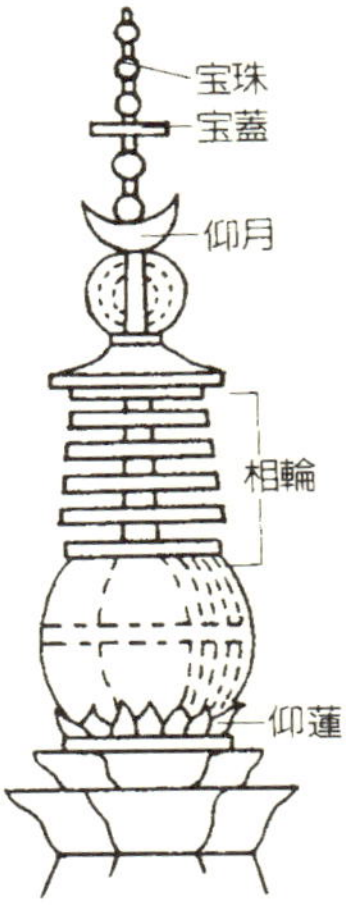

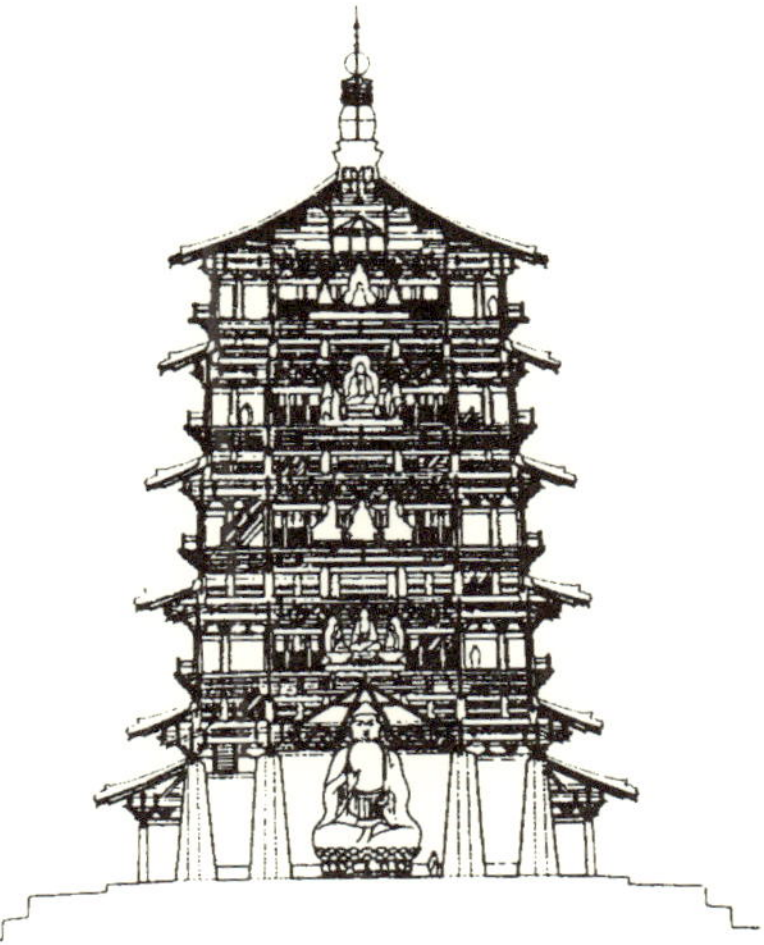

図4（右）　山西応県仏宮寺釈迦塔。遼・1046年、木塔（劉敦楨主編『中国古代建築史』）
図5（左）　塔刹の構成。応県木塔（羅哲文『中国古塔』）

る（図5）。日本でいう九輪に相当するが、中国の仏塔では、環は九層に限らず、一、三、五、七、九、一一、一三層というように、時代や類型によって、さまざまである。けれども、そのルーツは同一であり、インドの仏塔の傘蓋のかたちに起源するものである。

インドの仏塔は、ストゥーパという仏舎利を埋葬した墳墓に由来するもので、アショーカ王の時代（前二六八〜二三二年）に盛んに築かれるようになったと伝えられる。この時代の創建にかかる代表的な遺構にサーンチー大塔がある。もとは方形の基壇の上に半球型の煉瓦積みの覆鉢（アンダ）をのせ、その頂上にチャトゥラーヴァリ（chatrāvali）と呼ばれる傘蓋（盤蓋）を戴き、周囲を欄楯《らんじゅん》（ヴェディカー）で囲んだ形式であった。その後、シュンガ王朝期（前一八〇〜六八年ころ）になって石板で包みこまれ、覆鉢の頂部を平坦にして周りを欄楯で囲んだ中の平頭（ハルミカー）の中心に立てた傘竿（ヤシュティ）に三つの傘蓋（チャトゥラーヴァリ）を冠し、さらに前一世紀に周囲を回廊および欄楯で囲み、四つの塔門（トーラナ）を設け、現

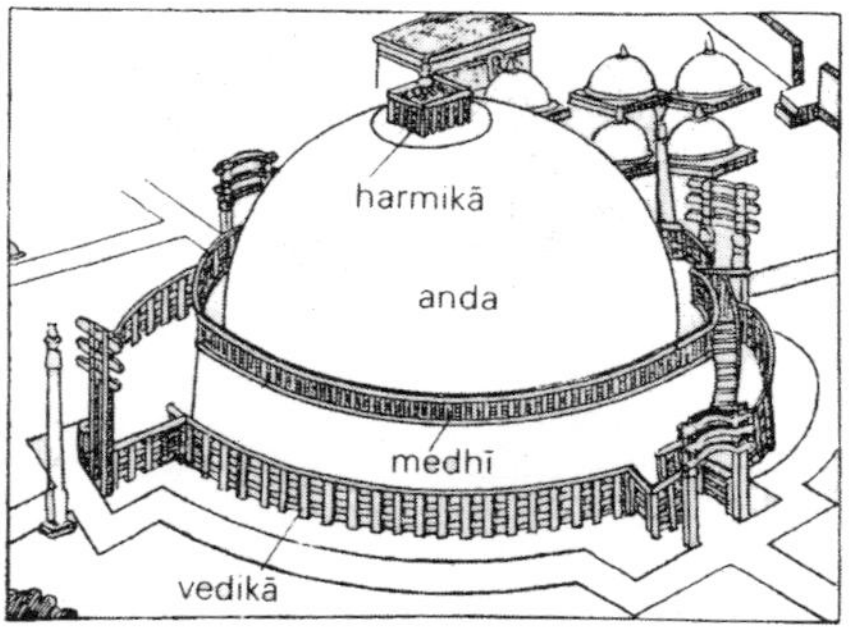

図6　サーンチー大塔（K. Sundaram, *Monumental Art and Architecture of India*, 1974）

図7　スワートのアムルク・ダラーのストゥーパ（H. G. Franz, *Buddhistische Kunst Indiens*, 1965）

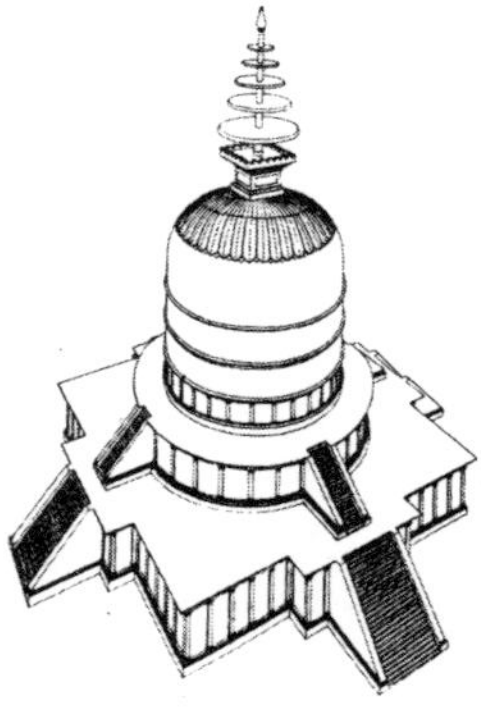

図8　トープ・イ・ルスタム復元図（A. Foucher, *La Vielle Route de l'Inde de Bachtres à Taxila*, Tome I, vol.2, 1942, 47）

在みられるような形式になったといわれる（図6）。ストゥーパの形態はその後も変遷をしめし、とくにガンダーラ、すなわちパキスタンのタキシラからアフガニスタンのナガラハーラ（現ジェララバード）に及ぶ地方では、塔身が覆鉢をのせた円筒状に、また傘蓋は重層の円錐形というように高層化の傾向が顕著となった（図7）。傘蓋はタキシラの奉献小塔などにみるように、多層化し、全体に大きな比重を占める形式も現れた（図8）。中国の仏塔は、ガンダーラ地方の上昇志向をしめしたストゥーパからすくなからず影響を受けたと考えられる。ただし、建築的形象のうえでは乖離がはなはだしく、直接的関係を証明することは必ずしも容易ではない。

二　相輪

中国仏教建築にみられる傘蓋

インドから中国に仏教が伝えられたのは後漢時代のことであり、文献的に知られる最古の仏教寺院の記録は、後漢末（一九〇年ころ）に笮融《さくゆう》が徐州に建てたものである。『呉志《ごし》』にいう、

> 浮図祠《ふとし》を大々的に建てた。銅で人をつくり、黄金でその身体を塗り、錦の文様を衣《き》せた。九重の銅槃《どうばん》を垂らし、下を重楼と閣道につくり、三千人あまりを収容することができた

と。

『後漢書』では「浮図祠」を「浮屠寺」と記している。浮図も浮屠も、いずれも仏のもとのサンスクリット語ブッダ（Buddha）の音を漢字に写したものであるから、浮図祠とは文字通り仏寺の意である。上の引用文に、銅でつくり、金で飾った人というのは後世のいわゆる仏像のことである。槃とは盤に通じ、かなだらい、洗面器のような器のこと。したがって、「九重の銅槃を垂らし」とあるのは、すなわち刹杆に槃を裏返した形のものを九枚吊るした相輪を指していることは疑いない。重楼は重層の楼閣の意。閣道とは重層の廊のことをいう。この場合はおそらく二層の楼閣の左右に同じく二層の回廊がとりついた形式であろうと推測される。つまり、この建物は、機能的には金色の仏像を祀った、大勢の参拝者が中に入ることができる仏殿であり、外観は屋根の頂に相輪を冠した重層

図9（右）　明器緑釉陶楼。河南霊宝、後漢
図10（左）　敦煌莫高窟壁画にみえる各種の塔(『梁思成文集1』)

楼閣、ということになる。仏教伝来の当初は、のちのいわゆる仏殿と仏塔の機能がいまだ分離してなく、両者の性格を兼ねそなえた建物が仏寺だったからである。その後、時代が降るにつれて、祭祀儀礼をおこなう仏殿と仏舎利を納めた仏寺の表象としての仏塔との機能分離がおこなわれるようになった。中国の仏寺の伽藍配置は、その後も南北朝時代を経て隋・初唐時期までは、あくまで仏塔が主で、仏殿が副という比重であった。唐代の初期になって、ようやく仏殿を中心とした構成が出現するようになるが、それは精緻な仏教儀礼の体系化にともなう結果であったろうとおもわれる。

　中国における初期の仏塔は、いまみるような多層の楼閣式塔でも密檐式塔でもなく、ましてインドのストゥーパの形態を伝えるものでもなかった。現存する仏塔遺構をみると、応県木塔(図4)をはじめとして、ストゥーパの原型は、わずかに傘蓋が「相輪」として名残をとどめているにすぎない。これは、中国在来の楼閣建築の構造を採用しながら、それにインド仏塔の特徴的構成要素を聖なる建築の表象として冠した結果であることをしめすものである。中国における高層建築の発展過程をみると、古くは夯土《こうど》（搗き固めた土）で重層の土壇を築く台榭《だいしゃ》という段状ピラミッドであったが、前漢時代ころを境にして、木造の多層楼閣が流行するようになったらしく、漢代の墓から出土した数多くの明器の陶楼がそうした状況をよくしめしている（図9）。したがって、仏教が伝来した時代にはすでに純木造の楼閣建築は普遍化していたとみていいから、それがストゥーパの代用として採用される素地はじゅうぶん整っていたのである。いいかえれば、中国の仏教寺院は、仏塔の建築的形象をその面貌としたのであり、その表象となったのが相輪にほかならなかった。

もっとも、インド仏塔起源の形式の中国への伝播はこのように一様ではなかった。南北朝時代に描かれた雲岡石窟の石刻画や敦煌莫高窟の壁画をみると、仏龕形式の単層塔身の上に大きな覆鉢状の円屋根をのせたものや、円形塔身のものなど、ストゥーパの形式がその後に伝わった形跡がみとめられる（図10）。それと同時に、北魏時代の崇福寺《すうふくじ》小塔（図11）や雲岡石窟石刻画の塔（図12）にみるように、七層や九層の楼閣式塔も伝えられたことは明らかである。ガンダーラの高層志向のストゥーパが新疆地方を経て中国に影響をあたえた可能性は否定しきれな

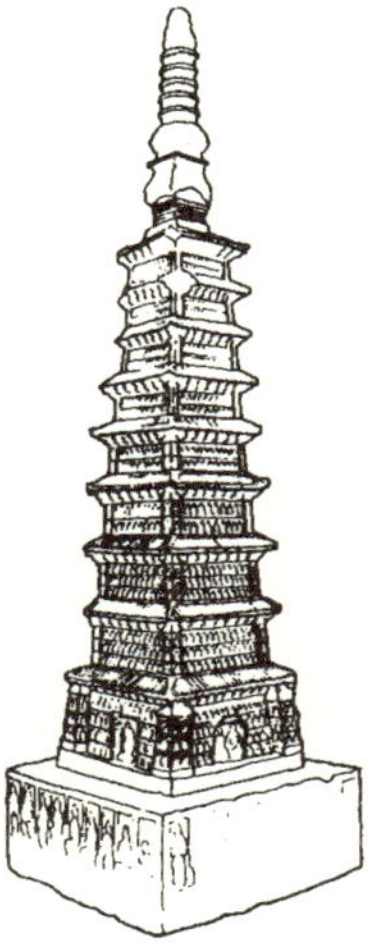

図11　北魏9層石塔。台北国立歴史博物館蔵（旧山西朔県・崇福寺蔵）

図12　雲岡石窟7号窟石刻の7層塔。北魏（劉敦楨『中国之塔』）

図13　平等院鳳凰堂の天蓋。写真＝渡辺義雄

いであろう。

中国の仏塔は、さらに時代が降ると、元代にネパールからチベット様式のラマ塔、さらにインドのボードガヤー大塔を模した屋頂に五基の小塔を冠する金剛宝座《こんごうほうざ》塔など、多彩な形式が断続的に異なるルートを通して伝えられた。それぞれ程度の差はあるにせよ、塔刹の相輪を聖なる建築としての塔の表象として冠していたという点では共通するといっていいだろう。

三　天蓋

仏と一体化した装飾装置

最後に、相輪と同様にやはり仏教建築の表象的装置として現れたもうひとつのタイプの傘蓋として、仏像の頭上を覆う天蓋についてふれておこう。法隆寺金堂の本尊釈迦三尊や平等院鳳凰堂の本尊阿弥陀如来の上に懸けられた絢爛豪華な透かし彫りの天蓋に記憶のある読者もすくなくないこととおもう（図13）。この種の天蓋は、仏堂の内部でも本尊仏の坐す範囲を区切って懸けられていることからわかるように、そこが聖なる空間領域であることをしめす表象であることは疑うべくもないだろう。本来、本尊が置かれた堂内の中心部分は仏の占有空間であり、それを建築的に表現するために、支輪を用いて一段高く折り上げ、格天井や小組格天井におさめるように処理されているのである。そのうえさらにこうした装飾的なしつらえが施されるのは、おそらく聖なる空間の標識としてだけではなく、仏そのものと一体化した表現装置という意識もあったのだろうとおもわれる。じっさい法隆寺金堂でも平等院鳳凰堂でも、天蓋そのものの形式がやはり支輪折り上げ格天井という、まさに建築本体の手法をそのまま用い、それを箱型の蓋のようにして上から吊るしているからである。重層構造的とでもいうべきか、異常なまでに入念な装飾表現である。南北朝時代の石造仏で立像の頭上に同趣の傘蓋を刻んだものがみられるように、この種の天蓋もまた中国に起源を求めることができる。

頭上に傘蓋を懸けるのは、じつは仏像に限るものではなく、古代中国では「華蓋《かがい》」と呼ばれ、高貴な人物の場合ごくふつうにおこなわれていた習慣であった。華蓋はもともと仏教とは関係なく、漢代には神仙思想にもとづいて築かれた台榭の上の荘厳として立てられたことが知られる。また、漢代以降に常用されたもっとも高級な車を輅《ろ》といい、その車上には華蓋が立てられるのがつねであった。漢代の画像石や壁画には、座席にまさしく傘を立てた馬車が描かれており、また発掘調査によって墓から出土した明器の馬車に傘の骨までそのまま残っていたものもある（図14）。晋代に描かれた「洛神賦図」（図15）、あるいは敦煌莫高窟の隋代の壁画などにみられる輅の車上には、竿の上に派手な

図14　木製明器の車蓋。甘粛武威磨嘴子、前漢（『文物』1972年12期）

図15　「洛神賦図」の輅と華蓋。晋（孫機『中国古輿服論集』）

飾りをつけた二重蓋の華蓋がみられる。要するに、仏像頭上の傘蓋は、中国古来の習慣である華蓋が仏教に借用されたものにすぎない。平等院鳳凰堂天蓋の中央の円蓋は、洛陽の竜門石窟蓮華洞と同様に、そうした形態をとどめたものであろう。

一方、最初期の華蓋につづいて、もうひとつ仏像を安置する空間標識として用いられたものとして、牀帳《しょうちょう》がある。牀というのは、椅子・卓式の習慣が伝わる以前の中国でベッドおよび座具として用いられた家具で、四隅に柱を立て、上を蓋板で覆い、三方を囲むものである。今日の中国では上の覆いのないものと区別して架子牀という。文献的には、遅くとも漢代までさかのぼり、画像でも簡単な表現は漢代のものにみられる。比較的古い具象的な画像としては、有名な晋の顧愷之「女史箴図」と伝える絵にみられる(図16)。周囲に懸けられた、いまのカーテンにあたるものを帳といい、大きな室内に用いることもあった(図17)。この種の牀帳は、南北朝時代の石窟の

図16　「女史箴図巻」の牀張。晋(胡文彦『中国歴代家具』)

図17　河南密県打虎亭1号墓画像石・宴飲図の帳。後漢(田中淡『中国古代画像の割烹と飲食』)

図18　龍門賓陽洞・維摩説法造象の牀帳。北魏

図19　闘八藻井。紫禁成乾清宮、清代

浮き彫りにもしばしばみられ、この当時、仏の坐す装置として採用されたことが知られる（図18）。天蓋が箱型で垂れ飾りをともなう表現をとるのは、おそらくはこうした牀に懸けられる帳の形態の名残であろう。相撲の土俵にかつてあった四本柱が撤去されたのちもなお天井から屋根が吊るされているのと同様、といったらいささか俗にすぎるであろうか。ともかく、牀帳もまた中国古来の住習慣にもとづく装置を借りて、仏像の安置する聖なる空間の標識としたものにすぎないのである。

この種の座具の上には、承塵《じょうじん》という、本来はゴミをよける装置も用いられた。石窟の画像で屋蓋の周囲に装飾をともなった縁取りが描かれているのもその例とおもわれる。ちなみに、承塵は、のちの時代になると、本来の意味から派生して、天花板、すなわち日本でいうと天井板のことを指すようになる。めいっぱい装飾を施した化粧天井のことを中国では藻井というが、これはいわば承塵の特別最高級の部類に属するものである（図19）。北京の紫禁城では、皇帝の玉座の置かれる一画の柱間の上部にのみしつらえているように、やはりそこは一種の特定的空間であることをしめす標識であったことがわかる。

華蓋にせよ牀帳にせよ、いずれも在来の中国にあった要素をもって、仏像を安置する聖なる空間の表象としたものにほかならなかった。その意味では、中国の伝統的な楼閣形式を借用しつつ、インドのストゥーパの傘蓋を相輪として採り入れることによって聖なる空間の表象としたのと同根といっていい。外来の宗教の聖なる表象に土着在来の空間装置を用いる――中国建築のしたたかな側面を如実にしめす事例であるというほかはない。

四　中国建築の伝統とその優越性

一　東アジアの建築文化の諸相

中国建築が東アジアの建築文化圏のなかでも主導的な位置を占めると同時に、特異な伝統をもつものであることはおそらく誰しもみとめるところであろう。しかも、それだけではなく、その始源がきわめて古く遡ること、さらに、ひとつの巨大な文明が上古以来、近代にいたるまで途絶えることなく連綿と継続的発展をとげたこと、この両方をあわせもつ点においては、世界の建築史上、他に類例をみないといっていいだろう。

二　外来文化の受容と変形

中国建築の伝統が形成されてきた歴史を通観すると、たしかにある一定の時期には外来文化の影響を直截的に被った形跡をみとめることもできる。すなわち、現存する遺構からみただけでも、南北朝時代、五-六世紀ごろには、インドの石窟寺院の形式が伝えられたことが、雲岡(山西省大同)・龍門(河南省洛陽)・敦煌莫高窟(甘粛省)・炳霊寺(甘粛省永靖)・キジル(甘粛省庫車)・麦積山(甘粛省天水)・天龍山(山西省太原)・鞏県石窟寺(河南省)などの数お

図1（右）　福建省泉州・清浄寺（聖友寺）大門
図2（左）　北京・妙応寺白塔

おくの実例に如実にしめされている。

また、これほど顕著な痕跡こそ残っていないが、宋・元時代には、南方の海上交通をつうじて西アジアのイスラーム建築が直接流入した。広東・福建寺の地方には当時の外来様式摂取の情況をしめす遺構もいくつか現存している。たとえば、建立年代については従来より議論の分かれるところだが、おそらく宋代の遺構と目される懐聖寺光塔（広東省広州）は、内部に二本の階段を螺旋状に配した塼（煉瓦）造の高塔建築であり、これはまぎれもなくイスラーム教のモスクのミナレットにほかならない。福建省泉州の清浄寺（本来は聖友寺と呼ばれた）には、元・一三一〇年の建築といわれている半球ドームを組み合わせた天井をもつ大門が現存しているし（図1）、その傍らにはドーム天井こそ失われたが、尖頭アーチなどの壁龕をそなえた礼拝殿の廃墟も残されている。この寺院の建設年代および寺名についてはなお解明すべき点が残されているけれども、ともかくそれらの遺構がアラブのイスラーム教モスクの建築様式と酷似していることは動かしがたい事実である。同地には、ほかにも唐代のムハムマドをはじめとする歴代のイスラーム教徒聖墓など、西アジア建築様式の直截的な影響をしめす遺構がいくつも現存している。

一方、元王朝のみやこ大都では、一二七一年、ネパール人工匠アニゴの手によって妙応寺白塔という、中国でのちにいわゆるラマ塔形式の最初の実例が出現した（図2）。この塔は現在も北京市内に残っており、その形態をみれば、チベット仏教（ラマ教）建築でチョルテンと呼ばれるストゥーパの一形態を忠実に写した結果であることがただちに知られよう。さらに、微細な実例しかないけれども、福建省南部などには、やはり海上交通によって伝播したとおもわれる、明らかにバラモン教の影響をしめす例証さえある。明代末期・一六三七年の建築になる泉州の開元寺大雄宝殿の背面の二本の石柱は、中国建築では「阿育王柱」と称する特異な形式に属し、その彫刻にはバラモン教のモチーフが用いられているが、これは泉州にあったバラモン教の寺廟が元代初期に倒壊したのを、のちに再利用した結果である。ちなみに、この建物はすくなからず異色であって、月台（前面に広く張り出した基壇）腰羽目石の浮彫は明代の遺物だが、やはりインドの影響が色濃くみられ、また殿内の飛天をそのまま装飾として組み入れた奇抜な形式の斗栱（柱上の組物）にはペルシア美術の影響がみとめられるという具合である。また、大雄宝殿の前に立つ一対の石塔は宋代・一一四五年の遺構であって、その細部装飾にはバラモン教のモチーフがおおく採用されているのを確認することができる（図3）。

時代が降って清朝になると、当時の皇帝がチ

図3　福建省泉州・開元寺大雄宝殿前石塔

図4　河北省承徳・普陀宗乗廟

ベット仏教を篤信したことを反映して、いわゆるラマ教建築が数おおく残っている。わけても、とくに著名なものが熱河(現河北省承徳)避暑山荘の外八廟である。これらの建築のおおくは、たんにラマ教建築様式を写したというだけではなく、各地のラマ教建築を忠実に模してつくられている(図4)。たとえば、ダライ・ラマの行宮に充てられた普陀宗乗廟(一七七〇年建設)はチベット・ラサのポタラ宮を、パンチェン・ラマの行宮とされた須彌福寿廟(一七八〇年)はチベット・シガツェのタシルンポ寺を、また安遠廟(一七六四年)は新疆イリのクルチャ廟を、殊像寺(一七六四年)は山西省五台山の殊像寺を、それぞれ写した建物なのである。

このほかにも、唐代には景教(キリスト教ネストリウス派)、祆教(ゾロアスター教)、摩尼教(マニ教)などが伝播し、それぞれの教会や祠堂が建てられたことが文献史料によって知られるが、遺憾なことに建築にかかわる実物資料はいずれも佚われて現存しない。

三　中国建築の主体性

いまあげたいくつかの事例は、しかしながら中国建築の悠久な歴史にあっては、どちらかといえば例外的な部類に属するものといわなければならない。つまり、全体的にみた場合、中国建築の伝統は、やはり中国文化の他の領域と同じように、あくまでも閉鎖的、あるいは排他的とさえいうべき性格を顕著に備えているのである。

図5　山西省大同・雲岡石窟第20窟

話をすすめるために、もうすこしここにあげた類例に即しつつ、みていくことにしよう。まず、石窟寺院であるが、それが流行の最高潮にたっした北魏時代の代表的遺構に雲岡石窟(四五〇以降)がある。現在、見学者の入口が設けられている場所のすぐそばにある第五窟と第六窟にのみ、前面に木造の多層楼閣型の窟檐《くつえん》(西洋建築でいうポルティコ。縋破風状にとりついた木造の献殿。日本でいう拝殿)が架けられているが、これが清代の後補にかかることは一目瞭然で、またそれ以外の窟はいずれも前面が吹放しとなっている(図5)。ところが、最近の発掘調査によって、第九窟および第一〇窟では内陣・外陣のさらに前面に間口五間(柱六本)の木造の窟檐が架けられていたことが判明した。すなわち、北魏の当初からすでに木造を併用し、礼拝空間を前面に付設する構成であったことが明らかになったのである。つまり、現存する敦煌莫高窟の宋代建立の木造窟檐と同様な形式が当時からおこなわれていたことが知られる。これは、南響堂山など、他の石窟にも木造の桁・梁を挿し込んだ痕跡をとどめている遺構があるところからみても、むしろ往時から一般的な形式であったと考えるべきだろう。この点で、インドの石窟寺院の構成とはすでにして異質である。さらに、第一、二、六、五一窟などのように、石窟内部の中心に塔柱を立てる構成があるが、その原型となったはずのインドのチャイティヤ窟とはもはや異なり、中国の木造建築に特有の重層楼閣型の塔や、さらには斗栱などの細部までを浮彫で表現したものがおおい。また、中国の石窟には、一般的にいって、有名な曇曜窟(雲岡第二〇窟)のように、巨大な仏像を本尊とするものがすくなくないが、これもインド石窟との大きな相異である。

つぎにイスラーム教建築をみると、たしかに上にあげた広州懐聖寺光塔や泉州清浄寺大門のような初期の実例には外来様式の直截的な投影がみられるものの、それはむしろ例外であって、その種の新様式がそのまま定着することはけっしてなかった。たとえば、浙江省杭州の鳳凰寺は様式的にみて元代末期ごろの建築と推定されているもので、その礼拝殿の内部は塼造ドームを三つ連ねている。とはいっても、構造的には西方のドームとは異なり、漢代の墳墓と同様に、正方形平面の四隅からすこしずつ持送りで半球形に近づけるという中国古代建築特有の擬似的ドームにすぎず、むしろ明代に盛行する無梁殿——すなわち純然たる塼造アーチ・ヴォールト建築で、しかし外観は木造建築の細部を模したもの——の先駆をなすというべきものであって、西アジアのイスラーム建築からはすでに乖離することははなはだしい。これが陝西省西安市華覚巷の清真寺(明・一五二六年建設、一六〇六年増築)や北京市宣武区牛街の清真寺(清・一六九六年再建)、寧夏回族自治区同心県の北大寺(清・一七七一年建設)となると、すでに建築構造的には外来の要素はほとんど失われ、漢族建築の木構造をそのまま採り入れ、わずかに彩色・彫刻・敷物・調度などによって回教寺院の風格をしめしているにすぎず、モスクのミナレットに相当する邦克楼はもはや純漢式の木造楼閣に変じてしまい、メッカに向かって礼拝する龕形のギブラ壁も木彫で彩られるようになるのである(図6)。

図6　北京・宣武区牛街・静真寺省心楼と伽藍(中国科学院自然科学史研究所主編『中国古代建築技術史』、科学出版社、1985)

チベット建築様式のストゥーパを採用したラマ塔もまた、その中国における初見の例であった妙応寺白塔から、時代が降るにつれて、外観上かなり大きな変化が生じていった。比較的よく知られた例でいえば、北京の北海公園の中にある団城の白塔（清・一六五一年）などのように、塔肚子《タートゥーヅ》（塔の腹部、本体の太い部分）の底部がウェストのくびれたようなかたちになり、その表面に月光門という龕が穿たれる。さらに北京の西黄寺清浄化城塔（清・一七八〇年）では、同様な外観上の特徴に加えて、中心の大塔をとりまいて小塔四基を四隅に配しており、これは北京の大正覚寺（俗称五塔寺）や碧雲寺などにみられるインドのボード・ガヤー大塔（仏陀伽耶精舎）を模した、中国でいわゆる「金剛堂座塔」の形式から影響されたものに相違なく、塔の類型としてはすでに相当変質を経たものであることが容易に理解できよう（図7）。

図7　北京・西黄寺静浄化城塔（劉敦楨『中国古代建築史』、中国建築工業出版社、1984）

仏塔の形態に関連してつけ加えるなら、いま例としてあげたラマ塔のほうが中国の一般的な多層塔よりも、はるかによくインドのストゥーパの原型をとどめているのである。

年代が相前後するので、話がすこしややこしくなるけれども、中国に仏塔がはじめて出現したのは、これよりもずっと遠い以前のことであった。すなわち、中国にインドから仏教が伝えられたのは——後漢の明帝の感夢求法説（紀元後六七年に帝が夢に感じて初めて仏教を西域に求めさせたという伝説）は史実ではないにしても——おそくとも後漢時代末（三世紀）には確実な文献的例証がある。すなわち、笮融《さくゆう》が徐州に建てた仏寺（浮屠祠《ふとし》と称した）の、後世の用語でいうところの「塔」、当時のことばでいえば「浮屠（浮図）」は、「銅槃（相輪）を垂らすこと九重。下を重楼（二重楼閣）・閣道（二層回廊）と

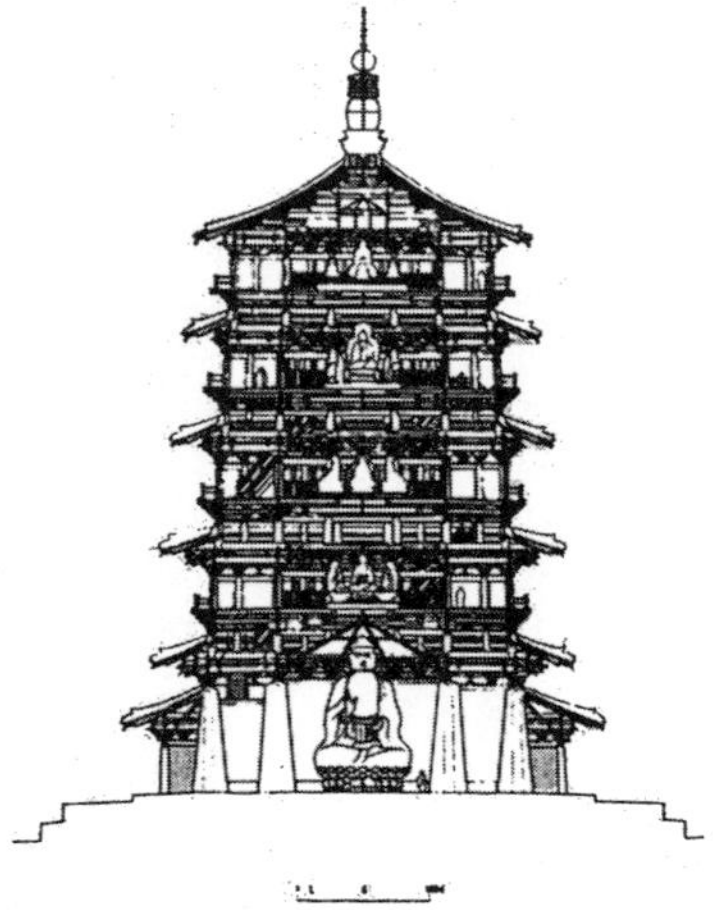

図8　山西省応県・仏宮寺釈迦塔（中国科学院自然科学史研究所・前掲書）

為し」たものであって、これはつまり中国でそれ以前にすでに確立していた純然たる木造で重層の楼閣建築の形式を援用し、じっさいは塔と仏殿の機能を併せもった建物だったのである。インド古代のストゥーパの代表的遺構としてつとに知られるサーンチー大塔のように、彼地のストゥーパはアンダ（覆鉢）と呼ばれる半球を伏せたかたちを本体としており、両者の相異は、外観上だけでもきわめて大きい。中国の塔は、インドのストゥーパ本来の構成要素のうち、わずかにその象徴的な細部として、チャトゥラーバリ（傘蓋）、ヤシュティ（傘竿）を屋頂の相輪もしくは刹として採取したものにすぎない。また、建築群の平面配置としては中国古来の伝統的な閉鎖的中庭群形式をそのまま採用したものであった。その後、仏舎利信仰が高まるにつれて、仏舎利を安置する高塔と仏を祀る仏殿とが機能的に分離され、前者は多層楼閣の屋頂に相輪を戴く形式が定着するようになり、ついに中国独自の楼閣式の多層塔――それはまぎれもなく日本の仏塔の原型をあたえたものでもある――という類型が確立したのであった（図8）。さらに、その微かにインド・ストゥーパの構成要素の残滓をとどめた相輪の部分にまで、たとえば北魏時代の洛陽の仏塔では、屋頂の塔刹には「仙掌」（仙人が掌を広げて玉露を承ける意）という、仏教伝来以前の古代中国の神仙思想にもとづくものにとって代わられてしまった例もあるほどなのである。

建築群の平面配置のことにすこしふれたついでに、この問題をもうすこし補足しておこう。いま閉鎖的中庭群

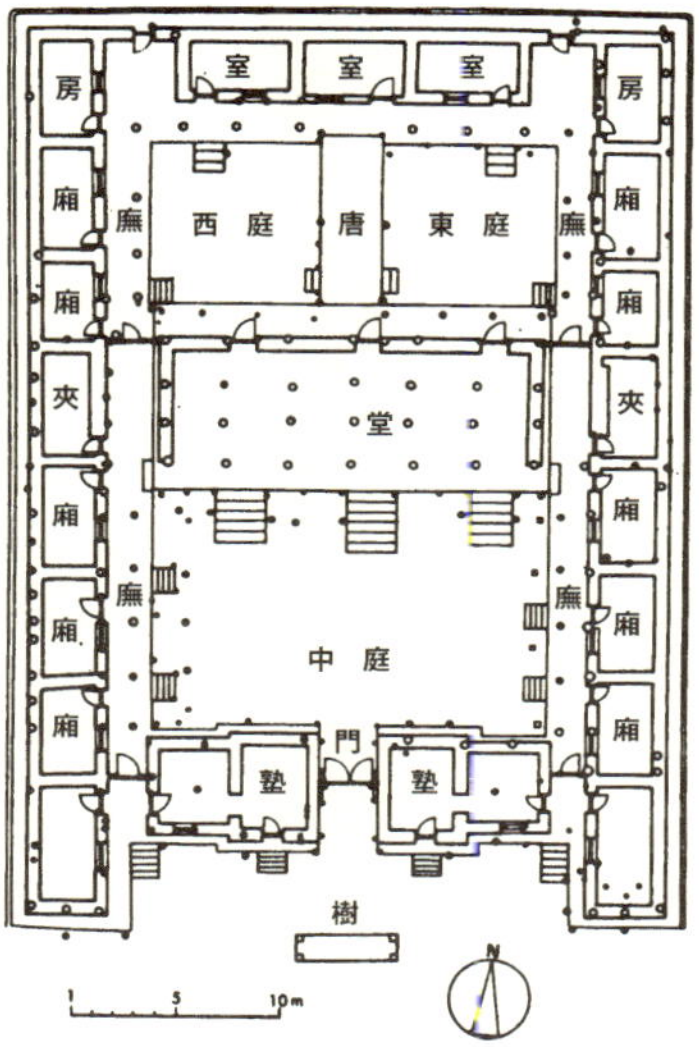

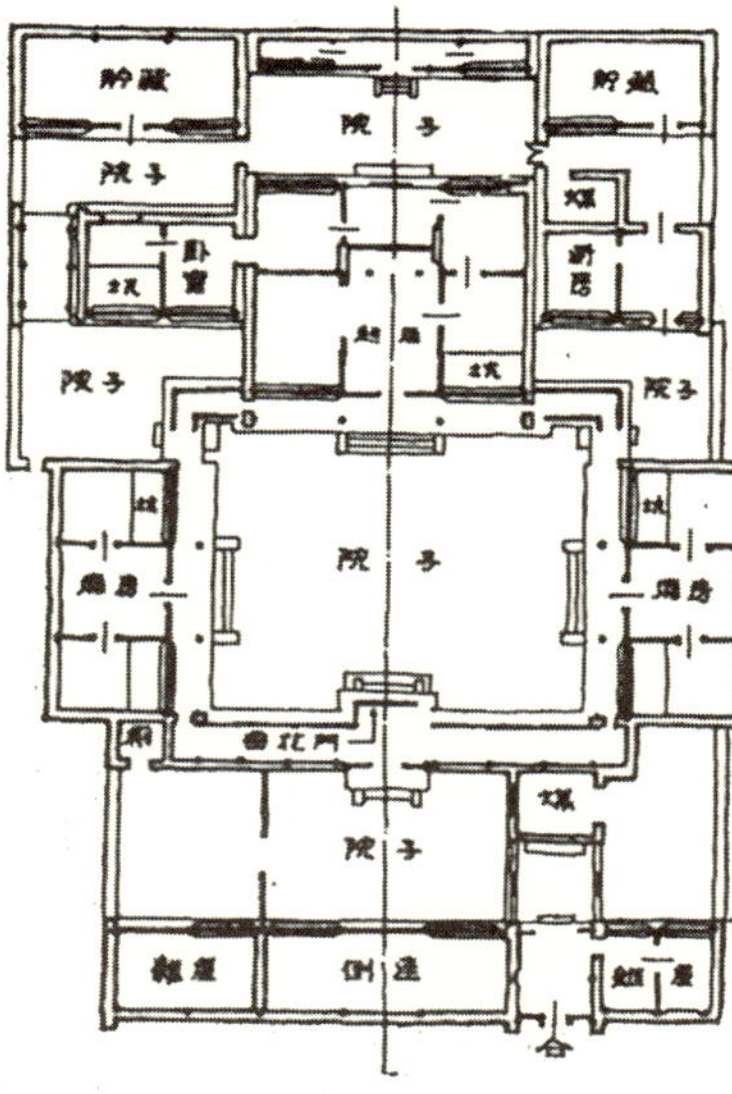

図9（右）　北京・四合院住宅（劉敦楨著・田中淡・沢谷昭次訳『中国の住宅』、鹿島出版会、1976）
図10（左）　陝西省岐山鳳雛・西周宗廟還址（田中淡復元）

形式とのべたのは、あまりスマートな命名ではなくて恐縮だけれども、要するに中国の伝統的居住のもっとも典型的な平面構成としてよく知られる「四合院」を想定すればことは足りる。四合院というのは、北に正房（主屋）、東と西にそれぞれ廂房（脇棟）、南に倒座（向かい棟）を配して、この四棟が内側を向いて院子（中庭）をとり囲む平面配置をなす住宅のことをいう（図9）。じっさいには、この一ユニットだけで構成されることはすくなく、それを奥行きの方向にいくつか重ねて中庭群を形成する場合がおおいのだが（その奥行きの重なりを、一進、両進、三進のように数える）、ともかく基本的にはこうした類型を指していう。この種の平面配置をもつ住宅としては、北京をはじめ、華北地方のものが典型とされているけれども、小異を別にすれば、中国の住宅の基本的な平面構成といってもいい。さらに、その平面配置の原則は、なにも明・清時代の住宅に限るものではなく、年代的にもきわめて悠久な歴史を有し、また建築類型としてもきわめて広範な対象に採用されたものなのである。今日知られる最古の実例としては、近年、陝西省の周原地方で発掘調査がおこなわれた西周時代の宗廟遺址（両進の四合院に相当する）があり（図10）、四棟のとりつき部分が一部完全に閉鎖されていないことを除けば実質上は限りなく四合院に近い実例なら、さらに古く殷代の河南省偃師戸郷溝の宮殿遺址まで遡る。この種の配置形式は、以来ずっと、近くは明・清時代にいたるまで、建築の用途、類型にかかわらず、基本原則として採用されてきたのであった。たとえば、漢代の宮殿、梁代の仏寺も、唐代の道観、元代の住宅も、平面配置の基本原則には択ぶところはなかったといっていい。さきに例証とした仏教寺院、ラマ教の寺廟、イスラーム教モスクのような中国ネイティブの宗教に属さない建築にさえ、それは強力な作用として働いたのである。こうした現象こそ、中国建築のもつ特質を解く関鍵が隠されているというべきではなかろうか。

以上にみてきたように、中国建築史のうえではむしろ例外的に外来文化の影響を被ったケースでさえも、外的要素の無批判的な導入という例証は皆無に等しく、つねに中国自身による解釈を経てたちまち変質されてしまうことがよくわかるだろう。この点において、日本や朝鮮半島の建築文化のありようとはいちじるしい差異をしめしている。もちろん、日本の場合も、たとえば飛鳥時代の仏教建築が中国大陸から朝鮮半島を経由した新様式をそのまま受け入れたわけではないし、奈良時代の宮殿建築が唐王朝のそれをまったく忠実に模倣したというわけではない。否、わたしたちの祖先は、自らの国民性、気候、風土などに適応しやすいように選択する能力にかけてはきわめて卓越したものをもっていた。しかし、中国の場合はその比ではなく、外来様式・技術の摂取の都度、よくいえば主体的、悪くいえば独善的な選択がなされるのがつねであったのである。

四　中国建築の対外的影響力

一方、それとは逆に、中国建築が近隣の諸国、諸文化圏にたいしてあたえた影響力には凄まじいものがあったことを、同じように建築遺構や民俗的資料をつうじて知ることができる。たとえば、周知のように、漢王朝は前漢武帝のころすでに西は甘粛、親疆、東北は朝鮮半島の北部、南は海南島、ヴェトナムまでをその勢力圏におさめていたことが文献史料より知られる。これを実際的な建築技術の面からみても、朝鮮に置かれた楽浪郡の遺址から塼・瓦を多用した漢代の典型的な遺構が解放前の発掘調査によって検出されており、また近年発掘された甘粛省居延などの烽燧台《ほうすうだい》や塢壁《うへき》の遺址、あるいはそこから出土した木簡の記載をみると、漢の建築技術が当時たしかに塞外の地にまで及んでいたことが実態をともなって理解されるのである。

南北朝時代においては、百済が南朝の梁にしばしば朝貢したことが正史にみえており、百済の宮殿の木造建築や陵墓の塼造建築の技術が梁から直截的に影響されたものであったことはすでにほとんど疑いの余地がないところだ。さらに、こうして朝鮮半島に及んだ漢系の建築文化は、おおかれすくなかれ日本にも影響を及ぼしたにちがいない。

降って隋・唐時代には、いうまでもなかろうが、律令制国家を目指していた日本が当時世界最高の文明国であった中国に遣隋使・遣唐使を派遣して彼地の文化を学んだのであり、建築の領域に即していうと、かれらは唐のみやこ長安の大明宮麟徳殿で宴を受けており、当然そこに立ち並ぶ宮殿建築群および太液池を中心とする苑囿《えんゆう》を目の当たりにしてすくなからず衝撃を受けたであろうことは想像に難くない（図11）。また、空海や円仁をはじ

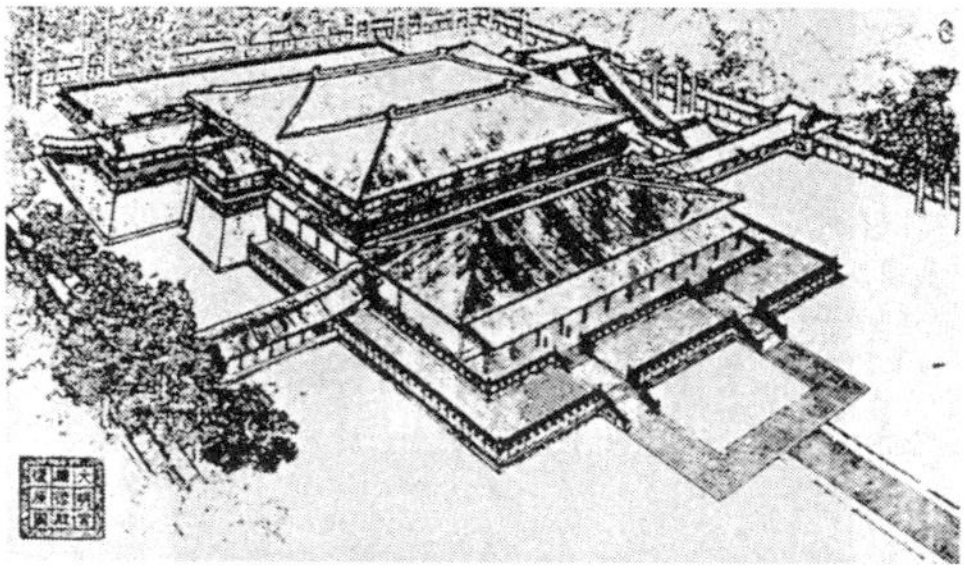

図11　唐長安大明宮麟徳殿復元図（楊鴻勛氏復元）

図12　平城京三条二坊六坪「曲水」苑池

め、唐の長安に留学した僧が現地で仏寺の伽藍配置と建築様式を学んできたことも疑いない事実である。藤原京や平城京の都市計画が、類型としての原型がどこに求められるかは別として、直截的には当時の隋・唐の帝都から学習したものであったことは、すでによく知られるとおりである。藤原京や平城京の宮殿建築あるいは仏教建築、さらには宮苑のモデルが隋・唐の建築・庭園に求められることは、もはやいうまでもないところであろう。隋唐文化、とくにその都市計画の優越性は、日本にたいしてのみならず、当時、東北地方、朝鮮半島、および沿海州の一部にまたがる地域を統括した渤海王国の上京龍泉府など五京の設計に際しても同様に作用したことが知られている。

　いまもすこしふれた庭園の領域についていうならば、近年、平城京三条二坊六坪で宮跡庭園が発掘され、色合いの異なる玉石を底に敷きつめ、S字形にカーブした苑池が検出された例がある（図12）。これは、王羲之の蘭亭の故事にもとづく「流觴曲水」の宴をおこなう苑池であり、韓国の慶州にも同じ目的でつくられた鮑石亭の遺構があるが、それぞれ異なる造園手法のうえからみても、均しく中国の影響を色濃く伝えた実例といえるだろう。ま

図13　無量光院庭園復元模型（荒木伸介氏提供）

た、日本にはいわゆる浄土庭園、もしくは寝殿造系庭園という庭園の形式が伝わっている。実例をあげると、平安時代の毛越寺（岩手県平泉）、観自在王院（同）、無量光院（同）、白水阿弥陀堂（福島県いわき市）、あるいは鎌倉時代の法金剛院（京都市）、称名寺（横浜市）などがそれであり、冂字形に配置した建物の前面に苑池を穿った構成をもっている（図13）。この種の庭園形式も、敦煌莫高窟の壁画に描かれた仏寺、あるいは北魏の洛陽などで盛行した神仙思想の影響をつよく受けた宮苑・寺苑などにその原型があったと考えられるのである。

時代は降るが、鎌倉・室町時代の禅宗寺院の伽藍配置および建築様式の祖形は、同時代の五山を中心とする江蘇省、浙江省周辺の仏寺に求められることが、彼我の様式的な比較検討によって、きわめて明瞭にトレースすることができ、わたしたちは、ここでもふたたび中国建築文化からの強烈な影響力の所産の夥しい実例をみせつけられるのである。ちなみに、当時の日本建築界にあって、それは禅宗寺院に限られる現象ではなく、禅宗伽藍の開創より約半世紀さかのぼる東大寺大仏殿の再建にあたって俊乗房重源が採用した新様式を一般に大仏様（古くは天竺様と称した）と呼ぶが、その祖形についても同様に、様式的検討によって、福建省周辺の保守的でかなり特殊な地方的建築様式であったことが判明する。また、大仏様・禅宗様

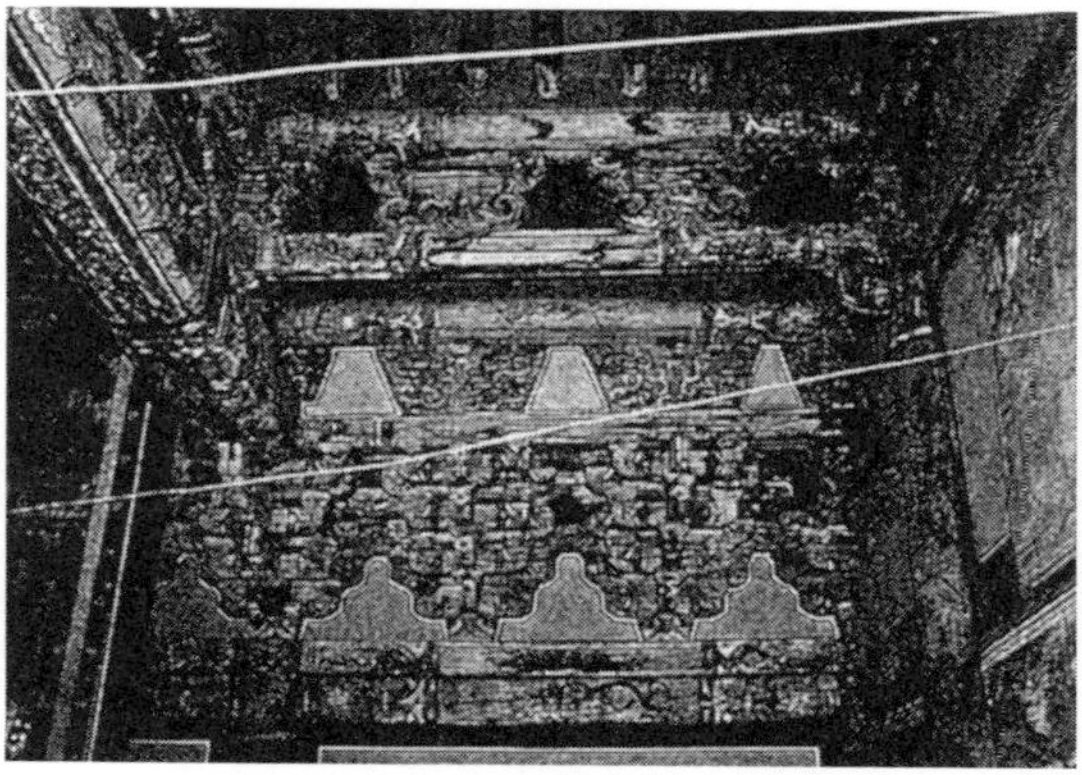

図14　韓国忠南瑞山郡　霊山・開心寺大雄殿

だけでなく、鎌倉・室町時代の仏教建築は、直接・間接の別はあるにせよ、概してきわめてつよく宋・元の建築の影響を被っているといっていい。こうした現象は、また朝鮮の高麗時代末期から李朝時代にかけての宮殿や仏寺についても基本的には同趣のことがみられ、現存するこの時期の建築遺構には宋・元建築様式のきわめて濃厚な反映を容易に見いだすことができるのである(図14)。

このように、中国の建築がそれ自身、自律的な大系を形成するにいたったのにたいして、日本や朝鮮の建築が外来の――具体的にはほとんど中国からの――圧倒的な影響を断続的に受けながら、変容し、発展していった情況は、あまりにも鮮明な対照をなしている。しかしながら、日本や朝鮮の建築文化は、巨大な中国建築文化圏に包摂されていることは事実であっても、それはたんなるシミュレーションの産物ではなく、外的刺激を受ける側の情況に応じて、その都度、巧妙な応用の手腕を発揮することにより、それぞれ独自の文化を形成してきたものであることを敢えてここに明記しておく必要がある。逆にいえば、中国自身は遠の昔に破棄し去ったために、早くに佚われてしまった建築の要素や住習慣・習俗が、むしろその周辺地域に適応して、今日まで伝わっているという例がけっして稀ではないという事実は、もっと注意されていいのではないだろうか。たとえば、朝鮮の風水、あるいは日本の家相占いは、台湾はべつとして、中国大陸ではごく一部の地方を除いて廃れてしまった。また、住居のなかでの座り方をみても、朝鮮の立て膝や日本の正座は、本来、古代中国では普通だったのだが、唐・宋時代以降、卓と椅子が普遍化したために、今日ではまったくみることができない。ついこのあいだまで、日本の住まいでは、主人、客、女、子供、それぞれ座す位置が決まっていたが、その上座・下座の方位・方向もまた古代中国から学習したものにほかならない。あるいは、日本庭園にみられる土を主体とする築山や玉石の洲浜、銀閣寺塀の如き門径の屈曲、桂離宮などにみられる名勝景観の模写などのようないくつかの造園手法もまたもともと中国の初期の庭園には活用されていたところである。

こうした情況は、あたかも特定の地域における漢音・唐音・呉音の保存、さらには日本の生魚・魚醬・鮒鮓・納豆などの食品、また朝鮮の箸・匙・椀の食器セットといった言語や食生活習俗のそれと著しく似通っていることに気づく。それらがいずれも日常生活の範囲に含まれる事象であることは、もとより偶然ではあるまい。このような例証も、やはり巨視的にみれば中国文化の大圏に包括されていると同時に、またそれを採取して自ら適用、改良を加えた日本や朝鮮の文化の主体性をも物語るものであるというべきだろう。

五　公的建築の伝統／私的建築の世界

一　宮殿と寺廟

中国の建築は、悠久な歴史と広大な国土、そして諸民族による興亡という時代背景を反映して、豊富で多彩な類型を生み出す一方、対外的には独自の閉鎖的な伝統を守りつづけた。歴史の古さに加えて巨大文明が断絶することなく近代まで連綿と継続したのは、世界の建築史を通じて他に例がない。中国建築は、日本、朝鮮、モンゴル、ベトナムを包みこむ東アジア建築文化圏の中心に位置し、特定の時代にはインド、中央アジア、ペルシア、アラビアの影響を受けながらも自律性を固持し、一方、隣接文化圏に対する主導的影響力を保ちつづけた。たとえば仏塔は、インドの墳丘形のストゥーパを原型とするが、文献的に知られる中国最古の塔は後漢末に徐州に建てられた浮図祠《ふとし》で、塔頂に九重の相輪を戴き、金色仏像を安置する重層の建築であった。つまり後世の仏殿と仏塔を兼ねた建築であって、その濫觴《らんしょう》から中国古来の伝統的な木造楼閣をもって代用し、わずかに塔刹《とうさつ》にのみストゥーパの構成要素の残骸をとどめたものであった。これはのちに百済や飛鳥時代の日本に伝えられる仏塔の原型にほかならない。遼・清寧二年(一〇五六)建立の仏宮寺釈迦塔(山西省応県)(図1)は、そのような中国的に翻案された楼閣式塔の正統を伝える稀少な実例である。雲岡石窟の浮彫などを見ると、ストゥーパの系統はその後もインド、中央アジア経由で異なる形式が伝播した形跡があるが、その影響は顕著とはいえない。ずっと時代が下るが、元代にはチベット仏塔チョルテンの形式を写した妙応寺白塔（北京市）（図2）をはじめとして各地にラマ塔が築かれ、明代には大真覚寺（五塔寺）（北京市）などのボード・ガヤー大塔を模した金剛宝座塔が建てられたし、また清代にはラマ教が篤信され、とくに康熙・乾隆両帝によって河北省の承徳にチベット仏寺を忠実に模倣した外八廟が築かれた（図3）。ただ、こうした外来様式の模倣は歴史の上ではむしろ例外に属する。また石窟は、インドのヴィハーラの影響を色濃く受けながらも、敦煌莫高窟に現存する遺構や雲岡石窟などに残る痕跡や発掘遺址に見られるように、すでにして前後両室の前面にさらに木造の窟檐《くつえん》を付設する中国的な形態であった。

歴史を通じて中国建築の根幹をなしたのは漢民族の王朝のもとで建設された都城、宮殿、壇廟《だんびょう》、陵墓、長城な

図1　佛宮寺釈迦塔（山西省応県）

図2　妙応寺白塔（北京市）

図3　普陀宗乗廟(河北省承徳市)

図4　紫禁城太和殿(北京市)

ど官製の建築である。同様に木造を主体とした日本建築では、宮殿より仏堂や神社が各時代の主流を占めたのと比較すれば、その相違は明瞭になろう。その反面、他の文化圏のような王朝・時代による建築様式の変遷、あるいは建物の類型・機能による意匠の差異という側面は希薄であった。たとえば、最後の中華帝国、清王朝の宮殿である北京の紫禁城を見てみよう。

紫禁城は、広大な宮域全体が整然とした閉鎖的中庭の夥しい集合体から構成されている。建築群の主要部分は、前身の明の建国初期に建てられた宮殿の旧基を利用して再建されたため、実年代は古くても清代初めのものだが、明王朝による中国古来の儒教理念にもとづく復古的な設計の形式規模を踏襲している。中心は外朝の政庁正殿である太和殿《たいわでん》と中和殿《ちゅうわでん》・保和殿《ほわでん》の三大殿であり(図4)、その背後に内廷の乾清宮・交泰殿《こうたいでん》・坤寧宮《こんねいきゅう》の三殿の一郭が控える。これは古代の伝統的な宮殿配置の原則「前朝後寝」(朝廷を前面に、寝殿を後方に配する)を忠実に遵守した古色蒼然とした平面形式である。前朝後寝二組の三大殿からなる中枢部分は紫禁城を貫く中軸線上に縦列し、その左右に東西六宮や妃嬪《きひん》たちの住まいなどの付属的な宮殿郡が巨視的にみれば左右対称に粛然と配置されている。その前方(南)

図5　紫禁城午門(北京市)

の中軸線上には、太和門から午門《ごもん》に至る宮門が立ち並び、宮城の南正門である午門はとくに高大で、凹字型平面の前方に左右対称形に翼楼《よくろう》を張り出している(図5)。これは古代に「闕《けつ》」と呼ばれた宮門の正統的形式を忠実に再現した結果であり、その原型は、漢代の数多くの画像石・塼《せん》に描かれた門楼や四川省に現存する墓門双闕、あるいは唐代の墓門両側の壁画に描かれた宮闕を見ればいいだろう。

明・清の北京城は宮城・皇城を中央にとり込んだ三重城郭であるが、これはむしろ複雑な部類で、通常は二重城郭を基本形とした。「城《じょう》」と称する中国の都市は古来皇帝の「城」を中央に置き、その周囲に人民が住む「郭《かく》」を配した内城外郭の二重城郭から出発した。紫禁城の宮城の城壁の外側にはもう一重の城壁が巡らされ、皇城を形成している。午門の前方に端門《たんもん》を経て皇城の南門である天安門があり、その前方には千歩廊が大清門まで伸び、紫禁城の中軸線は城壁の南中門である正陽門(前門)まで伸びている。この独特な縦長の配置は古代儒教の礼では天子の宮城のみに適用された「三朝五門」の制度を遵守した結果である。また皇城の前方(南)、中軸線の東西両側には太廟《たいびょう》と社稷壇《しゃしょくだん》が左右対称に配置されている(現労働人民文化宮・中山公園)。これもまた古代の「左祖右社」(祖先の廟を左(東)に、土地神を祀る壇を右(西)に配する)の制度に従った結果である。紫禁

図6　孔廟大成殿(山東省曲阜県)

城の中心線は皇城、宮城を貫き、さらに後方(北)の鼓楼、鐘楼を貫いて、北京城全体の中軸を形成している。この配置は明・清の北京の前身である元の大都が『周礼』考工記の理想的な都市形態を具体化したことに由来する。紫禁城は中国史上では新しい部類の宮城に属するが、古代の礼制に従って築かれたことが明瞭で、中国建築における伝統の重みと保守性を如実にしめす好例といえる。

紫禁城宮殿の建築群はいずれも四周を建物や塀で囲まれた閉鎖的な中庭の集合体によって形成されている。建物を東西南北に配して中庭を囲む形式は、「四合院」と呼ばれる華北・中原地方に普遍的な住宅の平面配置と同一であり、通常は二、三層、大邸宅など四、五ないしは七、八層もの中庭群を奥行方向に重ねる。この平面配置は住宅だけでなく、仏寺、道観《どうかん》、文廟(孔子廟)(図6)、官衙などあらゆる種類の建築に共通して適用される基本原則であって、上記の都市平面も同様の原理によるものである(図6)。ちなみに、周が都邑を築いた陝西省岐山鳳雛で発掘された周原宗廟遺址は前後二つの中庭からなる四合院であり、この種の平面配置は遅くとも西周時代までさかのぼる古い伝統であることが知られる。

紫禁城宮殿のみならず北京城内外に現存する主要な建築の城門や角楼、鐘楼、鼓楼、そして天壇、孔廟、国子監《こくしかん》など、いずれも清代再建の

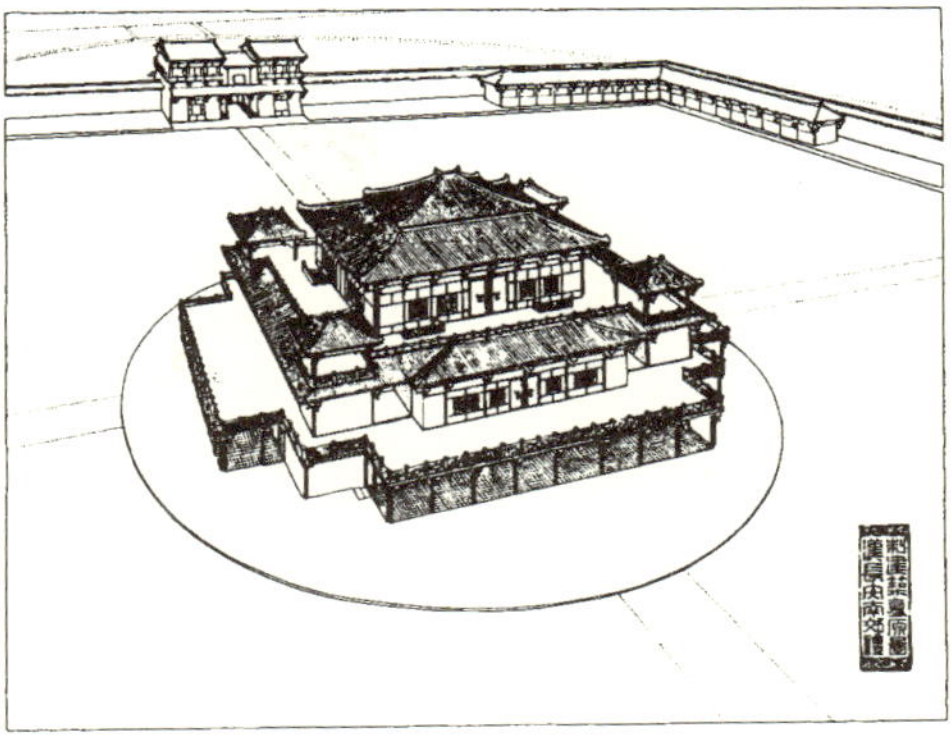

図7（右）　漢長安城南郊礼制建築復元図(陝西省西安市)
図8（左）　平遥県市楼(山西省平遥県)

遺構だが、同じように古代以来の伝統を反映している。現在の天壇は、毎年冬至の日に天を祭る圜丘《えんきゅう》(円形三層の露壇)と五穀豊饒を祈る藍色琉璃瓦葺き三層円屋根の祈年殿からなる。明の北京城建設の当初は城外南郊に置かれたが(のちに外城が増築された)、これは古代に南郊に天を祭る儀礼を踏襲したためで、都城の配置は前漢の長安城南郊で発掘調査された礼制建築遺址と同類である(図7)。一方、鐘楼と鼓楼は紫禁城北方の幹道上に南北近接して立つが、前身の元の大都の当時はもっと離れた幹道交叉点付近の二箇所に対峙していた。十字路に報時や管理の機能をもつ公共建築の楼閣を建てるのは、漢代の画像塼の城堡や市井の図にも描かれるように古代の都市制度の名残であろう。明代建設の城郭が現存する山西省平遥県城の城内幹道を跨いで立つ市楼(上部の建物は清代再建)はこうした古代の遺制を伝える数少ない実例である(図8)。

すでにあげた事例でもわかるように、中国建築はその悠久の歴史と伝統に比して、実物遺構の残存の程度があまりにも乏しい。現地で古建築を参観する場合は、とくにその点に注意をとめておく必要があるだろう。古代中国の歴史の表舞台に登場したのは、宮殿や仏寺、壇廟、その他、あくまでも木造建築が主体であった。地下の陵

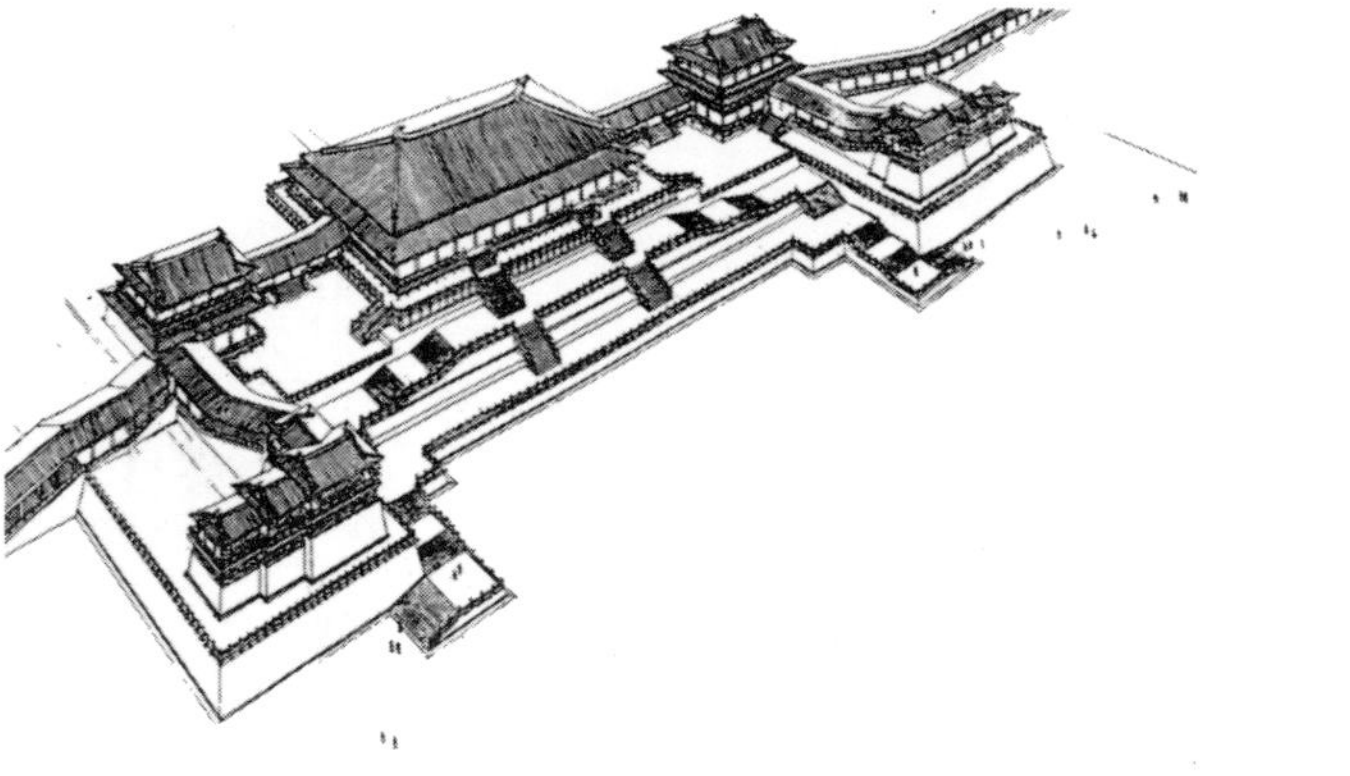

図9　唐長安城大明宮含元殿復元図（陝西省西安市）

墓は別として、石窟や塼塔、無梁殿《むりょうでん》などは全体からみれば例外にすぎない。歴史に名高い秦の始皇帝の阿房宮、漢の武帝の未央宮《びおうきゅう》、隋の煬帝の東都洛陽宮などの壮大な規模と装飾を尽くした宮殿建築は、いずれも早々に破壊あるいは焼失して現在に伝わらない。すでに考古発掘調査がおこなわれた唐の大明宮の含元殿や麟徳殿の推定復元される勇姿は、今日われわれが見る限られた実例をはるかに凌ぐものである（図9）。仏教建築でも同様で、北魏の洛陽に林立した仏塔や梁の建康の同泰寺などはいずれも滅びて見ることはできないが、近年発掘調査された洛陽永寧寺塔は文献に記されたとおりの壮大な規模と建設工程を立証するものであった。

　現存する実例をあげると、塼塔は北魏・正光四年（五二三）建立の嵩岳寺《すうがくじ》塔（河南省登封市）（図10）が最古の遺構で、他にも隋‐初唐頃のものが数基あり、石塔は隋・大業七年（六一一）の神通寺《じんつうじ》四門塔（山東省歴城県）や五代・南唐の棲霞寺《せいかじ》舎利塔（江蘇省南京市）が現存するのをはじめ、塼・石塔は唐・宋時代以降のものが各地に数多く残っている。一方、木造建築は、最も年代の古い遺構が唐・建中三年（七八二）に建てられた小屋の南禅寺大殿（山西省五台県）であり、本格的な建築となると大中十一年（八五七）建立の仏光寺大殿（同）（図11）がある程度

図10　嵩嶽寺塔（河南省登封県）

図11　佛光寺大殿（山西省五台県）

図12　独楽寺観音閣（天津市薊県）

で、晩唐時期（九世紀）以前にさかのぼる遺構は全部で五棟しかない。

　これらに次ぐ年代の古い本格的な遺構をあげてみよう。まず遼・統和二年（九八四）の独楽寺《どくらくじ》観音閣（天津市薊《けい》県）（図12）は外観は二層で、内部の三層を吹抜けとして十一面観世音立像を安置する楼閣建築の代表的遺構である。遼・重熙七年（一〇三八）の下華厳寺《しもけごんじ》薄伽教蔵殿《はくかきょうぞうでん》（山西省大同市）（図13）は殿内周壁に沿って一切経を収める宮殿を模した経蔵を設けてあり、とくに天宮《てんきゅう》楼閣は南北朝–隋唐時代に流行した形態を髣髴とさせる貴重な実例。仏殿では遼・開泰九年（一〇二〇）の奉国寺大雄殿（遼寧省義県）、北宋・皇祐四年（一〇五二）の隆興寺摩尼《まに》殿（河北省石家荘市正定県）（図14）、金・天眷三年（一一四〇）の上華厳寺大雄宝殿《かみけごんじたいゆうほうでん》（山西省大同市）などが規模・形式の上で第一級に属する初期の代表的な遺構に数えられる。

　これらの建築は華北地方に偏っており、遼・宋・金・元・明の各時代を通じて、往時の先進的で正統的な様式を伝える遺構は僅かしか残っていないのが実態である。ところが、中国にはその反面、『營造法式』という、世界的にも稀に見る大部の建築設計要覧書が伝えられている。この本は北宋の元符三年（一一〇〇）に将作監の李誡が編纂し、図面も付載していて、この当時の建築様式・技術の詳細を直接知ることができる（図15）。もともと官営建設工程の経済統制を目的として編まれた書物であり、そこには建築技術の標準化という方向が顕著にみとめられる。それは清代の再建になる宮殿や壇廟の建築遺構がえてして画一的に感じられることと軌を一にするもので、本書はいわば官制主導を貫き通した中国建築が到達したピークでもあった。

図13　下華厳寺薄迦教蔵殿天宮楼閣（山西省大同市）

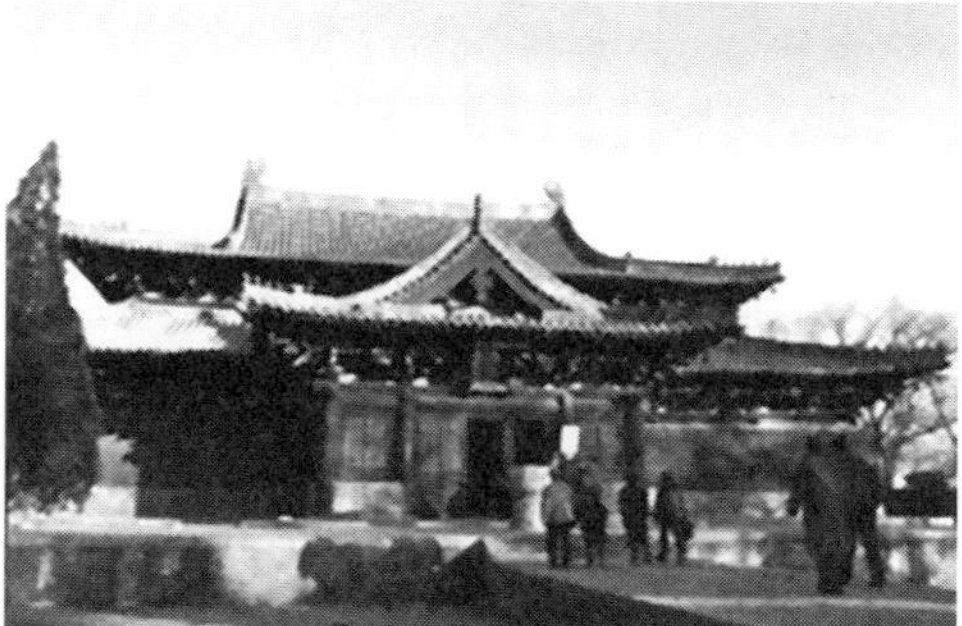
図14　隆興寺摩尼殿（河北省正定県）

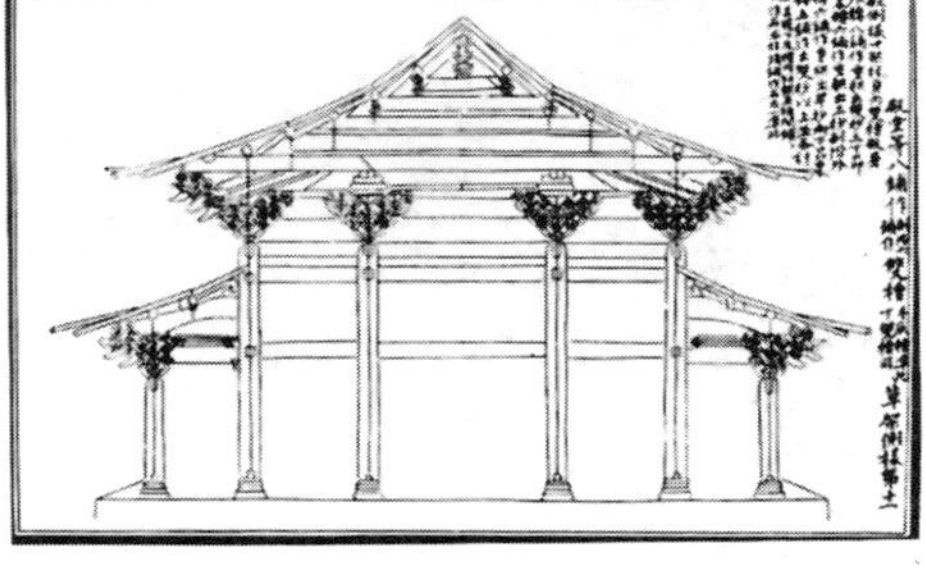
図15　『營造法式』大木作制度図様（民国9年版［石印本］原図）

二　私的建築の世界——庭園と住まい

都城や宮殿・寺廟に代表される公的建築の対極に位置する私的建築は、士大夫たちの住まいであり、さらに典型的な特色を示したのは文人の私邸や別荘に設けられた庭園である。官僚制の成熟した社会が形成された中国にあっては、建築もまた相応の等級制度のもとに管理された。天子の宮殿そのものでさえ、宮城内の建物それぞれの用途や重要度に応じて、たんに空間規模だけでなく、屋根の形式、木構造の規格、彩色装飾にいたるまで詳細な規定が定められた。たとえば、同じように紫禁城宮殿を例にとるなら、枢要の太和殿はそのなかでも最大最高の規模を誇り、屋根は二重寄棟造の黄色琉璃瓦葺き、彩色は和璽彩色という最高級の形式で、とくに皇帝の宝座の周囲の空間は皆金色に彩られ、雲龍紋を瀝粉貼金という胡粉を厚肉盛り上げして金箔を押す最も入念な工法が用いられた。一方、住宅の実例は、山西・安徽・江蘇・江西などの各省に一部元代を含めて明代の建物が現存するけれども（図16）、邸宅がまとまって残る古い実例は少ない。ながい歴史を通じて普遍的に用いられた平面

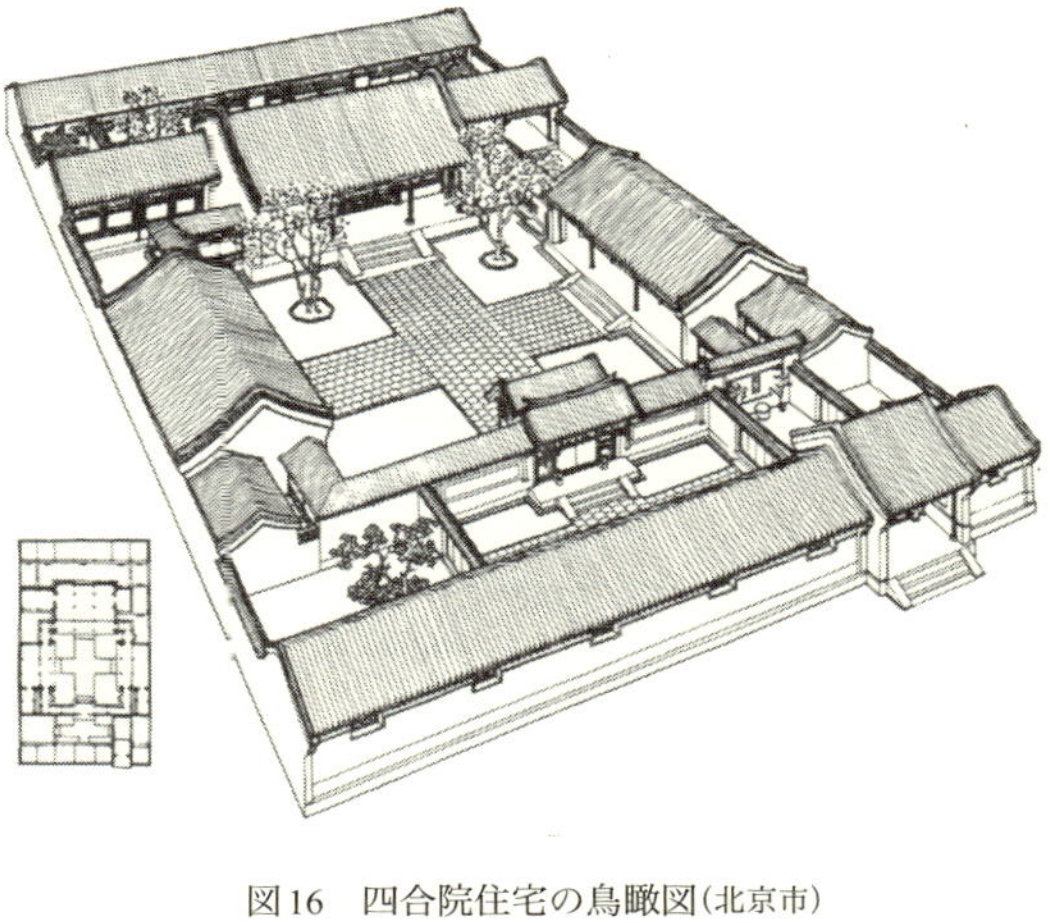

図16　四合院住宅の鳥瞰図（北京市）

図17　明治末期の四合院住宅遺構（山西省襄汾丁村）

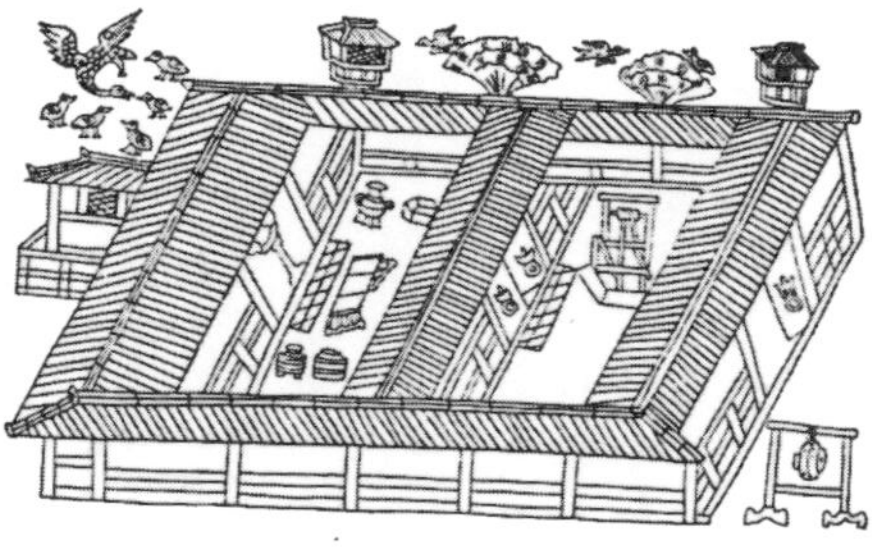
図18　漢代画像石の宅院図（山東省沂南県）

図19　唐三彩明器陶屋（陝西省西安市出土）

形式は、現在も北京や華北・中原に広く見られる四合院であった（図17）。もちろん華北・中原地方の先史時代の仰韶文化遺址では穴居の遺構が発見されており、竪穴式や窰洞《ヤオトン》（横穴）式と地上住居で凹字形平面を構成する例も早くから出現している。四合院は、前述の西周時代の宗廟遺址のほか、山東省臨淄郎家荘の東周時代の墓から出土した漆器の宅院図案としても描かれているように、古い淵源をもつことは明白で、漢代の画像石・磚に描かれた邸宅（図18）や唐代の墓から発掘された唐三彩の住宅の模型（図19）は、さらに具体的な構成を表す。一方、唐の開元二十五年（七三七）の営繕令は、品階に応じて主屋や門屋の規模を正面の柱間の数と奥行の梁組の数によって具体的に規制している。これは四合院が前提となっており、同種の規制はのちの宋や明の時代にも施行されたから、住宅の平面形式には時代による大きな変化は基本的になかったとみていい。

この種の制約を受けざるを得なかった住まいと比べて、庭園は、中国人特有の住空間に対する嗜好が最も顕著に反映した範疇であった。中国史上において庭園、すなわち人工的造園の事蹟が確認されるのは、意外にもさほど古いことではない。文献上に現れる最古の事例は秦始皇帝が咸陽に営んだ離宮の蘭池宮であり、池を穿って渭水から水を引き入れ、築山の中島を作って東海の神山を象った。漢の武帝もまた神仙思想へ傾倒し、建章宮《けんしょうきゅう》では太液池《たいえきち》に蓬莱・方丈・瀛洲《えいしゅう》・壺梁《こりょう》の諸島を築いて仙境に擬えた。中国造園史の黎明に登場した神仙世界の具象化は、南北朝‐隋唐時代の宮苑まで継承されたが、実在する例はなく、むしろ北魏洛陽、隋唐長安あるいは曼陀羅の図像表現を経て、日本の浄土庭園に遺された影響を見いだすことができる。作庭の気風は、魏晋南北朝時代を通じて文人士大夫や隠者の間に浸透し、この当時の庭園はひたすら自然のままの風致を追い求めるものであった。唐代になると、白居易、牛僧孺《ぎゅうそうじゅ》、李徳裕《りとくゆう》らの文人は、珍しい庭石や樹草を敢えて遠地から蒐集して園内の景物としたから、後世に盛行する奇石異草趣味の先駆といえよう。ただ、この時期までの初期の中国庭園は、依然として自然の風景を忠実に再現しようとする傾向が主流であった。天然の名勝や有名な史跡を主要な園景として再現する手法も古くから試みられたが、中国庭園の場合は山水画の理論の影響を受けた独自の縮景の手法が生まれた。西洋絵画の遠近法とはまったく異なり、遠景・中景・近景をそれぞれ観賞者の視点によってつかい分けるもので、その結果、三次元空間に融通無碍の遠近感をともなっ

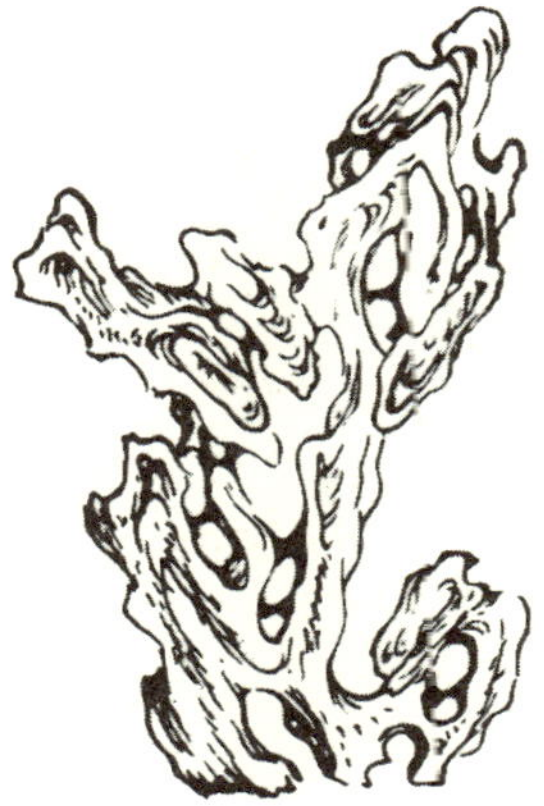

図20　明・林有麟『素園石譜』の「太湖石」

図21　留園・冠雲峯（江蘇省蘇州市）

た独特の園景が展開されるところとなった。

中国の造園意匠には、老荘の自然哲学の影響が少なからず投影されているが、なかんずく大きな印象をあたえる構成要素として太湖石など奇石を屹立した築山《つきやま》がある。宋-明の時代にはもっぱら多種の石のかたちを描いた「石譜」と題する書物も著されている（図20）。珍奇な石峯や石の築山が盛行する契機となったのは、北宋の徽宗が道士の言をいれて汴京《べんけい》（開封）宮城の東北の気を抑えるべく建設した巨大な築山の昆岳《こんがく》であった。人力や耕《ついや》して太湖石を運搬させた花石綱は歴史に名高いが、昆岳の造営は造園史上の転換点となったようで、奇岩怪石を蒐集して人工的に築山を造成する気風はこのころから顕著となり、江蘇省の蘇州や浙江省の湖州など江南地方では山匠とか花園子と呼ばれる専門職も生まれた。現存する蘇州の旧織造府内園の瑞雲峯や留園の冠雲峯は花石綱の当時の遺物とみられるが、現存の江南庭園に普遍的な石峯に比べると圧倒的につくりが巨塊である（図21）。

文人たちの造園の境地は、宋代以降、とくに明・清時代には豊かな水と風土の景観に恵まれた江南地方を中心に開花したため、主要な庭園遺構も江南に集中している。清の康熙帝と乾隆帝は、江南の自然に憧れて南巡を重ね、河北省の承徳に営んだ離宮の避暑山荘には江南の樹木を移植して人工的にその景観を写し、実在の名園や名勝を模した園景を築いたほどである（図22）。現存する江南庭園は、創建が宋代にさかのぼる蘇州滄浪亭《そうろうてい》や揚州平山堂《へいざんどう》のような例も含まれるけれども、多くはもともと明・清時代の官僚や豪商の私邸に付設された庭園であり、本来の住宅部分と一体となって残る例が多い（図23）。ただ、これらはいずれも創建以来何度も所有者が変わったり、増築や縮小を経て興廃を繰り返しているため、当初の面貌をとどめる例は皆無にちかく、ほとんどの遺構が実際には清代末期-民国年間の再建になる。したがって、蘇州をはじめとして揚州、無錫《むしゃく》、

図22　承徳避暑山荘湖水区・水心榭

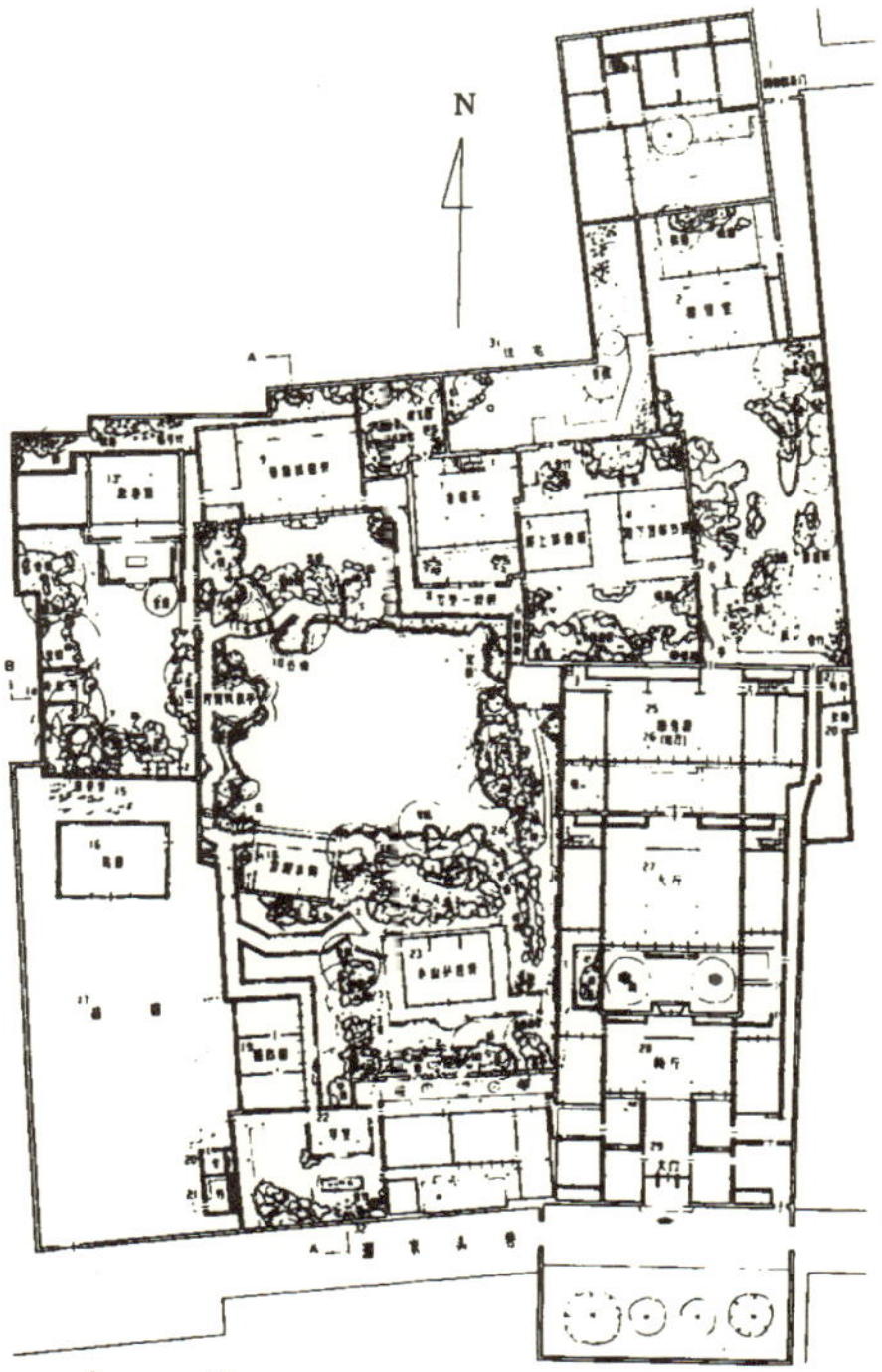

図23　網師園・平面図（江蘇省蘇州市）

上海などの名園を鑑賞する際は、それらがすでに初期の中国庭園に醸成された本来の風格にはほど遠く、伝統の最末期の姿にすぎないことに注意が必要である。一方、前節の建築と同様に、中国庭園には現存する古い実物が少ない反面、厖大な文献史料が残されており、明末の崇禎四年(一六三一)に計成が著した『園冶《えんや》』という造園書も伝わる(図24)。『園冶』はこの時代の文人趣味を反映して、造園の総合的な理論と実際のマニュアルという相異なる二つの要素を兼ね備えた稀有な著作であり、この書を通して明末清初の庭園の傾向を知ることができる。

たとえば、江南庭園の特徴のひとつに、園内の最も主要な景物は建築であって、しかも亭・樹・楼・閣など多彩の類型を好んで用いることがあげられるが(図25)、この傾向は明・清時代に顕著になったもので、初期の庭園では苑池、つまり水面の占める比重がもっと大きかった。揚州の庭園は何園や个園など豪商の造営になり、巨大

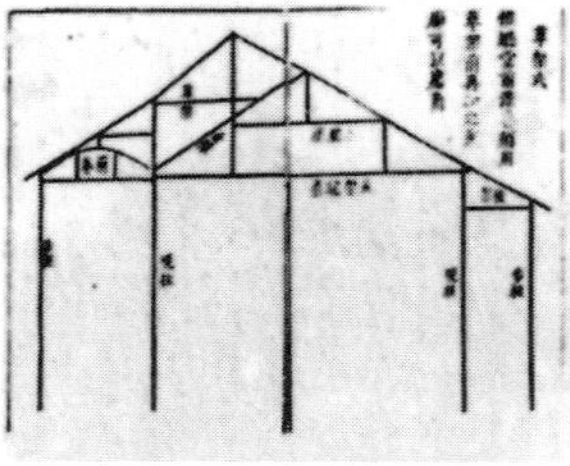

図24 9 『園冶』挿図(崇禎初版原図)

図25　溜園・苑池南岸［明瑟楼・巻石山房］(江蘇省蘇州市)

図26　何園・楼、池、中島、仮山(江蘇省蘇州市)

図27　寄暢園・借景(江蘇省無錫市)

図28　拙政園・曲形廊(江蘇省蘇州市)

な建物や夥しい量の築山をあたかも遊園地の迷路のように巡らしているが、この種の低俗遊戯に瀕した配置構成は造園技法としては明らかに末期に属するものである(図26)。一方、空間処理の面では、無錫の寄暢《きちょう》園の明代創建当初にさかのぼる立地を好例とするように、はるか遠い景観を園景として借りる借景は、古来のきわめて正統的な造園手法を踏襲した実例といえる(図27)。また、蘇州の鶴園《かくえん》の門を入ってから塀沿いに屈曲して走る回廊は、奥行の深さを実際以上に演出するための工夫である。蘇州の拙政園《せっせいえん》の水面に沿って屈曲して走る波形廊の構成とともに伝統的な手法に属する(図28)。

中国で仮山《かざん》と称する築山は、最初期には土山であったのが次第に石山へ移行していったが、築山全盛となった宋代以降

図29　豫園・仮山（上海市）

図30　環秀山荘　仮山

にも時代による変化が生じた。上海の予園の遺構に見られるように、明末ころは大石の塊を積み重ねる豪放な風格であった（図29）。一方、蘇州の環秀山荘の築山は、清代中期の著名な畳山師《じょうざんし》（造園家）戈裕良《かゆうりょう》による石塊を繋ぐアーチ工法の実物作品であり、この構造は造園技術史的に重要なだけでなく、それ以上に空間構成の面でも画期をもたらした（図30）。正面からは地下から延びた巨塊の岩山のように見えるが、背後に回ると内部は空洞に作られ、園主と来客や妓女たちがそこに集い、酒に酔い詩を吟ずるのだろう、石の卓や椅も設えられている。これは陰陽の空間が二重の入れ子構造、すなわち表裏が瞬時に反転する仕掛けであり、中国庭園に特有の空間構成の典型的な実例といっていい。いずれの例も、ただ小細工化へ傾いていった後世の遺構と対比すれば差異は明瞭である。晩期の遺構であっても古来の伝統的な要素を忠実に継承している場合があるから、そうした点を弁別してゆけば、中国庭園に対する理解はいちだんと深まるだろう。

六　中国の都城と日本の都城

――軍事の要砦から市場の街へ　堰師、鄭州から洛陽、開封まで

中国では今でも都市のことを「城市」というように、都市といえば城壁に囲まれた街を指すのが当然となっている。明代や清代に建設された城壁がまだ残る西安(陝西省)や荊州江陵(湖北省)、平遥(山西省)のような古城だけでなく、城壁がすでに崩壊、撤去されて跡をとどめない都市でも同様で、地方都市なら「県城」という呼び方も使われている。「城」は日本の天守閣の城郭とはまったく異質の概念で、『墨子』に「城とは自ら守るものである」とあるように、古代中国では城壁で囲んだ防衛した区域を意味した。

黄河文明の中心地であった河南省は、「城」がもっとも早くから建設された先進地区である。従来、中国における都城の建設は商代から始まり、春秋・戦国時代になると大規模な城郭都市が建設されるようになったと考えられてきた。ところが、近年の考古発掘によって河南省の登封県王城崗《おうじょうこう》や淮陽県平粮台《へいりょうだい》のような竜山文化期の夯土(搗き固めた土)の城壁が検出され、この起源がさらに古くさかのぼる可能性が生じ、さらに前者は夏の禹王の都城ではないかとみる説が出された。この二つの遺跡以外にも先史時代の城壁遺址が各地で発見され、城壁の築造が先史時代に始まることは確実となった。ただ、王城崗、平粮台遺址とも規模の点で明・清時代の地方城鎮にもはるかに及ばず、都城と認めるのは難しい。古代中国の最古の本格的な城壁都市遺跡は、商代初期の河南省堰師県

尸郷溝《しきょうこう》遺址とそれに次ぐ河南省鄭州市の商代中期の城址である。偃師商城は東南角が凹んだ長方形の城壁各面に城門を開き、城内に宮殿遺址が五カ所ほど検出された。鄭州商城はこれより大きい略正方形平面で、城内に大型の建築遺址が、城外から手工業場遺址が検出されている。

西周が都とした豊京《ほうけい》、鎬京《こうけい》では城壁は確認されていない。周が洛邑に遷都した後の東周（春秋・戦国）時代になると、諸侯が割拠し、各地で大城の建設が相次いだ。洛陽で確認された東周時代の城壁は、この成周洛邑の遺址とみられ、内城外郭の二重城郭になる。春秋・戦国時代の諸侯各国の都城は、魯の曲阜城、斉の臨淄《りんし》城、鄭韓《ていかん》故城、趙の邯鄲《かんたん》城、燕の下都、楚の紀南城などがすでに確認されている。春秋末期頃に成立した『周礼考工記』には「王城」制度として、方九里で四面に三つずつ城門を開き、城内中央に宮城を置く平面構成が記されるが、これに符合する城郭遺址は発見されておらず、一種の理想的な都市平面とされたものであったらしい。戦国末期に書かれた『墨子』の備城門《びじょうもん》編以下の諸編にはもっぱら「城」の防備に関する詳細な技術面の記述があり、方三里の城を基準として、小規模な地方城鎮における外敵に対する防御を説いたもので、古代中国の「城」本来の概念をよく表している。

漢の長安城以来、歴代王朝の都城はいずれも計画都市であった。城内を碁盤目状と里坊に区画する都城は、三国時代以降に出現したもので、曹魏の鄴都《ぎょうと》および漢魏故城を修復拡張した北魏の洛陽城がその先駆をなす。条坊制を布いた隋・唐の長安城と洛陽城はその典型的な例である。長安城は、城内の北部中央に宮城と皇城を配置し、皇城南面中央の朱雀門から外郭南門の明徳門まで延びる大街を都市全体の中軸線として左右対称に整然と区画し、東西両市を配し、全部で一〇八坊からなっていた。しかし、長安城のように宮城が北端に位置する都市平面は、中国歴代王朝の都城としては少数の部類に属し、北方民族に源流を置くものと思われる。洛陽城はこのように整然としておらず、宮城・皇城が西北隅に偏り、三市も対称配置でないが、これは地形と環境条件の関係で建設当初の計画を変更せざるを得なかったためで、基本理念は同一であった。日本の平城京は、この隋・唐の長安城と洛陽城をモデルにしてつくられた。日本の都城と中国の都城との最大の違いは、周囲を城壁で囲まないことであり、これは外敵の侵入に対する防備を前提として築かれた中国との歴史的背景の相違に基づく。平城京では外郭南門の羅城門の両側にだけ城壁を築き、外側に濠を掘ったが、これは外国人使節の入城に際して威容を誇る必要から、中国の都城の景観を模倣したものと思われる。

軍事防衛の要砦に始まる城壁に囲まれた城堡は、内城外郭の本格的な二重城郭都市を生み出し、さらに里坊で形成される周到な都市計画を実現させた。歴代王朝の都城のなかには、もちろん漢の長安、六朝時代の建康（南京）や隋・唐の洛陽のように非整形平面のものもあったが、それは山や湖、河川との位置関係から不規則的配置を余儀なくされた場合が多い。しかし、時代が下って北宋の都城・汴京《べんけい》(今の河南省開封市)に至って、計画都市とはいかない事例が現れた。著しく不規則的な平面をもち、市民生活の空間ゾーニングと密接に対応した経済優先の都市が実現したのである。いまやその遺址は埋もれて跡形もないが、往時の盛況は《清明上河図》の絵画表現や『東京夢華録《とうけいむかろく》』の記述描写によって、十分想像することができるだろう。

七　漢代の建築

一　宮殿と礼制建築——台榭《だいしゃ》から楼閣へ

前漢の帝都長安城は渭水の南岸、現在の西安市の西北郊に築かれた帝都で、周長二五・七キロメートルの規模をもつ正方形に近いが、変形の平面で西北角だけ斜め階段状に欠いている。これは当時の渭水の流れに沿わせたためで、これを北斗七星を象ったものと解釈して「斗城」と呼ぶのは、後世、といってもかなり古い時代の学者によって附会された説のようである。四面の城壁には、それぞれ三つの城門を開き、一二基の城門のうち、宮城宮門に連なる四城門のほか、八城門は城内の東西・南北方向に直行する大街と結ばれていて、文献に記す「八街九陌《はく》」を形成している。春秋時代末頃に成立したらしい技術書『考工記』には理想的な都城平面として「方九里、旁三門」と記されているが、実際にこれまで発掘調査された先秦時代の都市遺跡にはそうした一二門（四面各三門）の制をもつ実例はなく、漢長安城はこの種の整然とした平面配置が検出発現した最古の都城である。一二基の城門のうち宣平・覇城・西安・直城の四城門は発掘調査がおこなわれ、いずれも二列の間仕切壁で仕切られた三本の門道からなる形式で、間仕切壁の厚さは宮門と相対する覇城門と西安門がとくに分厚く一四メートル、他は四メートルであった。この「一門三道」形式もまた『考工記』の規定と一致する。また東面城壁の三城門にだけは門外に突出した夯土《こうど》（搗き固めた土）の台基があり、古代の宮門や城門に付設された一対の門楼「闕」の遺構とみられ、東面がもっとも重要とされていたことを示すものであろう。八街も三本の道に分けられ、中央が皇帝専用の「馳道」で、とくに広くなっていた。長安城内は全部で一一の大区画に分割されており、未央宮・長楽宮・桂宮・北宮・明光宮の宮城区、および東市・西市、さらに里居四区からなる。のちの歴代王朝の都城と比べると、宮城が大きな比重を占めるのが特徴であるが、長安城の全周と主要な宮城の未央宮のそれとが一：三の比率をなすのは経書にいう「九里の城、三里の宮」と一致しているから、これも古代の制度を遵守した結果らしい。これらの宮城群については、考古学的探査によって位置や規模はすでに判明しているが、とくに未央宮は近年詳細な発掘調査がおこなわれ、全体の構成がかなり明らかになった。未央宮は、総面積約五平方キロメートルの略正方形平面で、宮城壁の四面に一つずつの宮門を開くが、やはりこのうちの東宮門が皇帝の出入する正門であった。前殿は大朝の正殿にあたり、竜首山の丘陵斜面を利用して南北四〇〇メートル×東西二〇〇メートルの夯土台基が南から北へ向かって高い階段状に築かれた、南北に縦列する三棟の大型宮殿と付属の配殿・後閣などの建築群によって構成されており、中央の第二殿が正殿の宣室殿と目される。この配置構成は古代以来の「前朝後寝」（朝廷を前面に、寝宮を後方に配する）の原則に従ったものである。また「三大殿」を縦列する平面配置はのちの唐の長安城の太極宮や大明宮などに受け継がれた正統的な配置であり、時代は下るが、現存する清代建立の北京・紫禁城の太和殿・中和殿・保和殿の「三大殿」は明初の南京・中都・北京の宮殿造営に際して敢えて古代礼制を復活させた結果を踏襲したものにほかならない。未央宮前殿の台基遺址は風化崩落しているとはいえ、現在でもなおおよその形状は看取できる。前殿の北では後宮の椒房殿が発掘され、さらにその北側には典籍や秘書を蔵する天禄閣、石渠閣や承明廬の遺址が確認され、前殿の西側では所轄官署にあたる少府の遺址が検出された。未央宮と長楽宮に挟まれた武庫の遺址も近年調査されて七棟の倉庫遺址が検出され、そのうち一号・七号遺址は発掘調査がおこなわれ後者は四室からなる整然とした平面になる。

漢長安城の南郊からは、宗廟、および辟廱《へきよう》、社稷などとみられる礼制建築群の遺址が検出され、その一部は発掘調査により平面配置が明らかになった。長安城南城壁の安門と西安門の大街を南に延長した中間から、正方形平面の巨大な建築群一二組を東西南北に整然と配した遺址が検出された。そのうち一一組は、大規模な正方形の周壁の中に、北から南に四・三・四組の建築群を東西方向に並列し、外側の南中央にもう一組を加えた配置である。周壁内の一一組の建築遺址は同形同大で、それぞれ全体が周壁に囲まれた中に一辺二六〇〜二八〇メートルの正方形の庭院を構成していて、周壁四面に各一門を開いて、四隅にL字形の付属屋を付設し、中央に五五メートル四方の中心建物を配する。周壁外の南中央に位置する第一二号遺址の中心建築だけは一〇〇メートル四方の規模をもつ。この建築群は、新を建国した王莽《おうもう》が地皇元年(後二〇)に長安城南郊に歴代の宗廟を大々的に建設した、いわゆる「王莽九廟」の遺址と推定される。一方、一九五六年にこの一群の遺址の東南(西安市西郊大土村)で発掘調査された建築遺址は、一辺二三五メートルの正方形の周壁の四面に一つずつ門を開き、四隅に曲尺型平面の付属屋があって、中央に直径六二メートル、円形の夯土基壇に立つ中心建築は亞字形平面をもち、周壁の外側には直径三六〇メートルの大きな円に沿って幅二メートルの水溝を巡らす構成になる(図1-A)。この独特な「外円内方」の配置からみて、古代文献にみえる壁の形の水を巡らした「辟廱」を実現した遺構と推定されるが、また「上円下方」の「明堂《めいどう》」とみる説もある。中心建物は一種の高層建築とはいっても、実際は芯が夯土の段状ピラミッドを呈し、各層の周囲に木造の庇を差し掛けた構造で、春秋・戦国時代から盛行したいわゆる「台樹」の形式であり、これより時代の先行する河北省平山県の戦国時代中山王一号墓や陝西省咸陽市の秦咸陽一号宮殿遺址などでも同種の構造の遺構が発見されている(図1-B)。

後漢の洛陽城は長安城よりも調査が進んでいないが、周長が約一三キロメートルの南北に細長い変形長方形の城壁で、東・北・西三面の城壁は現在も残存している。全部で一二基の城門を開くが、四面に均等ではなく、南面四門、北面二門、東西各三門の不規則的配置になる。城内の大街もボーリング調査によって確認され、長安城と同様に中央が馳道の三道形式になっていた。城内の中央に北宮と南宮が分置され、その間は専用の複道《ふくどう》(二階廟)で連絡されていた。城内に占める宮城の比率が大きいのは長安城と共通する要素で、北宮正殿の徳陽殿が縦長の平面である点も未央宮前殿と類似する。ただし、その夯土の基壇の高さは四・五メートルにすぎず、後漢時代になると、すでに台榭形式は宮殿建築の主流ではなくなったことを示している。

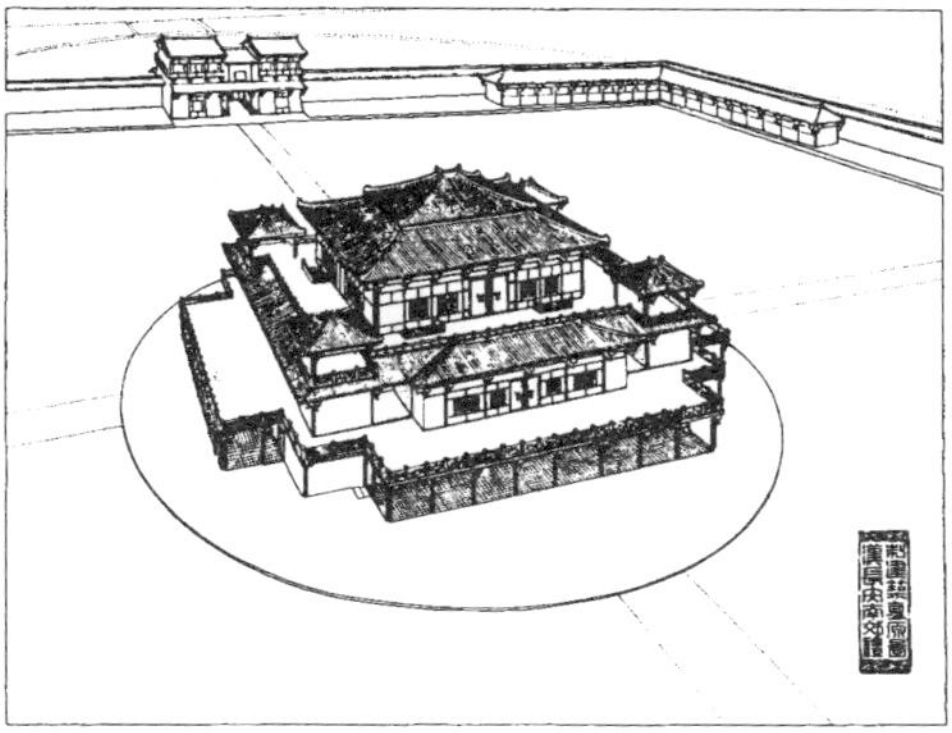

図1-A　漢長安城南郊礼制建築復原図

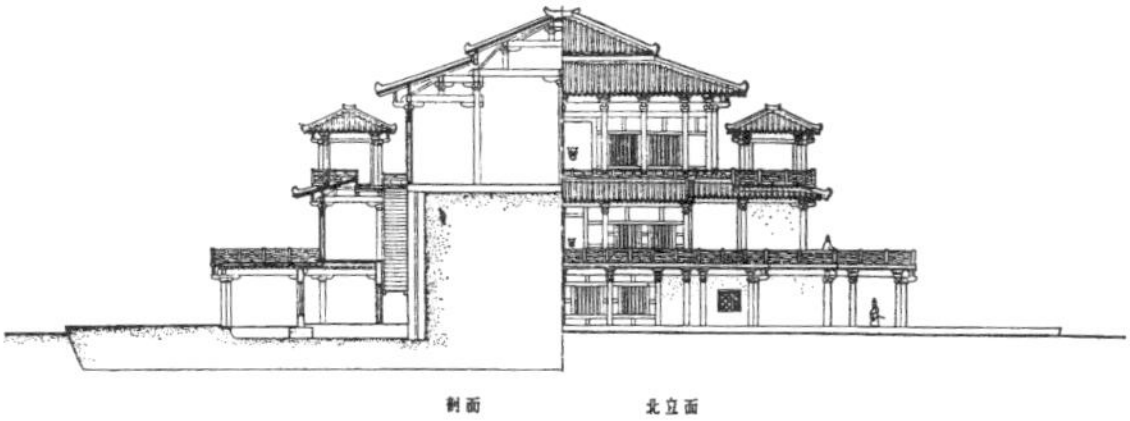

図1-B　漢長安城南郊礼制建築復元断面図(王世仁氏復元)

秦始皇帝が咸陽宮の東に築いた離

宮の蘭池宮には、神仙が棲むと信じられていた東海の蓬萊、瀛洲《えいしゅう》という神山を象った池中の中島が築山でつくられたが、これは人工的造園の事蹟が明確に知られる最古の文献的例証でもあり、漢代以降の庭園様式の形成に影響をあたえた。漢長安城に未央宮が造営されたとき、城内に水を引いて滄池を穿ち入れ、池中に土の築山で漸台を築いたのは、始皇帝の蘭池宮に倣ったものらしい。前漢の武帝は、始皇帝に劣らず神仙思想にいたく傾倒し、元鼎二年（前一一五）に柏梁台を築いて、台上に銅製の巨大な承露仙人掌を立て、それで受けた甘露に玉屑を混ぜた不老不死の仙薬を飲もうとしたのであった。長安城郊の未央宮の西方にあたる上林苑は、武帝が建元三年（前一三八）秦の旧苑を大幅に拡張増築を加えたもので、方三百里の大規模な苑囿であった。太初元年（前一〇四）柏梁台が焼失すると上林苑内に建章宮を造営し、城濠を跨いで閣道（空中廊）によって未央宮と結んだ。司馬相如の「上林賦」にも「離宮や別館は山を渡り谷を跨ぎ、高い廊は寄棟造で屈曲した閣道があった」と詠まれている。宮内に新たにいずれも高さ五〇丈の神明台と井幹楼を築いたが、これは仙人が楼居を好むという方士の進言に従ったものであった。建築構造としては、神明台は前述した古来伝統の夯土の台樹形式に属し、一方の井幹楼はいわゆる校倉造の木造楼閣形式に属する二種の異なる高層建築であったとみられる。武帝が建章宮に太液池を穿って、池中に蓬萊・瀛洲・壷梁《こりょう》の東海三神山を象った中島を築いたのは、いうまでもなく始皇帝に倣って神仙境地をこの世に具現しようとしたものにほかならない。つまり純木造の高楼の出現は、武帝の神仙への憧憬が契機になったといっていい。後漢時代の墓から出土した明器に重層の楼閣を象った陶屋が数おおく出現するようになることからも知られるように、この当時から楼閣建築が流行するようになったことは疑いないところであろう。武帝による高楼の造営は、中国古代建築史上において木造楼閣が流行する画期になったとみていい。

二　石闕《せっけつ》遺構と明器《めいき》陶屋・画像資料

漢代の建築遺構は、発掘調査された墓室を除くと、地上の建物はわずかに石闕と祀堂が現存するにすぎない。戦国時代の諸侯の陵墓は、墓上に享堂を立てる形式がおこなわれていたが、漢代になるとこれに代わって墓の前面の地上に祠堂を建て、また墓域前方の正門として一対の闕を建てて、墓域内には石人・石獣像を並べ立てるという配置が盛行した。祠堂の現存遺構は少なく、山東省肥城県の孝堂山祠堂（郭巨祠）は切妻造の簡素なつくりながら、正面中央に大斗と礎石を備えた八角柱を立てた、数少ない貴重な実例であり、このほか内容豊富な画像石で早くから知られた山東省済寧県の武氏祠がある。

石闕の遺構は、河南・山東・四川・北京の各省市に計二九基が現存し、大半の二〇基が四川省に集中している。いずれも後漢時代（後一～三世紀）の遺構で、このうち河南省登封県の中嶽漢三闕だけは祠廟の門闕であるが、その他はすべて墓の門闕である。「闕」は、後漢時代の字書に「門の両脇にあって、中央が欠けて道をなしているもの」と記されるように、宮殿・城門や陵墓・祠廟などの門の前面左右対称に凸字型の突出部を外側にして立つ一対の門楼で、門全体が凹字形平面をなすものをいう。先秦時代の文献に両観・双闕などの呼称でみえる。闕の本体を母闕、突出部を子闕と称し、子闕が一段のを双出闕、二段のを三出闕というが、漢闕はすべて双出闕の形式になる。凹字形平面の前端に張り出す闕の形式は、のちの王朝の宮殿にまで踏襲された。年代は降るが、清初に再建された北京紫禁城の午門は古代の闕の遺制を伝えた数少ない実例である。漢代の石闕はほとんど高さ四～六メートル程度で、数段の石積みで築かれ、闕身の上部に浮彫り装飾でさまざまな主題を描く構成は基本的に共通している。漢闕の最古の遺構は嵩山連峰山麓に点在する太室闕・少室闕・啓母闕の中嶽漢三闕である。太室闕は太室

図2　四川省雅安県の高頤墓石闕

山南麓の中嶽廟、少室闕は少室山東麓の少室山廟、啓母闕は万歳峯山麓の啓母石を祀る廟の門前の神道に立つ。いずれも漢の武帝のときに創建された祠廟の門闕で、太室闕は漢の元初五年(一一八)、啓母闕は延光二年(一二三)の建立になり、車騎出行・狩猟・宴楽・雑技・神話・故事・珍禽瑞獣などの豊富な浮彫り画像の内容をもつ。四川省に数多く残る石闕のうちでは、平楊府君闕、高頤《こうい》闕(図2)、沈《しん》府君闕(渠県、後漢一二二～一二五年頃)などが代表的遺構であり、斗栱(柱上の組物)などの表現はかなり装飾化されているとみられるが、木造遺構の遺構がひとつもない漢代建築の様式・技法を知るうえで貴重な資料になる。

漢代建築の具象的資料としては、このほか明器の陶屋、および墓室に描かれた画像石・塼や壁画がある。明器の陶屋にはさまざまな形態があるが、河北省阜城県桑荘出土の緑釉陶楼(後漢後期)や河南省滎《けい》陽県出土の陶楼(後漢後期)などをはじめとして、前述のように後漢時代以降は楼閣形式の実例が数多く、この頃から盛行したことが知られる。この種の遺物は河南省をはじめとして夥しい出土例があるが、逐一列挙するいとまはない。

陝西省華陰県城で前漢中期の京師倉の穀倉遺址が発掘されたが、揚げ床構造を採用しており、当時すでに糧食の貯蔵に周到な技術的措置がとられていたことが判明した。ただ、高床式糧倉の明器遺物となると、広東地方に出土遺物が多く、円形の「囷《きん》」と方形の「倉」の二種があったことが知られ、木造高床の模型も出土した。中国の古

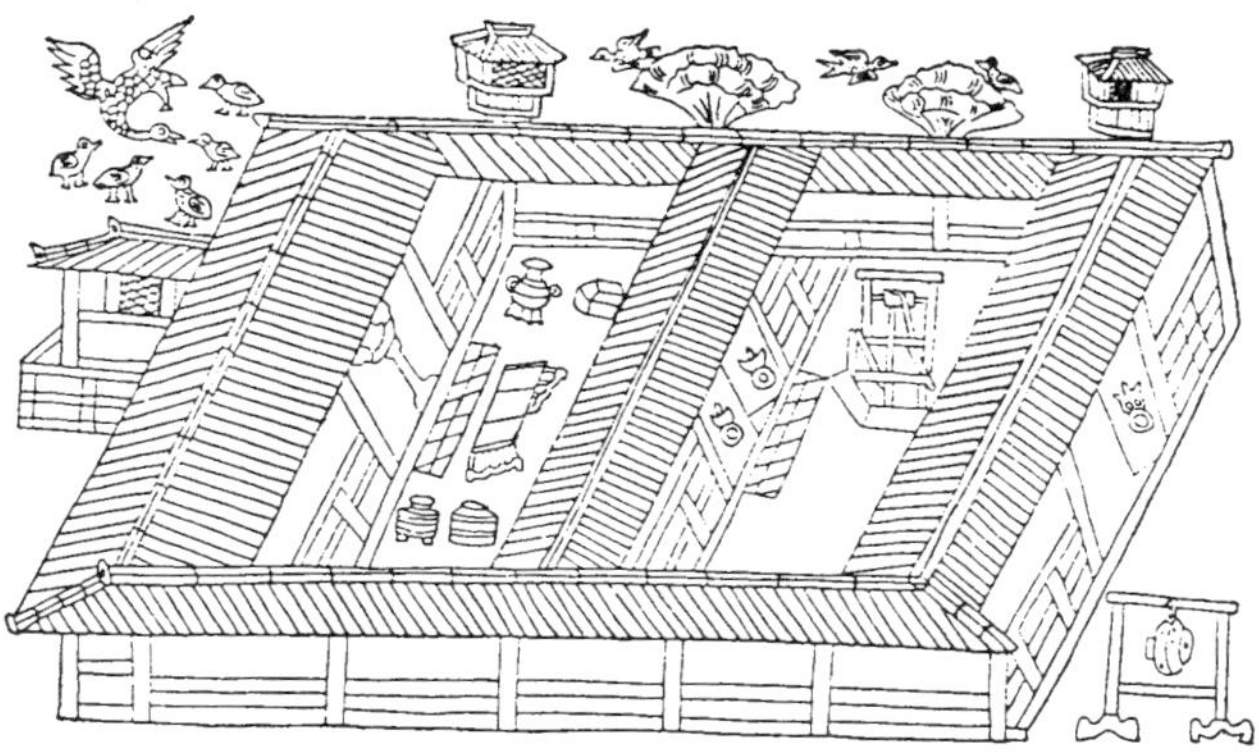

図3　山東省沂南の漢代画像石の庭院図

典に「千闌」の名称でみえる高床式建築は、雲南省石寨山前漢墓出土貯貝器の宮殿や広西壮族自治区合浦前漢墓出土の銅屋に見られるように、華南・西南地方において主流の構造であった。なお、糧倉に高床式構造を用いるのは南方に限らず、明器でなければ、華北・中原の画像石・塼にも見られるから、すでに普遍化していたとみていいだろう。また、漢代明器の陶屋には井や厠・猪圏が多く出土しており、これらは当時の住居に不可欠のものであったことが明白に知られる。

画像資料としては、河北省安平県の漢墓壁画（後漢・一七六年）に広大な建築群の中にそびえ立つ望楼が描かれており、楼上には太鼓が見え、これは後世の地方城鎮に普遍化する市中の鼓楼や市楼の原型を示す貴重な例である。内モンゴル自治区フフホト市のホリンゴール漢墓（後漢・一八九年頃）の壁画には数多い建物が描かれ、その寧城県城の図は、四周に城壁を巡らし、東・西・南の三城門を開き、幕府の南門には闕が描かれ、回廊で囲まれた中心には寄棟造の建物の左に小屋が付属する「前堂後寝」の構成を示す。山東省沂南《きなん》の後漢後期の画像石墓の庭院図（図3）は、前後二つの中庭からなる後世のいわゆる「四合院」の原型を伝える古い画像資料である。四川省成都市出土の画像塼の宅院図にも、周囲を塀で囲まれた中庭の奥に間口三間の堂（母屋）が立ち、脇の中庭には望楼があるから、上層の住宅であろう。いずれも閉鎖型の中庭群形式で、四合院の伝統が主流であったことを物語る。当時の堂内の構成については不詳だけれども、湖北省雲夢睡虎《うんぼうすいこう》地出土の「秦律」の記載から知られる一般的規模の住宅は、「小堂・大内・房内」あるいは「一宇二内」からなっていたことが知られ、『漢書』にも「一堂二内」の記載があるから、広間一室の三室構成が標準だったと考えられる。

八　建築と道教

一　武帝が神仙楼居に憧れ造った「建章宮」

道教が建築のかたちのうえに反映したことが明確に知られる初期の例は、神仙思想に傾倒した前漢の武帝による一連の高層建築である。『史記』によると、武帝は元鼎二年（前一一五）に修験者の少翁《しょうおう》と公孫卿《こうそんけい》の「神仙は楼居を好む」という進言にしたがって、長安の未央宮《びおうきゅう》に柏梁台を築いた。神仙に近づこうとする意思を具体的なかたちに明示した最初の建築である。春秋・戦国時代いらい流行した「台榭」という壇状ピラミッド形式の夯土（つき固めた土）の各層四周に木造建築を差しかけた構造により、その最上層に柏（コノテガシワ）材の梁を組んだ木造建物を戴いたものとおもわれ、最上層には高さ二〇丈（一丈は約二・二五メートル）の仙人の銅像が建ち、露を承ける盤をのせた掌を空中高く差し出していたという。その後、封禅《ほうぜん》の翌年には長安に飛簾桂館《ひれんけいかん》、甘泉宮に益延寿館《えきえんじゅかん》および通天台をそれぞれ築いた。柏梁台も甘泉通天台も、いうまでもなく武帝が天上世界と交往するための建築的装置であった。さらに、太初元年（前一〇四）に柏梁台が火災で焼失すると、広東の方士の勇之《ゆうし》の提言によって、前身建物の規模を上回る建章宮《けんしょうきゅう》を築いた。建章宮の中には神明台と井幹楼《せいかんろう》という、いずれも高さ五〇丈の建築が立ち並び、数多くの宮観はたがいに閣道(二階廊下)で連絡されていた。神明台は従来の台榭式、つまり土木混造の高層建築であり、一方の井幹楼は木材を井桁《いげた》に積み重ねて築いた(日本でいう校倉造)純木造の高層建築であったとおもわれる。また、宮内の太液池の中には蓬萊・方丈・瀛州《えいしゅう》・壷梁《こりょう》という東海の神仙が棲む山をかたどった島が築山でつくられた。武帝の大規模工程はすでに即位後の上林苑の拡張にはじまるが、建章宮、とくに神明台と井幹楼に象徴される。考古遺物・画像資料からみても、中国ではこの時期を境にして純木造の高層楼閣が急速に盛行するようになったようであり、武帝の神仙楼居への憧憬は、建築様式・技術の歴史のうえでも重大なエポックをもたらしたのである。

二　空間構成の特色がでた山地の宮観

つぎに、時代が降って各地に建てられた宮観の実例や資料をとおして、道教建築のもつ特色をいくつかとりあげてみよう。もっとも、中国の建築は歴史をつうじて、宮殿も仏寺も、様式、技術、平面配置のうえでは差異がないことがその特徴のひとつである。全体的にみて、道教の宮観も同様であり、仏寺や宮殿あるいは四合院(中庭式)住宅とそれを区別する固有の建築的特徴を抽出することはきわめてむずかしい。たとえば、道教の聖地、山東省泰安県の岱廟《たいびょう》は、現存の建物は清代の再建になるものだが、全体の平面配置は北京紫禁城の宮殿と同様のものを採用しており、その宋天貺殿《そうてんきょう》のつくりは、大棟に鴟吻《しふん》(鴟尾《しび》)を戴いた黄琉璃瓦葺き二重寄棟造の屋根、白石欄干を巡らした基壇から、柱・梁・組物とその極彩色にいたるまで、太和殿そっくり二つの建築様式である。建築デザインあるいは建築群配置としては、岱廟天貺殿も紫禁城太和殿も曲阜《きょくふ》孔廟大成殿も基本的に差異はないといえる。ただ基壇に二層と三層の等差があるだけで、いわば道観も儒廟も宮殿の縮小版にすぎない。この種の建築群配置の原則は、宋代の東岳廟《とうがくびょう》が、殿寝、堂閣、門亭、庫館、楼観、廊廡など合計八一三間からなっていたという記録にすでに認められ、他の四岳の廟もほとんど同様な情況であったと推定される。宋代の汴京（開封）に建てられた玉清昭応宮《ぎょくせいしょうおうきゅう》は計二六一〇間あまりに及ぶ壮大な建築群であったが、平面計画の原則は貫かれていた。

建築空間構成の特色が発揮されているのは、山地に築かれた宮観である。たとえば、唐代に大滌山《だいじょうさん》（浙江省余杭県）上に創建された洞霄宮《どうしょうきゅう》は、すでに失われたが、かつては山門、双牌、三門、虚皇壇、三清殿・庫院・斎堂、璇璣《せんき》殿・佑聖殿などの建築群から構成されていたことが知られる。青城山（四川省灌県）に現存する古常道観、上清宮、円明宮、建福宮、真武宮、玉清宮の六宮観は山中に点在し、それぞれ独立した道教建築群を形成している。このような山上に建てられた道観は、ときには建物を急峻な斜面にへばりつくように配置する場合もあり、高低の変化に富んだ構成をもつ。ただ、その場合も、一郭ごとの配置構成は平地における建設計画の原則を基本的には援用することが多い。

現存する年代の古い道観の建物をあげれば、まず木造建築で最古のものは山西省芮《ぜい》城県龍泉村・広仁王廟《こうじんおうびょう》（五龍廟）大殿で、唐・太和五年（八三一）建立の水神・広仁王を祀った建物である。山西省五臺県の南禅寺大殿（七八二年）・仏光寺大殿（八五七年）と通ずる晩唐の古朴な様式を伝えるが、小規模な建物で建築群は残っていない。これに次ぐのが山西省太原市・晉祠の聖母殿で、北宋・天聖年間（一〇二三〜三一）の創建にかかる、正面七間、二重入母屋造の本格的建築である。前面に十字に交叉する石橋を架けた方形の池「魚沼飛梁」およびその前方に金代に建てられた献殿がある。建築史的には代表的な道観の遺構とされ、聖母殿は注目すべき特異な平面構成と架構をもつが、むしろ柱に巻きつけられた木彫の龍の奔放な意匠が強烈な印象をあたえる。つづいて江蘇省蘇州市・玄妙観三清殿《げんみょうかんさんせいでん》が、南宋・淳熙六年（一一七九）の建設になり、やはり二重入母屋造の大殿で、宋代の代表的遺構のひとつ。山西省芮城県(もと永済県より移築)・永楽宮には無極門・三清殿・純陽殿・重陽殿のいずれも元代の遺構四棟が現存し、縦列式の配置がそのまま伝わっている稀有な例である。山西省には、このほか晋城市・二仙観、玉皇廟、東岳廟、定襄県・関王廟、蒲県・東岳廟、洪洞県・水神廟など、かなりの数の宋・遼・金・元時代の遺構が集中的に残っている。

三　類稀な道教の建築群

建築の実体として道教に特有の例をあげるとすれば、武当山《ぶとうざん》(湖北省均県)の太和宮にある元・大徳十一年(一三〇七)と明・永楽十六年(一四一七)にそれぞれ建立された二棟の金殿、さらにそれを模して清・康熙九年(一六七一)につくられた鳴鳳山《めいほうざん》(雲南省昆明市)の銅瓦寺金殿がある。その名の示すとおり、柱・梁・組物から欄干・屋根にいたるまで、すべて銅を鋳造して鍍金を施した、ほとんど信じがたい建築である。また、青羊宮《せいようきゅう》(四川省成都市)には八卦亭という八角宝形造で裳階(差しかけ屋根)をつけた小さな建物がある。これは、名称のとおり易の八卦《はっけ》をそのまま実際に建築に形成したもので、八方にそれぞれの卦を描き、裳階の柱には「無極而太極」など、老子のことばを銅製の対聯に刻んである。これらは、いずれも道教以外ではまず見られぬ部類の建築といっていい。

ただ、中国建築史を総体的に俯瞰した場合、こうした個々の奇異な材料やデザインだけではなく、道教宮観には一種の保守的な要素が仏寺や儒廟よりも保存されている傾向があることも指摘するべきだろう。たとえば、前後に並列する二殿の間を渡り廊下で連絡する「工字殿」という平面構成がある。これは古く、西周いらい宗廟に採用された形式で、唐代以降には宮殿や官衙《かんが》にのみ許される形式となったが、むしろ現存する北宋・開宝六年(九七三)建設の河南省済源・済瀆廟《せいとく》や、碑刻に描かれた大中祥符四年(一〇一一)建立当時の山西省万栄・后土祠、金・承安五年(一二〇〇)再建時の河南省登封・中岳廟の図に明快な実例がみられる。建物の基壇正面の階段を二箇所に設ける「双階」の制度、あるいは宮観の中庭の通路を土手道のように築く「馬道」の形式も同様である。こうした始源の古い構成要素が踏襲されていることは、道教建築のもつプリミティブな性格を示す好例といえよう。

九　中国の倉

中国は、いうまでもなく歴史をつうじて農耕文化の国であったから、穀物をどのように保存し、貯蔵するかということが、その時々の王朝にとってきわめて重大な問題であったのは当然である。必要な糧食をいかにして安定供給すべきかということは、国家にとってつねに重要な課題であったのである。

この国の上古の人びとにとって、「蔵」とは、まさしく穀物を保存し、貯蔵する、あるいは密かに隠すことを意味した。「倉」というのは、「穀」を「蔵」するところであり、古代においては一般の場合、アワに代表される穀類を貯蔵する倉庫のことであった。往時は、それがもっとも容易に収穫しうる普遍的な穀物だったからである。麻（アサの実）・黍（キビ）・稷（アワ）・麦（コムギ）・豆（ダイズ）の五穀、および禾（コメ）は主要な穀類であった。時代や地域によって重点となる作物は異なったけれども、日常的に禾や麦が収穫されたわけではなく、しばしば訪れる凶荒（飢饉）の年のために常時備えをはかる必要があったのである。

さらに加えて、封建制時代の中国にあっては、穀物そのものが固有の社会的な用途と直結していた。具体的にいうと、それは、官僚の俸禄として給与され、また皇室の経営に必要な費用でもあり、さらには軍隊の兵糧としても支給されたのであり、まさしく国家経営の根幹をなすものであった。漢代には、穀物の価格を統制する手段として「常平倉《じょうへいそう》」という特別の倉を建てて、穀価の安いときは高く買い入れ（糴《てき》＝かいよね）、高いときは値を下げて売り出す（糶《ちょう》＝うりよね）ようにして、価格の調整をはかるようになった。以来、各地方の財政は主としてこの常平倉によって運営されたのである。

それでは、どのような類型の倉が建てられたのか、実例をみてみよう。もっとも、中国には年代の古い倉庫建築の遺構は現存していないから、発掘調査によって検出された遺址、墓から出土した陶製の明器（副葬品）の倉のミニチュア、壁画やリリーフのような画像などの考古学的資料にたよるしかない。現在までに明らかにされた最古の本格的な穀倉の遺址は、一九八〇～三年に発掘調査された陝西省華陰県、黄河と渭水が交わる交通の要衝に

前漢の京師倉復元図（『西漢京師倉』文物出版社　1990）

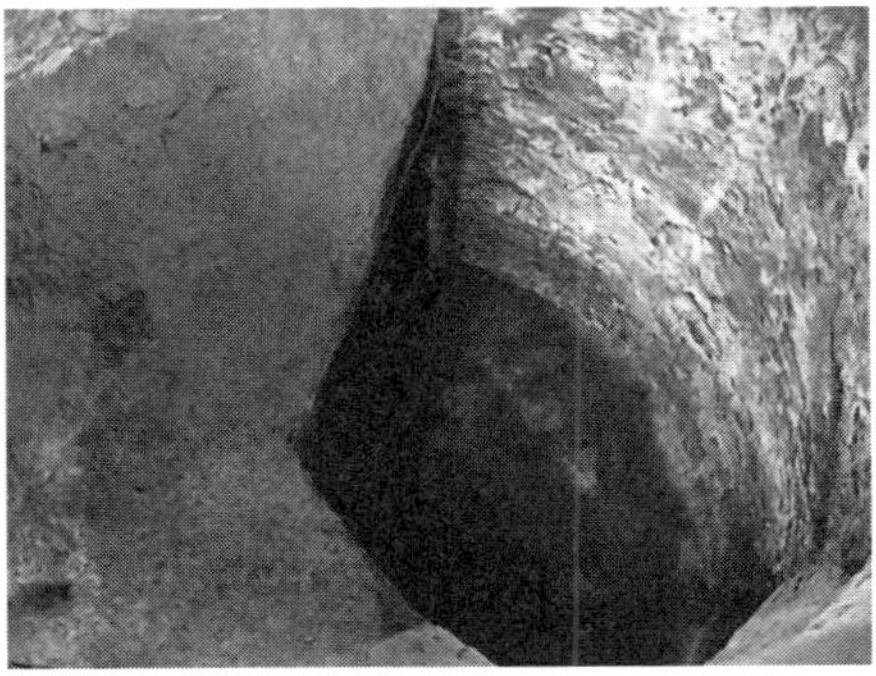

隋唐・洛陽城の含嘉倉

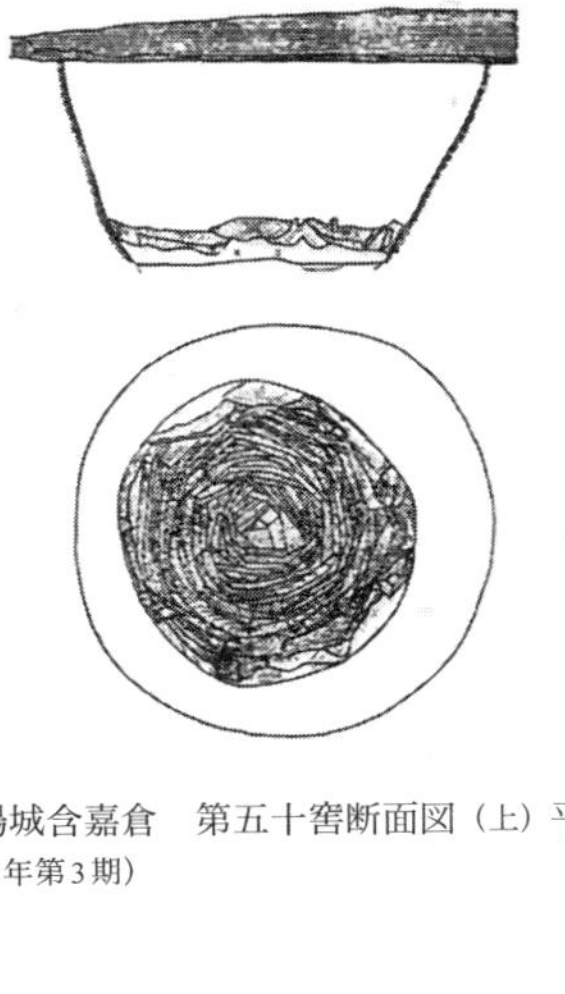

隋唐・洛陽城含嘉倉　第五十窖断面図（上）平面図（下）
（『文物』1972 年第 3 期）

（右）　広東省広州前漢墓出土明器円倉（『広州漢墓』文物出版社　1981）
（左）　広東省広州前漢墓出土明器方倉（『広州漢墓』文物出版社　1981）

築かれたものである。この遺址は、『漢書』にその名がみえる「京師倉《けいしそう》」で、建立年代は前漢の武帝の中期（前二世紀末頃）と推定される。東西一一二〇メートル、南北七〇〇メートルの範囲内に、周囲を不規則的な曲線を形成する分厚い城壁によって囲まれた内側の北西隅から、計六棟の穀倉群の遺跡がみつかった。つまり全体が京師倉城と呼ぶべき巨大な食糧倉庫群区になっているのだ。このうち最大規模の一号倉は、東西六二・五×南北二六・六メートル、南・中・北三室が縦列する長方形平面の東面中央に入口を開き、前面に庇を差しかけた形である。壁体は厚さ一・三〜一・五メートルの夯土（つき固めた土）で築かれ、とくに外周壁面には顕著な側脚（内転び）がつけられており、当初の壁の全高は九メートル以上の巨大な建物であったと推定される。基礎もすべて夯土で築かれ、三室内部の壁体には木柱が立ち並び棟持柱とともに上部の小屋組を支え、また底面は土間床とするのではなく、壁体と柱の下部に大曳・根太を渡して木造の床を張っていたことが判明した。古代中国の建築遺址ではこれまで他に例をみない入念な工法で、いうまでもなく糧食を貯蔵するための特別な措置に相違ない。これにたいして、二号・三号・四号倉はいずれも地面をすこし掘り下げた半地下式の倉で、規模は一号倉に及ばないが、やはり夯土の壁体と木柱があり、同様な土木混造であったことがわかる。「京師倉当」などの文字や紋様を刻んだ屋根瓦も数おおく出土し、倉とはいえ実際は本格的建築であったことをしめしている。時代は降るが、元代の一三一三年に著された王禎《おうてい》『農書』は、「倉」のうち、当時(元)の国家規模の穀物倉庫で、屋根の上に空気抜きの櫓煙出《やぐらけむだ》しをのせたものを「敖房《ごうほう》」といい、前面に吹放し庇がとりついたものを「明廈《めいか》」といっている。発掘調査からは知る由もないので復元図示されてはいないが、京師倉の規模構造ならば空気抜きが設けられていたとみたほうがむしろ自然だし、この遺址と同様に前面に庇がついた形式のものも、後世にいたるまで築かれたのであろう。

考古学的に新たに発現したもうひとつの巨大な糧倉は、河南省洛陽市の含嘉倉《がんかそう》で、この調査は一九六九年以降、おこなわれた。隋・唐時代の洛陽城内の北端、宮城の東北に位置し、東西六一二×南北七一〇メートルの城壁に囲まれ、その三面に城門を開いて幹道を交叉させた城内（北側城壁は洛陽城の北壁と共通）から、巨大な穴蔵群が検出された。遺址は、文献にみえる隋の東都城内につくられた穀物地下倉庫センターの「含嘉倉城」で、唐代になっても引き続いて増築された。穴蔵は古代に「窖《ごう》」と呼ばれたもので、城内に、南北方向に六〜八メートル間隔、東西方向に三〜五メートル間隔に整然と配置された合計二八〇基以上の穴蔵遺址群が検出されている（推定全体数量は四〇〇基以上）。窖は、上部が広く底部が狭い瓶型を呈し、口径は最大で一八メートル

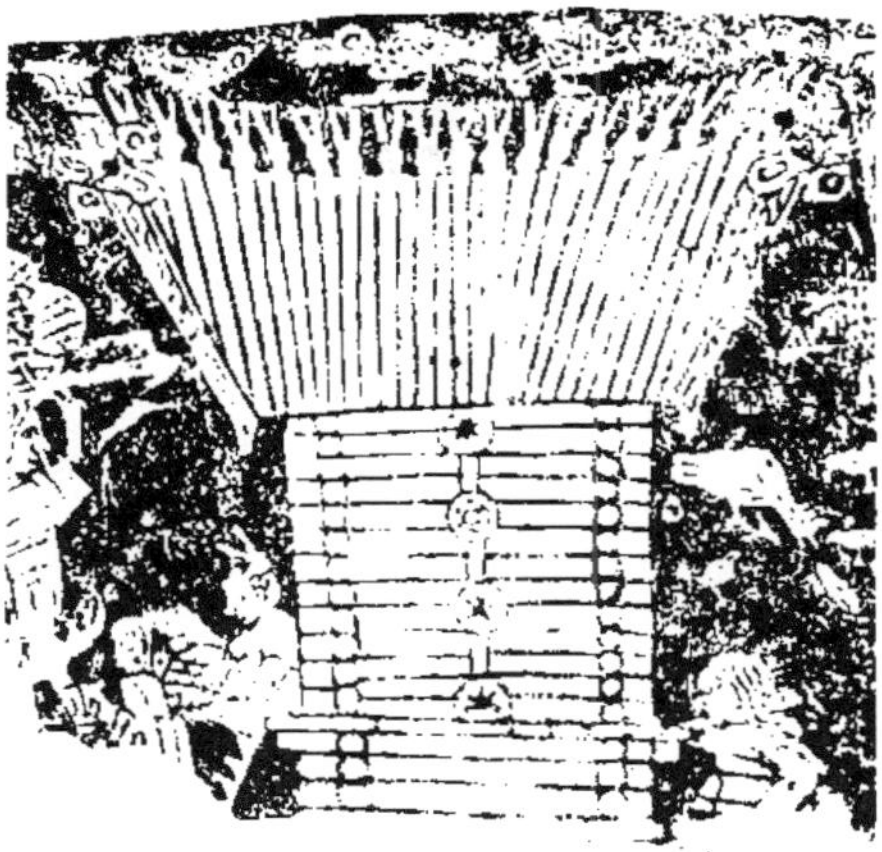
雲南省石寨山前漢貯具器画像の「井幹」糧倉（『雲南晋寧石寨山古墓群発掘報告』文物出版社　1959）

貴州省黔東南・巨洞の群倉

ル、おおくは一〇～一六メートル、深さは最大で一二メートル、平均七～九メートルであった。窖の底面は土をつき固めてから火で焼いて乾燥させた表面に、防湿のために焼土や木炭の殻・灰などを油で練り合わせたものを塗り、その上にさらに木板や草筵《むしろ》を舗きつめ（表面に糠をまいたものもある）、壁面や上蓋にも木板、草筵、竹網代《あじろ》などが用いられており、貯蔵のための周到な工夫がなされていたことが知られる。

以上あげた二例はいずれも国家・都城レベルの巨大な食糧貯蔵基地であり、歴史的にみてもいわば破格の部類に属するものであろう。一方、普通一般の倉の形態については、墓に副葬された明器や画像紋の表現によってうかがい知ることができる。広東省広州市一帯の漢代の墓からは倉をかたどった明器が数おおく出土している。それぞれ高床式の四本柱に支えられた、方形で瓦葺き、および円形で草葺きを表現した倉の陶製模型が代表的なものであり、またわずかながら木製の高倉もみつかっている。古代には円倉は「囷《きん》」、方倉は「京《けい》」と呼ばれ、それぞれ普遍的な形式であった。ちなみに元の王禎『農書』によると、倉のうちで、方形で木造高床のものが「京」、円形で土間建て、壁土・網代草葺き屋根のものが「囷」であって、両者の区別は、北方は乾燥、南方は湿潤という気候条件にそれぞれ対応しているのだといっている。それはおそらく、北方では、もともと方倉の京は本格的な構築物として築かれたのにたいし、円倉の囷は草屋根で網代壁や土壁塗りの簡単な構造であったことに由来しているのであろう。

　高床倉庫の古い遺構はまったく残っていないけれども、西南中国の少数民族地区ではいまなお普遍的に使用されている。黔東南苗族《チエントンナンミャオ》族侗《トン》族自治州巨洞《ジュドン》寨のトン族の村には、近年の再建になるものだが木造高床倉庫群があり、古代の集落を髣髴とさせる壮観というにふさわしい。

　一方、雲南省石寨山の前漢時代の墓から出土した銅鼓貯貝器には、まさに収穫した穀物を糧倉に納めようとしている場面を描いた画像紋がみられ、この倉の構造は丸太を縦横に組み合わせた校倉造になっており、古代中国では「井幹《せいかん》」と呼ばれた形式であった。

　これらの考古資料や民族資料は、いずれもすでに失われた日本古代の糧倉の様子や校倉、板倉の往時の面貌を推測するさいに見逃すわけにはいかないものといえるだろう。

一〇　中国住宅の類型

はじめに

この報告では、他の各セッションの報告とかたちを合わせる意味で、中国全土に今日まで実際に残っている住宅の遺構について、類型ごとに概要を紹介することに主眼を置くことにしたい。したがって、私自身の研究対象でもある中国古代の建築史からの観点、言いかえれば歴史の時間軸という要素については、おそらく言及する余裕がないと思われるので、この点は後の討論の部分でもし機会があれば補足させていただくことにする。また、資料としては、日本民族文化の源流という統一テーマから、南方の高床系住宅が問題になると予想されるので、通常の全体的バランスよりは、この種のものへの比重も若干大きくしたい。以上の点をあらかじめご了承いただきたいと思う。

一　調査と資料の概況

中国の住宅は、当然のことながら、その広大な国土と多種の民族に対応する非常に広範な分布、多様な類型を備えている。ただ、その実態はまだ十分に把握されているという段階には、ほど遠いのが実情である。解放前の調査は、特定の類型についてのもの〔龍、一九三四劉致平、一九四四〕や日本人による東北地方などの報告〔八木、一九三二伊東、一九四三ほか〕があったにすぎない。解放後まもなく組織的な調査が行なわれ、その範囲も北京、江蘇、安徽、福建、浙江、河南、河北、湖南、山西、陝西、山東など、比較的広域に及ぶようになって、特定地域ではあるが、基礎資料が飛躍的に増加した。その成果のいくつかは個別の報告として公刊、あるいは非公式の報告にまとめられたほか、劉敦楨によって概要が発表され〔劉敦楨、一九五七〕、それが今でも中国住宅の基本文献となっている。その後も教材編集のための、あるいは特定地区を対象とした調査が行なわれ、四川、雲南、貴州、浙江、広東、甘粛、新疆、青海、吉林、内蒙古、チベット、江西などの資料が、徐々にではあるが加えられてきた。この種の調査は、文化大革命の前後にわたって十数年間ほど停滞したが、近年再び建築設計領域からの参加をも得て、地方色に富む地区の報告が増えつつある。ただ、雲南、貴州、福建、広東、広西、湖南などの南方の少数民族や、黒竜江、寧夏など北方・西北地方の少数民族の住宅についての調査資料は、依然として手薄である。また、私自身、一九八一年三月から一年間、南京工学院に客員研究員として滞在したときの経験からいっても、外国人によるフィールドワークは特定の地区を除いて現実には不可能に近い現状であり、外部からの調査資料の増加もほとんど望めない。このほか、民族学分野からの論及がきわめて乏しいことをも含めて、以上のような点で、他の地域とはかなり状況が異なっていることを念頭に置いていただきたい。

二　民族的・地方的特色の概要

今日知られる限りの資料によると、中国に現存する住宅のうち、浙江省東陽の盧宅〔陳、一九六三〕や江蘇省蘇州

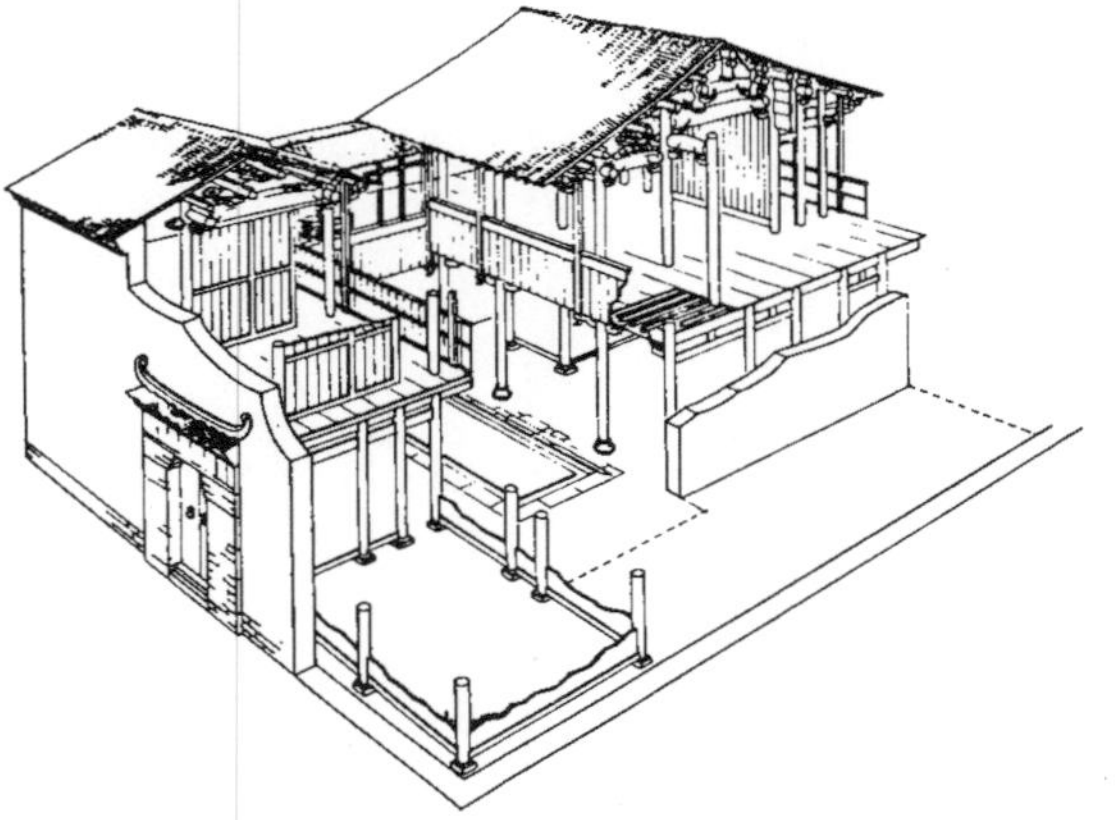

図1　安徽省歙県西渓南郷・呉息之宅

の中宅は明代初期-中期の建設になり、年代的には最古の部類に属するものであるが、これらはいずれも破格の規模をもつ大邸宅である。このような例外的な大邸宅を除いて、年代的に古い実例をあげると、まず安徽省東南部の徽州地区の一帯に集中して明代の住宅が残っており（図1）、これについては単行本の調査報告が出版されているので、国外にも比較的よく知られている〔張仲一等、一九五七胡、一九五七呉、一九八〇歙県博物館、一九八〇汪、一九八一〕。また江西省の北部、現在の行政区画では景徳鎮市とその郊区、明・清時代の名称でいうと浮梁県に、最近明代から清代へかけての住宅が発見された〔杜、一九八二〕。徽州と浮梁は安徽・江西省境を挟んで地理的にも近く、古くから風俗も似通っていたところで、これらの住宅は小さな「天井《ティエンチン》」（中庭）を取り囲んで二階建（または単層）の建物を配し、梁や束、高欄に精緻な彫刻を施すもので、様式的にも酷似している。このほか、山西省の南端近くの、旧石器時代の遺跡としてむしろ有名な襄汾丁村にも古い住宅が残っている（図2）。万暦年間など年代の明らかなものも含めて、明・清時代の一連の住宅があり、典型的な形式は東南に大門を開く四合院で、木鼻や楣下飾りの細かい木彫、礎石の彫刻に特色がある。これは私が一九八一年に実見したときのスケッチで、調査報告は未発表である。さらに、江蘇省呉県の太湖に張り出した半島状の突端の東山地区にも明・清時代の住宅群が残っているが、これも調査報告は未公刊である。以上のような明代からの住宅群がまとまって残る特定地区を除くと、それほど古い年代のものはないようであり、ごくおおまかにいえば清末以降のものが、大半を占めている。また概して、遅くとも解放前に建てられた住宅は、それぞれの地方や民族の伝統的風格を伝えているとみてよいであろう。以下、代表的な類型についてそれぞれ図を示しながら、簡単な説明を加えていくことにする。

1　四合院（漢族）

中国の住宅の最も代表的な形式としてよく知られるのが「四合院」である〔王紹周、一九八〇張馭寰、一九五七〕。なかでも典型とされるのは北京の四合院で（図3）、北側中央に堂《タン》とか正房《チョンファン》とよばれる主屋があり、その前方左右対称に廂房とよばれる脇部屋が向かい合い、主屋の対面南側に倒座《タオツウオ》とよばれる向い部屋が建ち、この四棟が院子《ユワンヅ》と称する中庭を取り囲んで基本のユニットを構成する。ただ実際には四棟のみではなく、図のように主要な中庭の前面に垂花門（彫刻を施した吊束《つりづか》を持つ門）形式などの二門（中門）を置いて、中庭を前後二つの部分に分けるのが標準的な規模のもので、前庭を前院《チエンユワン》、後庭を内院《ネイユワン》と称し、両者は私生活の空間としても明確な区別がつけられる。この中庭の数は大邸宅の場合はさらに多く、

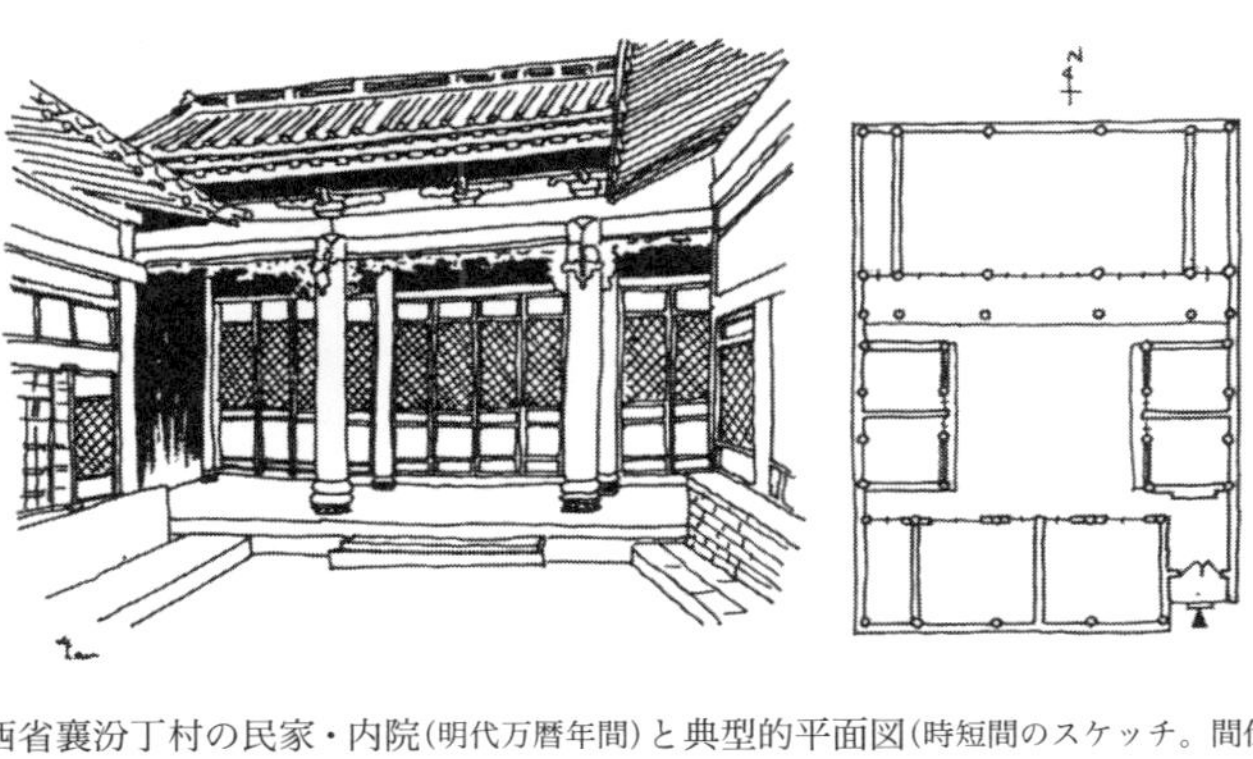

図2　山西省襄汾丁村の民家・内院（明代万暦年間）と典型的平面図（時短間のスケッチ。間仕切り等は推定を含む）

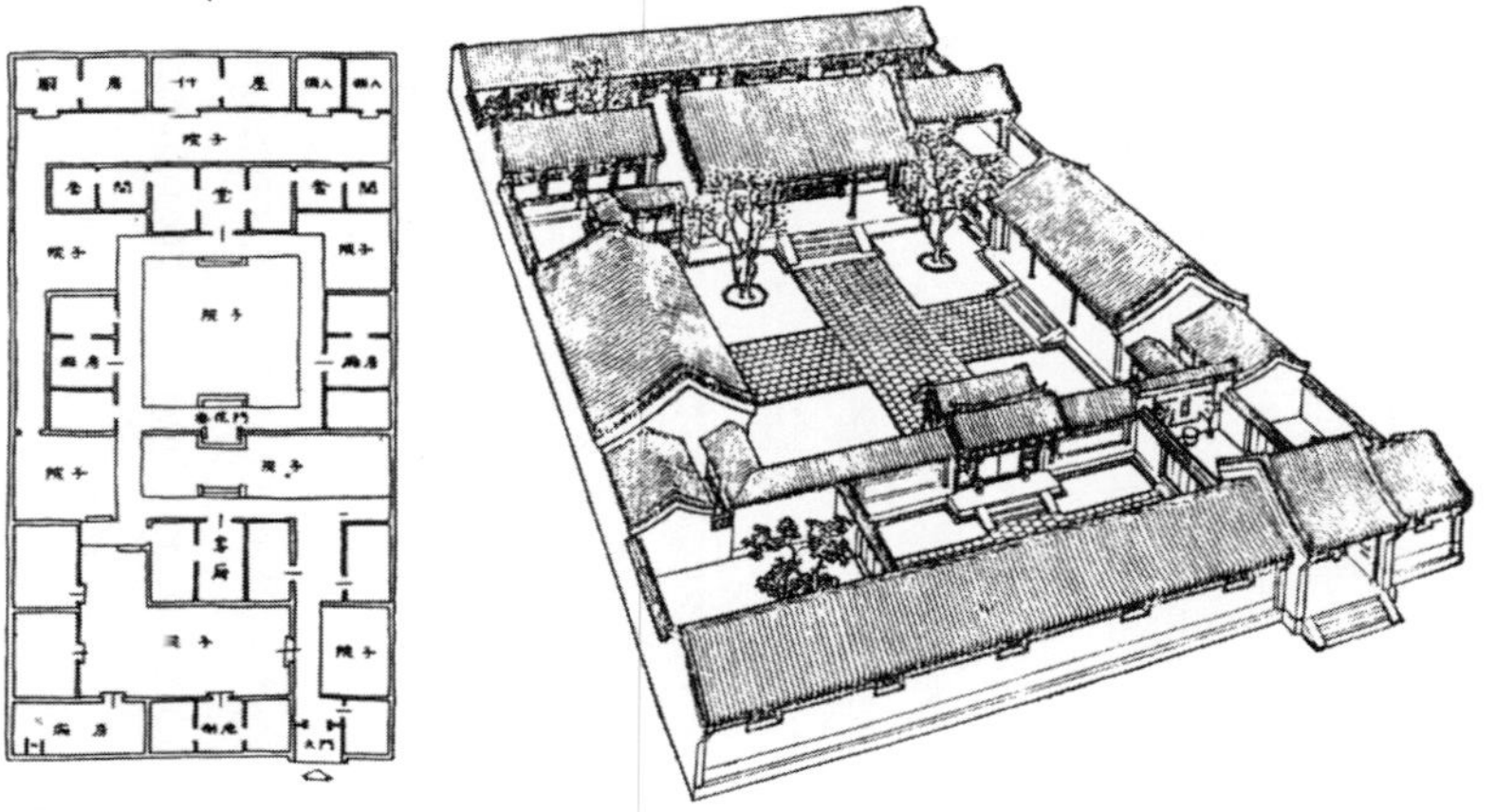

図3　北京市内の四合院住宅平面図と典型的な鳥瞰図

南北方向に、中軸線上に重ねられていき、院落《ユワンルウオ》と称する縦長の中庭群が形成されるのもまた四合院形式の特徴である。このような四合院住宅の規模を示す場合、中庭の数でかぞえ、一進《イーチン》、両進《リャンチン》、三進《サンチン》というように示すが、通常は両進以上で、なかには七進《チーチン》、八進《パーチン》に及ぶ大邸宅もある。たとえば図3の平面図では、最後部の小庭は物置スペースで、主要な機能がないのでこれは数えず、三進の四合院ということになる。

四合院住宅の主屋である正房もしくは堂は間口三間の場合、中央が大広間で、両脇の間が寝室またはその片方のみが寝室として使用されたり、あるいは両脇に耳房《アルファン》とよぶ小部屋を付設して、これを寝室にあてるのが通例である。図4は清代の上層階級の住宅における典型的な室内家具配置で、これによっておよその用途を推定することができるだろう。また北方の場合は、牀《チュワン》（ベッド）ではなく、炕《カン》と称するオンドルが設けられるのが通例である。こうした各棟、各室の機能はもちろん家族構成によって一様ではなく、数世代、数家族が同居する場合は、東西の脇部屋が息子家族の居室として主屋と同様な室内配置をとることもある。また向い部屋は来客用にあてられるか、その他の用途に使われたようである。

この種の四合院住宅は北京市内のものだけでなく、華北では河北省北部から西は太行山脈の西側、山西省にまで広範に分布している。たとえば図5は山西省大同市の四合院の実例。また、山西省平遥城内には前掲の襄汾丁村と様式的に接近した比較的古い四合院住宅が数多く残っており、彫刻を駆使した垂花門を建てたり、青石の礎石に精緻な彫刻が施され、なかには主屋を塼造ヴォールトの五間とし、屋上の平台に風水墻《フォンシュイチアン》を建てるという特徴的なものもある。

次に中原、江南、華南についてみても、やはり四合院形式が主流となっている。この形式は山東、河南、湖

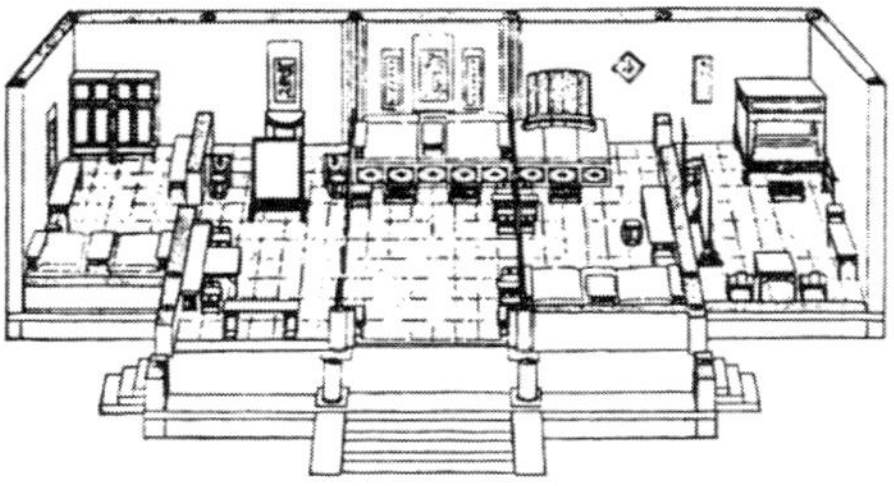

図4　清代住宅の典型的な室内配置（正房・耳房）

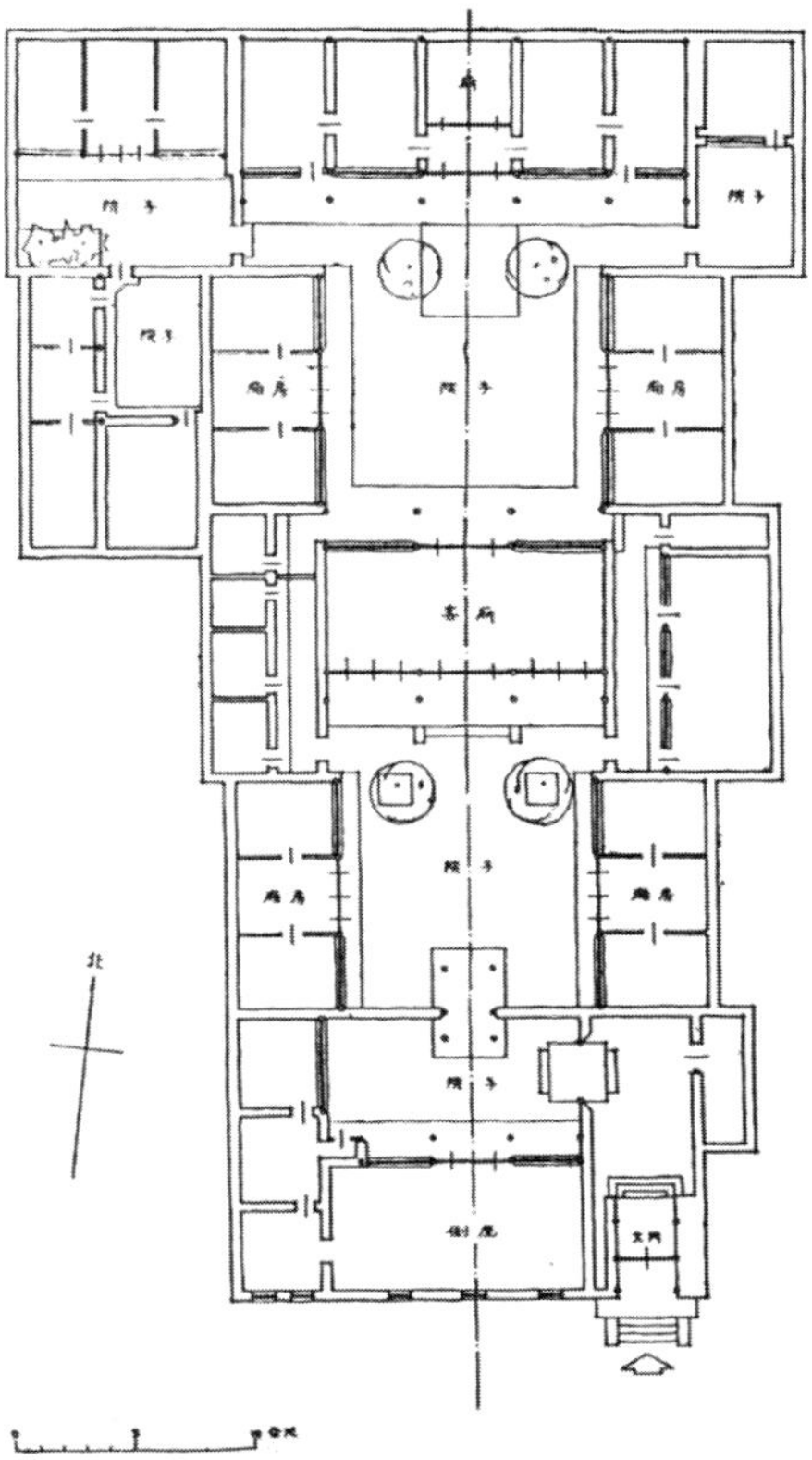

図5　山西省大同市の住宅平面図（公尺＝m）

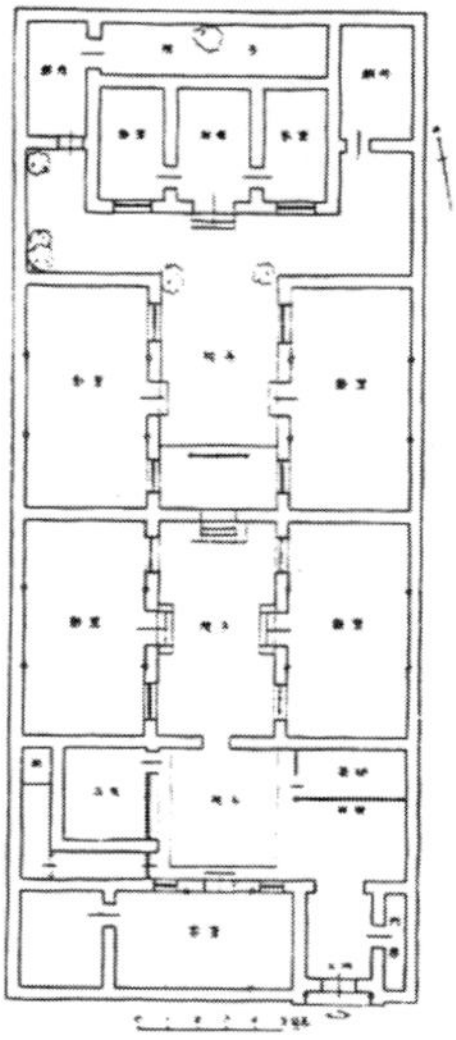

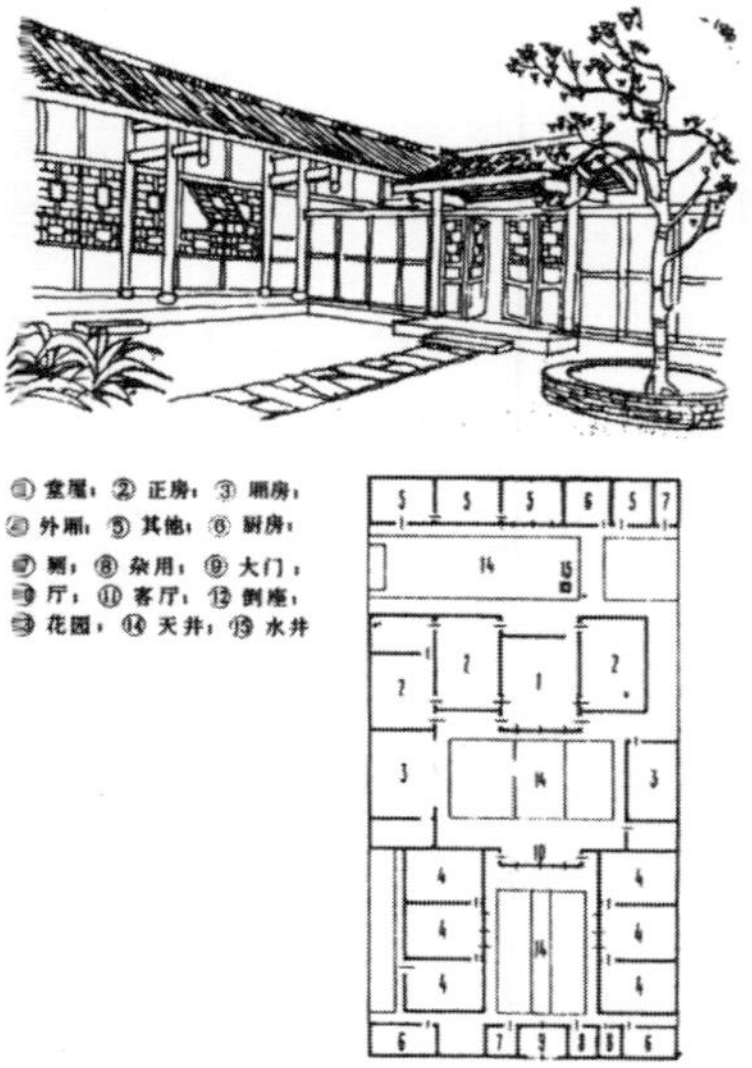

図6（右）　河南省開封市裴楊公胡同の住宅平面図
図7（左）　四川省成都市任家巷の住宅平面図と同市内住宅の典型的な中庭

南、江蘇、福建、広東、四川などの諸省にわたって普遍的に分布しており〔劉敦楨、一九五七〕、漢族の住宅の最も典型的な形式とみてよい。たとえば福建省上杭県城内の四合院住宅で、非常に縦長の平面を形成するものや、河南省開封市内などの実例(図6)がある。四川省成都市内の伝統的民家(図7)は各棟の組合せに若干の変化をみせるが、中庭群を奥行方向に重ねてゆく原則は、ここでも守られている〔黄忠恕、一九八二〕。広東の都市内の典型的民家、たとえば「竹筒屋《チュートンウー》」とよばれる単一入口形式(図8)では、敷地の関係から完全な四合院を構成できないもの(a〜c)も、やはり二階建の本格的な四合院のもの(d)と同様の原則に立っていることが理解されよう〔陸等、一九八二〕。一方、浙江省紹興の川に臨んで建つ二階建の住宅(図9)は、封火牆《フォンフォチアン》と称する装飾的な白壁塗りの卯建《うだつ》をみせ、地方的様式に富んだ外観を持つが、これも四合院形式の一種に属するといえるだろう〔陳等、一九八

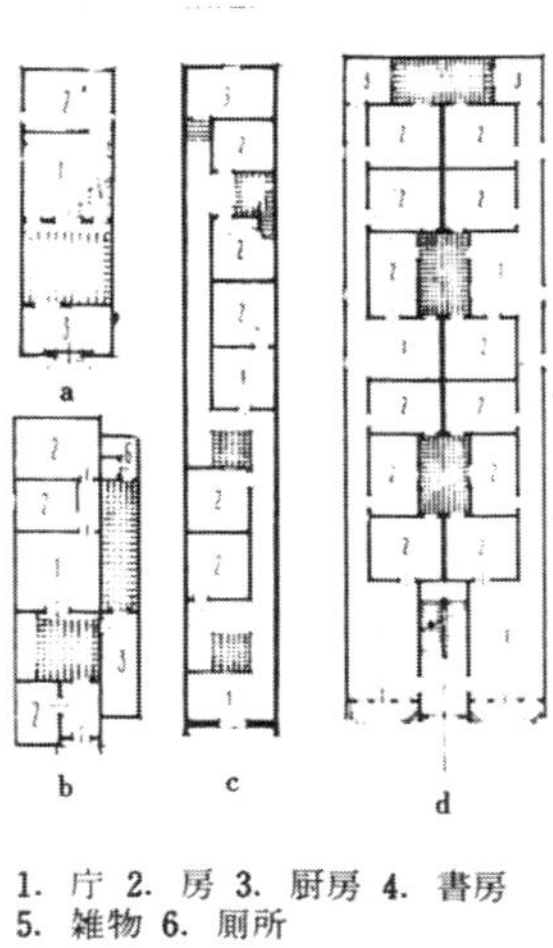

図8（右）　広東省の都市内の典型的民家「竹筒屋」式平面図（dは2階建）
図9（左）　浙江省紹興の川沿いに建った住宅

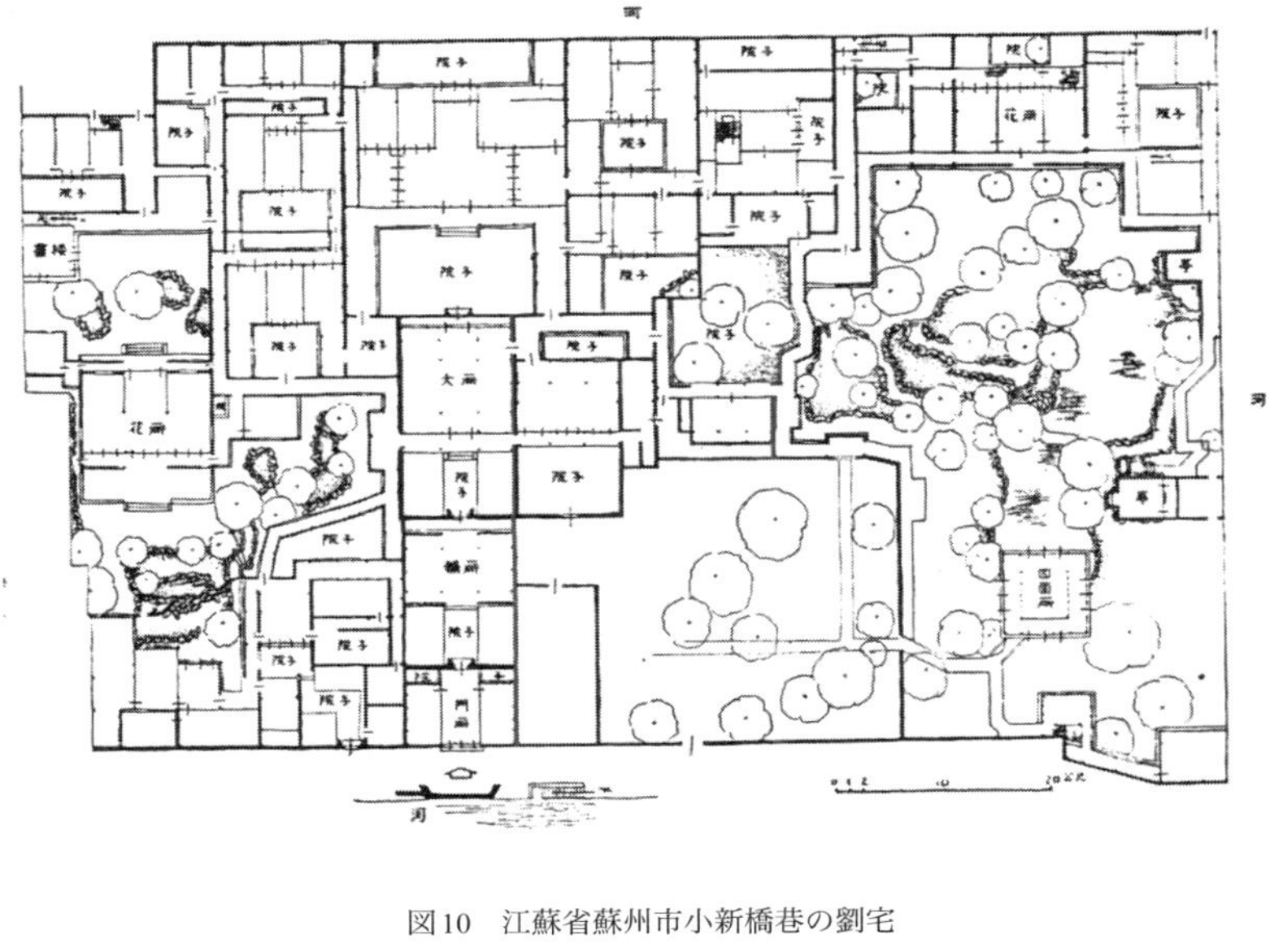

図10　江蘇省蘇州市小新橋巷の劉宅

二汪、一九六二)。江蘇省蘇州の華麗な庭園を擁する大邸宅の一例である図10は、規模としては今まであげた例とは比較にならないし、また平面構成も厳密にいうと四合院を形成してはいない。しかし、門庁《メンティン》(門屋)、轎庁《チアオティン》(駕籠寄せの間)、大庁《ダアティン》(大広間)を南から北に順に配し、その間に天井《ティエンチン》とよばれる中庭を重ね、その間を廊下などでつなぐものであり、両脇にさらに何本かの中軸線上に跨院《コワユワン》(脇の中庭)を設ける形式とともに、その平面構成の原則は基本的には華北地方の大型の四合院と共通するものとみてよいであろう。

四合院の実例はまだほかにも数多く報告されているが、要するに地方によって装飾や材料が異なったり、各棟の呼称が異なるなどの点を除けば、その基本原則は同一である。また、説明の便宜上はじめにあげた徽州や浮梁の明代の二階建住宅や、のちに独立して扱う雲南の一顆印《イークーイン》住宅のなかにも、四合院に相当するものがあることを付け加えておく。

2　三合院、曲家その他(漢族)

漢族の住宅のすべてが今まで述べたような四合院の整然とした規模、形式をもっているわけではないことは、いうまでもない。たとえば冒頭に紹介した劉敦楨の概説のなかにも、三合院、曲家などのほか、当然一棟のみの農村住宅のような例も載せられており、寝室部分と竈部分のみからなる茅葺きの簡素なものもある。階層によっておのずから規模には大きな格差が生じてくるし、また農村の住宅の場合は、規模が大きいものでも都市内の閉鎖的な中庭群の住宅とは異なり、開放性に富むのが常である。この報告では、とてもそれらの多彩な類型のすべてを紹介する余裕はないので、いくつかの例を示すにとどめたいと思う。上海市北郊の農家の実例では、主屋の中央に飯堂《ファンタン》(食堂)と客堂《クオータン》(応接間)、その両脇に臥室《ウォーシー》(寝室)などを配し、東西に廂房《シアンファン》を伸ばしているが、南側が塞がれておらず、三合院式で開放性に富む〔朱保良、一九八〇〕。図11は湖南省湘潭の三合院住宅であるが、この地方には完全な四合院形式をとるものも併存しており、同じ地方でも類型は必ずしも一様ではない〔賀、一九五七(a)、(b)〕。

次に、漢族の住宅のうちでも固有の類型をもつもの、および各少数民族の住宅をとり上げてみよう。

3　雲南の一顆印（漢族）

雲南省昆明市の東北郊外を中心に、大理から普洱、昭通にもみられたもので、二階建の外周の壁を示す真四角な外観が、あたかも一つの印鑑のようであるところから、「一顆印《イークーイン》」の名がある。通例は正房《チョンファン》（主屋）が三間、耳房《アルファン》（脇部屋、華北でいう廂房《シアンファン》）が各二間の計四間からなる三合院式の「三間四耳《サンチュンスーアル》」、あるいはこの前面に倒八尺《ダオパーチー》（向い部屋、華北でいう倒座《ダオツゥオ》）を加えた四合院式の「三間四耳倒八尺」のような平面型式をとり、二階建で、二階の中庭側には回廊をめぐらすものが多い（図12）。この場合、正房と二階が居住部分で、耳房は家畜や倉庫にあてられる〔劉致平、一九四四―一九七九〕。

4　四川の吊脚楼（漢族）

四川省重慶市周辺の山地一帯には、斜面の多い地形を利用して、日本でいう懸造と同じように柱を長く突き立てながら、高低差をうまく処理した重層の建築があって、「吊脚楼」とよばれている（図13）。これは木造

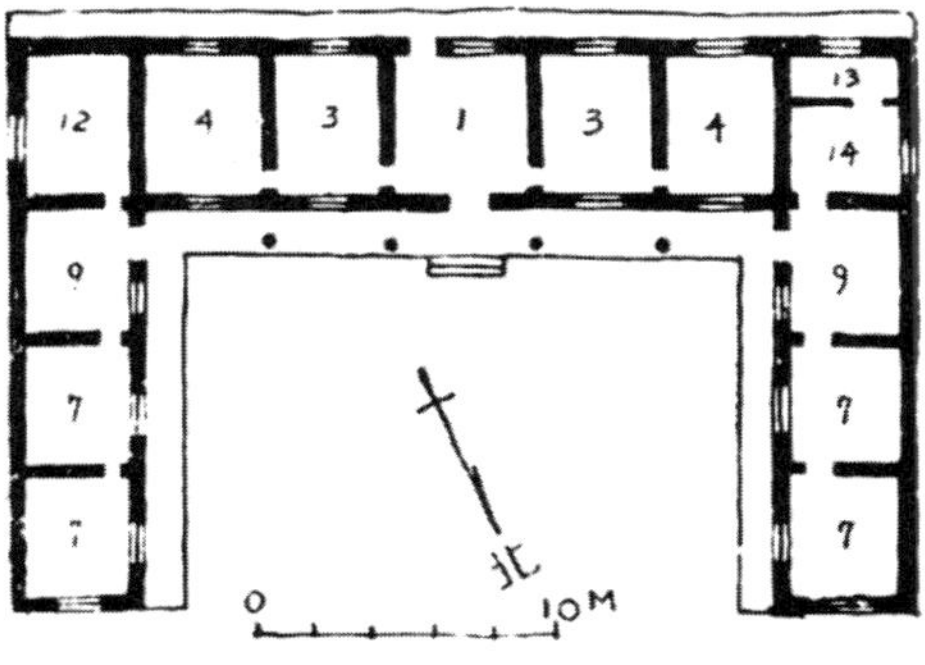

図11　湖南省湘潭の三合院住宅の平面図（1 堂屋、3 正房、4 廂房、7 一般臥室、9 横堂、12 厨房、13 厠所、14 雑屋）

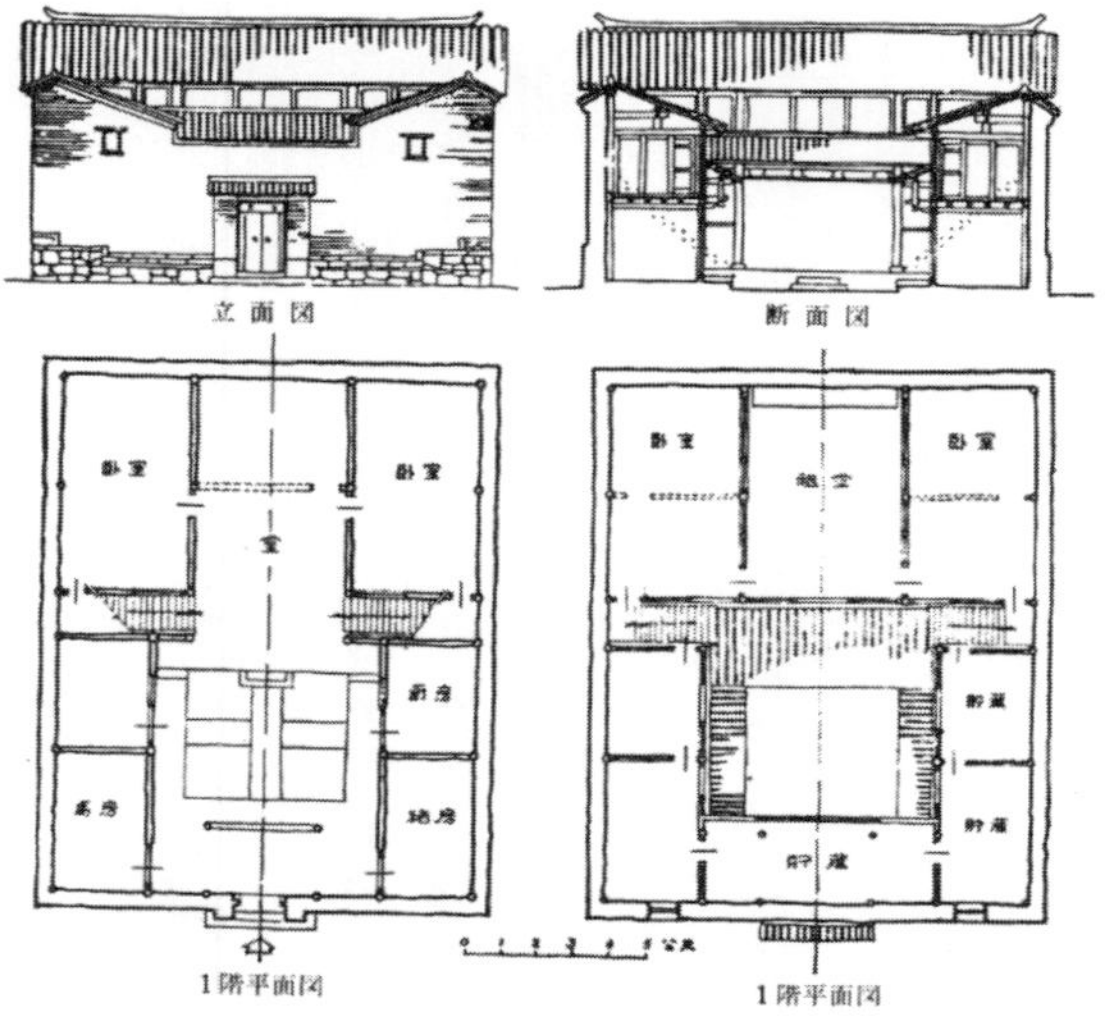

図12　雲南省昆明東北郊の「三間四耳倒八尺顆印」住宅と平面図

図13　四川省重慶市の「吊脚楼」住宅外観

架構の類型からいうと、後述する「干闌」(高床)式と一部共通する点をもつが、厳密には区別されるべきものである(建築工程部建築科学研究院、一九六二部、一九八一)。

5　河南、陝西、甘粛等地方の窰洞(漢族ほか)

華北・中原地方および西北地方の黄土地帯には、黄土層の崩れにくい土質を巧みに利用した「窰洞《ヤオトン》」住宅が数多くみられる。甘粛省東部、陝西省北部、河南省西部がその代表的な分布範囲である。天然の黄土の断崖を利用して横穴を掘り進んだものが最も簡単で、しかも普遍的であるが、このほかに人工的に地坑を開鑿したうえで、その断面から横穴を掘り進むものもあり、また日乾煉瓦などによって地上に窰を築くものを含めて窰洞と総称しており、これらの技法を併用したものもみられる。河南省鞏県から洛陽にかけての一帯の窰洞は、天然の崖面を利用して半円形ヴォールトの窰を掘り、前庭には地上の建築を設けたもの（図14）、人工的に地坑を掘り下げて天井《ティエンチン》（中庭）とし、四方に窰をいくつも掘り進んだもの、なかには窰洞を重層につくって屋上をテラスにしたものもあり（図14参照）、ファサードを塼積みにして精巧な入口構えをみせるものもある（劉敦楨、一九五七洛陽市建委、一九八一周等、一九八一楊、一九八二）。また、甘粛省慶陽、霊台、寧県一帯の窰洞は、河南省西部や陝西省の西安や延安一帯などのものと異なり、窰の形状が尖頭アーチもしくは放物線アーチをなし（図15）、洞頂までの高さが五メートルないしそれ以上もあって、奥細り平面の広大な空間をもつ（図16）のが特色である（張馭寰、一九八二）。窰洞は上記のほか、山西省中部、河北省西北部、内蒙古自治区チャイハル一帯などにかなり普遍的に分布している。一方、建築構造的には同類型に分類される、日乾煉瓦や塼のヴォールトで、地上に窰を築くものは前述の河南省西部や甘粛省、山西省中部に併存しているほか、新疆のトルファン地区を中心として、ウイグル族の住宅に古くから用いられている（陳等、一九五七建築工程部建築科学研究院、一九六二韓等、一九六三）。

6　福建、広東の土楼（客家）

漢族の住宅のなかでも、客家《ハッカ》の住宅はその特異な外観によって、つとに知られている。特に福建省竜岩地区の永定・上杭一帯には、多数の家族が共同で生活する巨大な「土楼」が現存する（図17）。環形と方形の二種があり、い

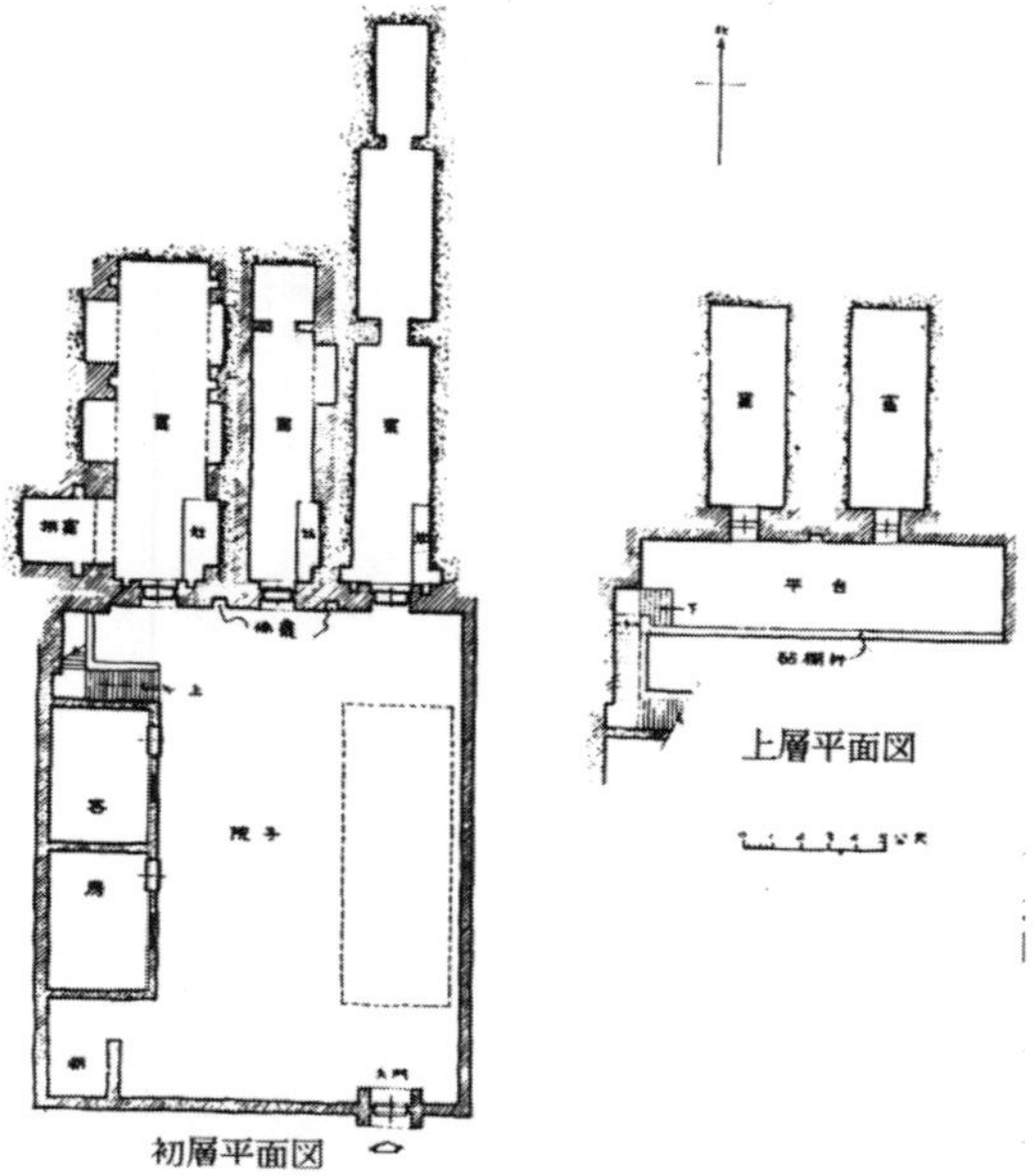

図14　江南省鞏県の窰洞の平面図

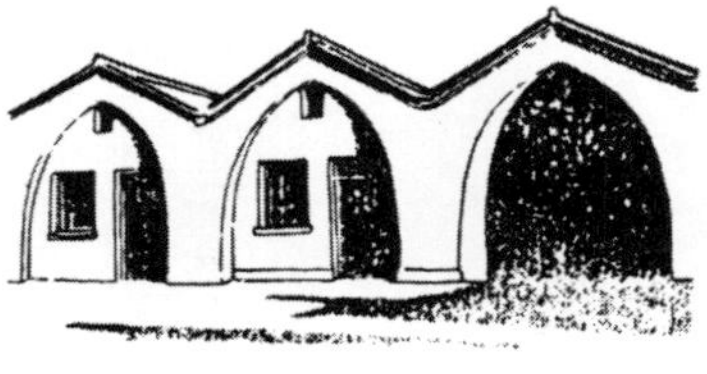

図15　甘粛省西峰（慶陽）の窰洞外観

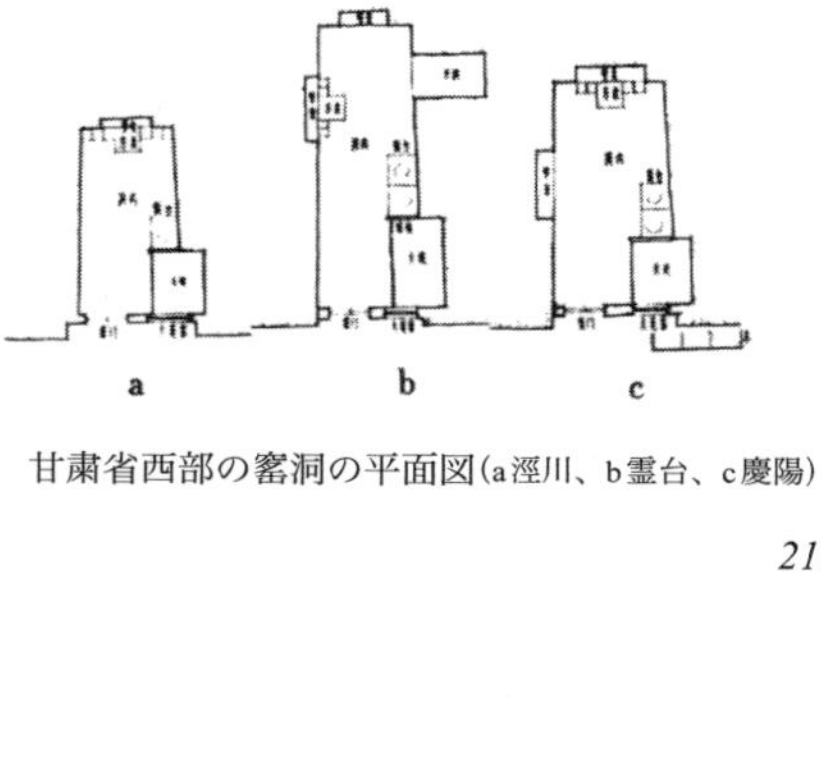

図16　甘粛省西部の窰洞の平面図（a涇川、b霊台、c慶陽）

ずれも窓の少ない特徴的な外観を呈し、大規模なものは夯土の壁厚が一メートル、環形平面の直径が七〇メートル、四階建で、総部屋数三〇〇間にも達する。二重の環からなり、外環の一、二階は厨房、倉庫等、三、四階は各家族の居室、内庭中央の平屋は共同の儀礼に供され、外環の一階最奥に祖堂が設けられている（張歩騫等、一九五七周、一九八二）。また、広東省梅県一帯にも「囲竜屋《ウェイロンウー》」などとよばれる巨大な住居があり、これとは異なった連続破風の特徴的な外観をみせる（陸等、一九八一方等、一九六二）。

7　吉林地方（満洲族）

図18は吉林省一帯の満洲族の最も典型的な住宅である。建物の配置は漢族の両進四合院と全く同様で、様式的にも差異はないが、各棟の独立性がそれよりも強く、全体的に開放性に富む。また主屋の東側の部屋を主室とし、炕《カン》（オンドル）を凹字形に配する点も独自の特色といえる（建築工程部建築科学研究院、一九六二）。

8　吉林地方（朝鮮族）

朝鮮族の住宅（図19）は独立主屋で横長の並列型平面をとり、間口四間および五間のものを基本とする。前面に吹放し廊を設け、室内はオンドルが大きな面積を占めるのが常であり、脇の間や端の間はさらに前後二室に分割される。図20は吉林省の都市部および農村部における比較的規模の大きいほうの住宅の典型的平面であり、その「間」（部屋）数によって示されている（張芳遠等、一九六三）。

9　新疆地方（ウイグル族）

ウイグル族の住宅は地方によって形式、構造ともかなり異なる。カシュガルの住宅（図21）は大庁を中心とする不規則的な多室平面で、

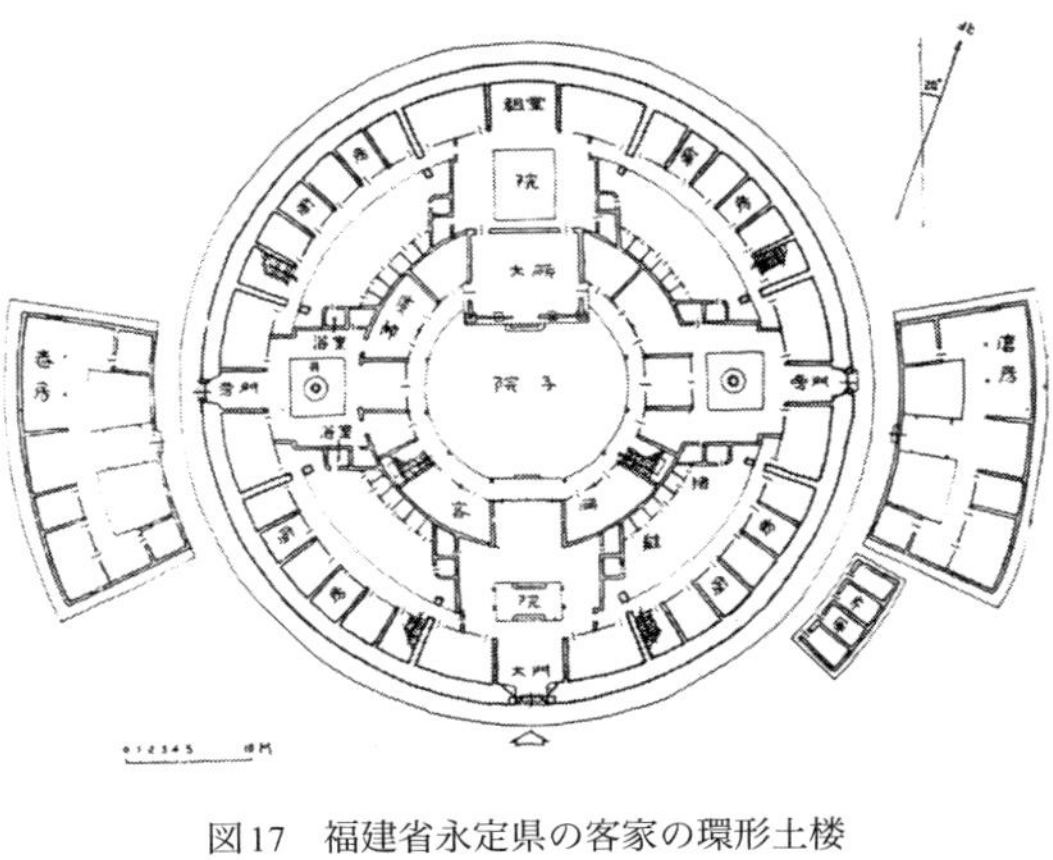

図17　福建省永定県の客家の環形土楼

夏室と冬室があり、構造は日乾煉瓦の壁に、小梁を密に配した土葺きの陸屋根を用い、トップライトを設けて採光する。図22はホータンのもので、前者よりも規模は大きく、複雑な平面を形成しているが、中庭、テラス、吹放し廊などの開放的空間がしばしば接客や食事の用に供される。前者と同様、前室と後室からなっており、この種の構成を「アイワン」式とよんでいる。いずれも室内には壁龕が設けられ、石膏仕上げの文様装飾や木造部材の彫刻、彩色を多用するという明快な意匠的特色をもつ。一方、トルファン盆地は夏の猛暑のために、地下室や半地下室もつくってこれに対処している住宅が多く、また既述のように地上の建築は日乾煉瓦でヴォールトを築き、

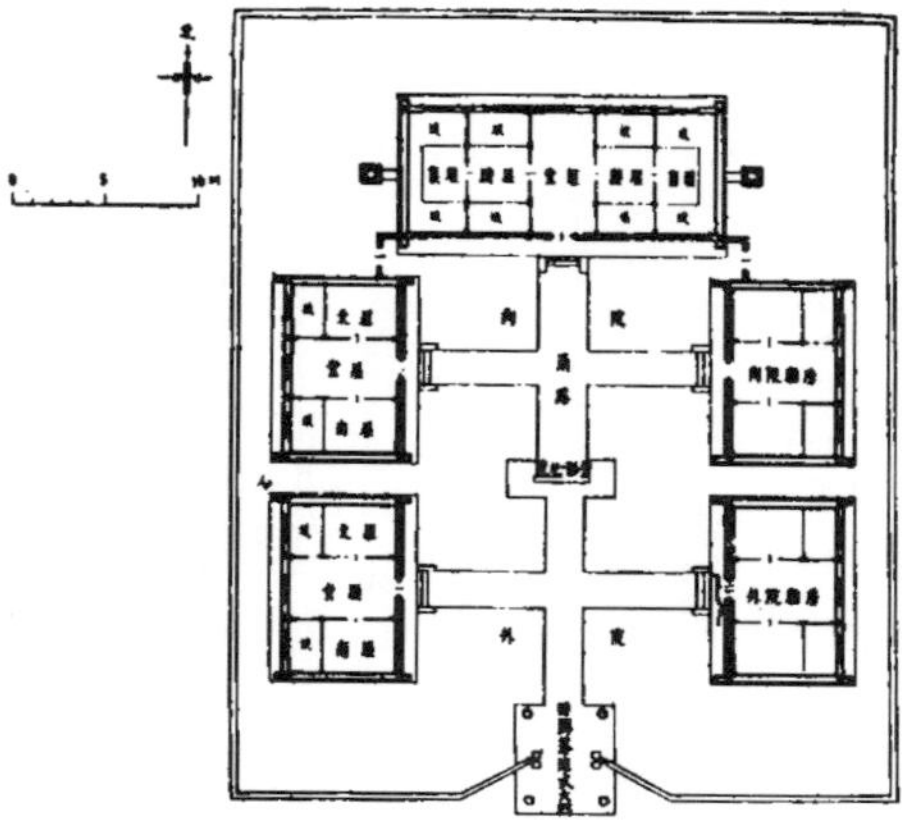

図18　吉林省永吉県烏拉鎮の満州族の住宅平面図

図19　吉林省の朝鮮族の「八間房」住宅外観

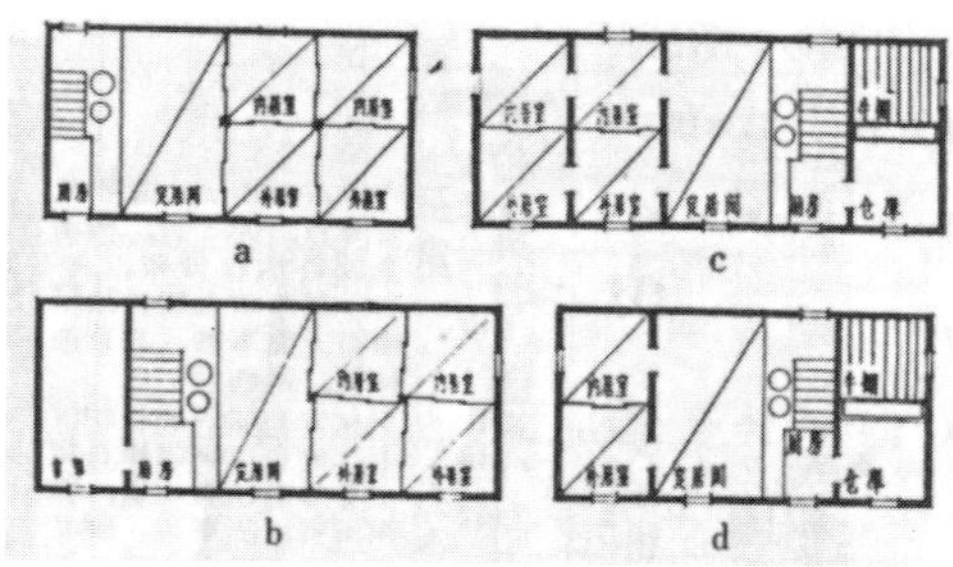

図20　吉林省の朝鮮族の典型的な住宅平面図（a六間房〔都市〕、b八間房〔都市〕、c六間房〔農村〕、d八間房〔農村〕）

土葺きの陸屋根をつくる。また、イリ一帯は木材が豊富なので、住宅は基壇の上に木造による廊や床板を架設するものが多い〔韓等、一九六三劉敦楨、一九八〇〕。

10　青海地方(漢族、回族、サラール族ほか)

青海省東部の西寧、湟中一帯には、漢族、回族、チベット族、トゥー族、サラール族などが居住し、この地方に特有の「荘窠《チュワンクー》」とよばれる住宅形式をもっている(図23)。これは非常に高い土壁で四周を囲まれた住宅で、平面としては華北の四合院や三合院などと同様の吹放し廊で中庭を囲む形式であるが、構造は土壁と木材を併用し、勾配の緩やかな片流れで土葺きの屋根を用いている〔崔、一九六三〕。

11　内蒙古の包《パオ》(モンゴル族)、その他のテント住居

モンゴル族は放牧生活を主にしているので、移動可能なテント住居を常用している。中国で包《パオ》、モンゴル語でゲルと称するもので、円形平面の中央にイロリを設け、テントの骨組みを木の枝でつくって、周囲は羊毛の毛氈でおおい、屋根の中央には煙出しの環形の孔「トーノ」を開く(図24)〔伊東、一九四三〕。これらのパオは通常六〇〜七〇棟が集まって一つの集落を形成することが多い。また、内蒙古自治区の東部寄りの地方では、可動式の羊毛張りテントではなく、土壁造の固定住居を用いているものもある。

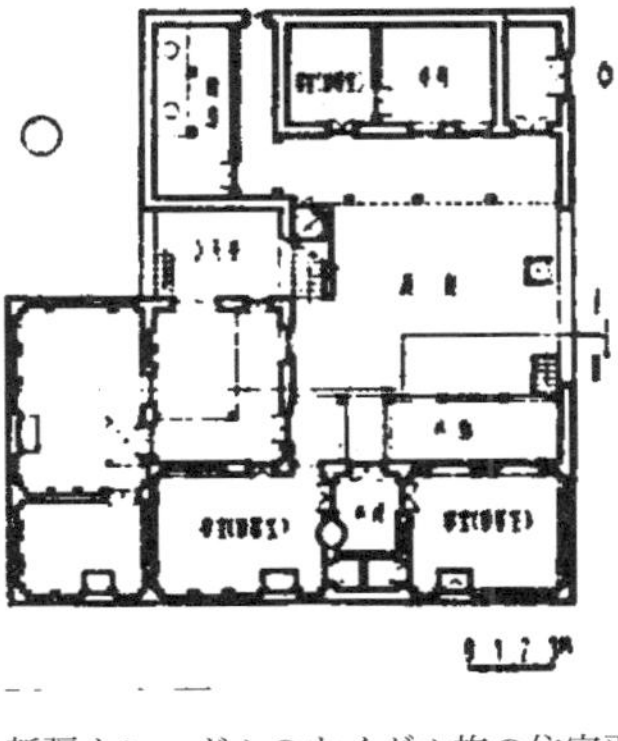

図21　新疆カシュガルのウイグル族の住宅平面図

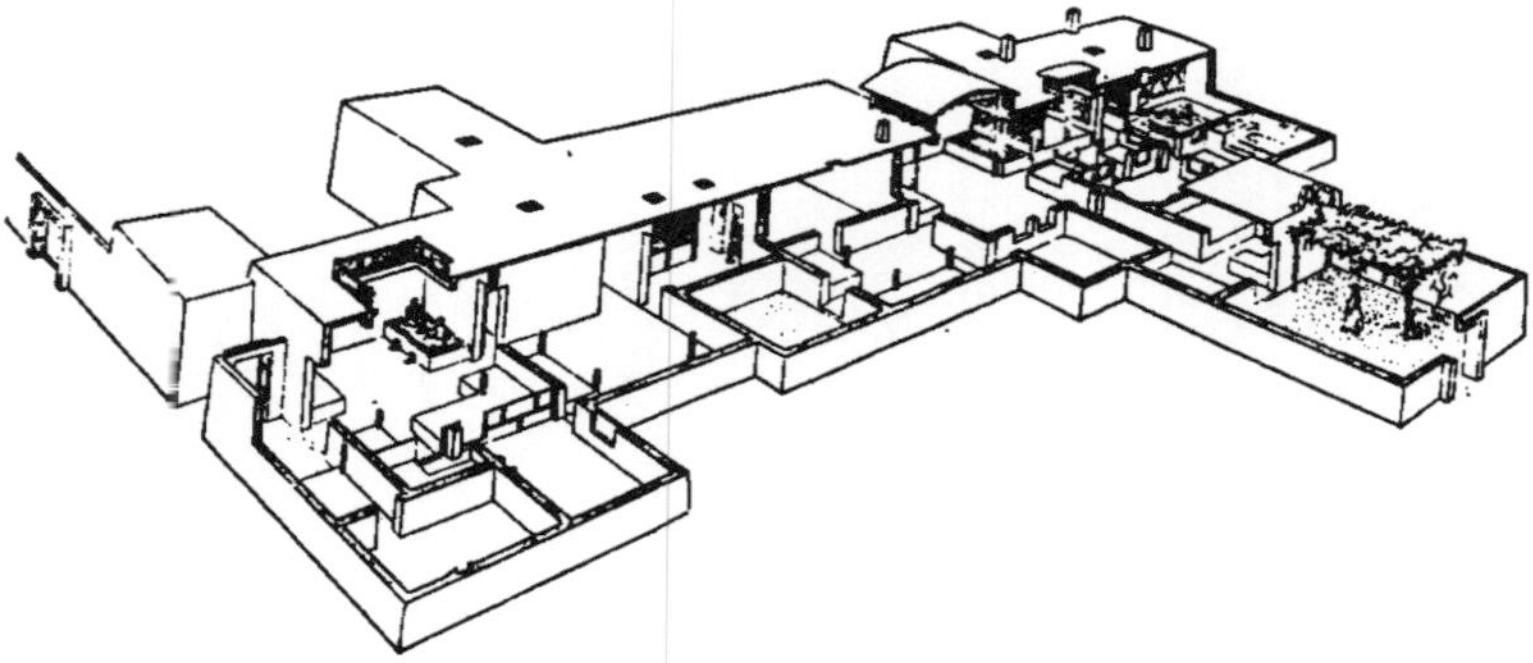

図22　新疆ホータンのウイグル族の住宅(断面透視図)

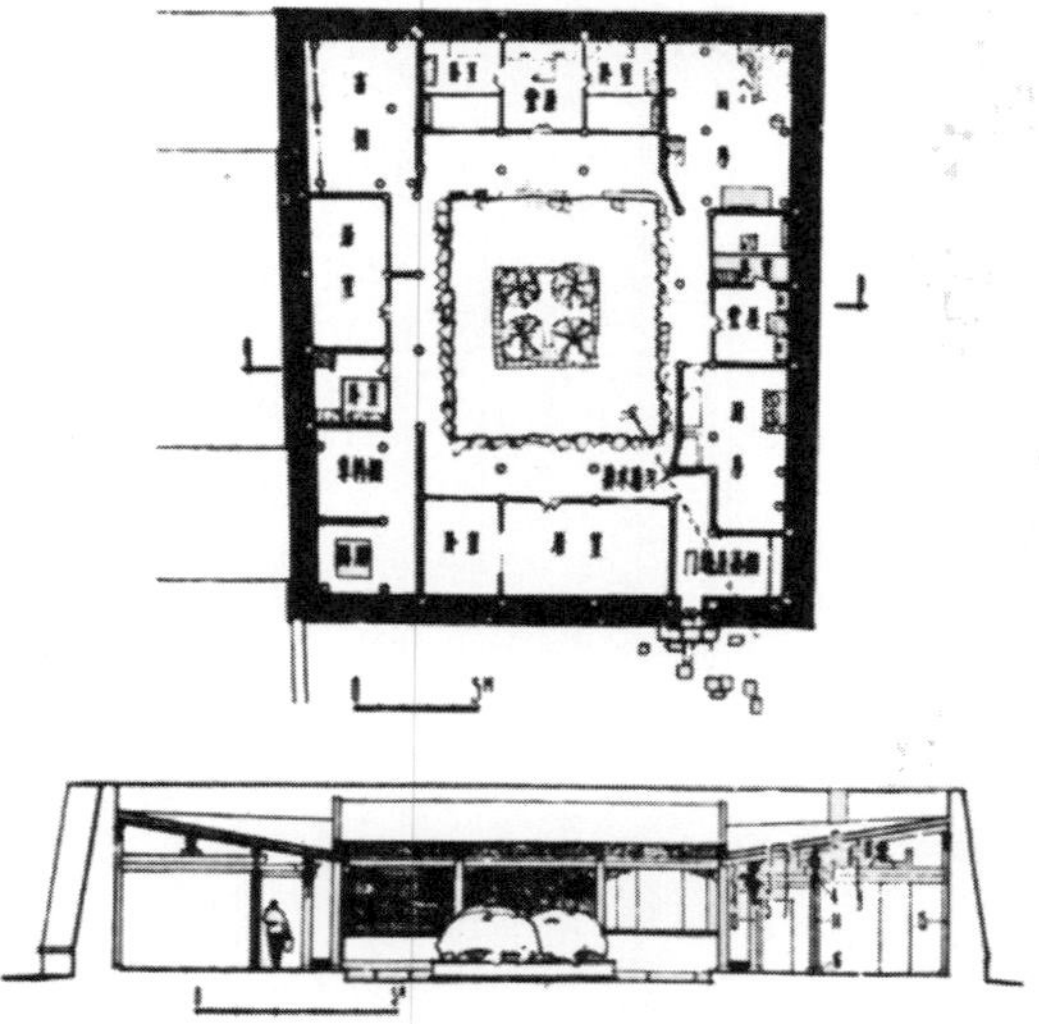

図23　青海省湟中の「荘窠」

モンゴル族以外にも、遊牧民でテント住居を用いている少数民族は少なくなく、たとえば新疆のカザフ族やユーグ族(図25)、黒竜江のオロチョン族の「仙人柱《シエンレンチュー》」と称するもの(図26)などがある〔今西等、一九四八(a)、(b)秋、一九七八〕。

12　チベット・四川地方(チベット族、チャン族)

チベット族の住宅はチベット自治区に住むものと四川省のものとでは外観にもかなり相違があるが、いずれも優れた石積みの技術を特色としている(図27、28)。山地の場合、通例では住宅は三階建で、一階は家畜、貯蔵、二階が居住空間にあてられ、三階は物干し、経堂、便所になる。外壁は厚さ四〇センチほどの石積みの壁を内転び

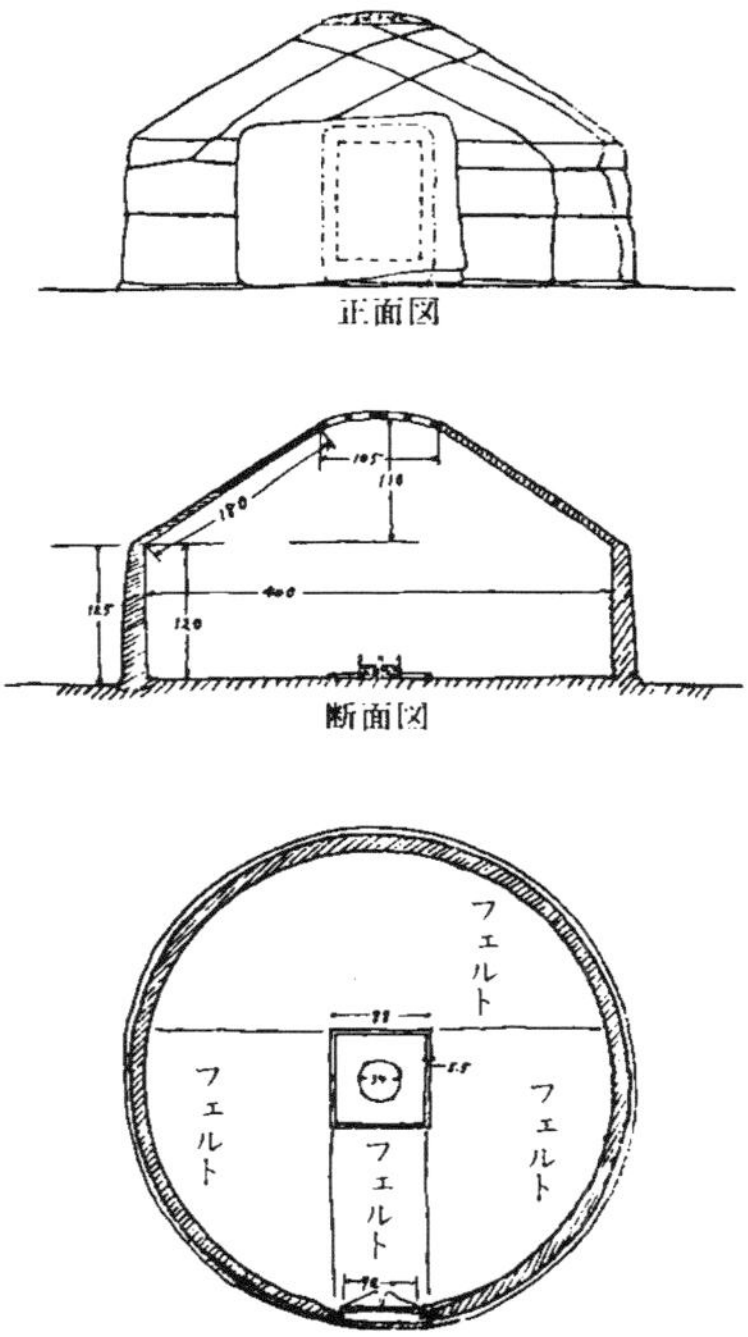

図24　内蒙古東アパカのモンゴル族のパオ

図25　新疆のユーグ族のテント住居

図26　黒竜江のオロチョン族の「仙人柱」(テント)と「奥倫」(倉)

をもたせて整然と積み上げ、これに各層の木材の根太を巧みに組み合わせて水平な床をつくり、屋根は土葺き陸屋根としており、あたかも碉房(望楼)のような特徴的な外観をみせる。四川省ガパ、マルカン、黒水一帯のチベット族住宅は、最上層の物干し台を木造片持ち式で跳ね出すのが外観の特色にもなっている。一方、チベット自治区ラサ市一帯のそれは、むしろラマ僧房と同じような外観を呈し、風格を異にする(徐等、一九六三陳、一九五九黄誠朴、一九八一拉薩民居調研小組、一九八二)。また、四川省茂汶等のチャン族の住宅もやはり石積みの壁と陸屋根を

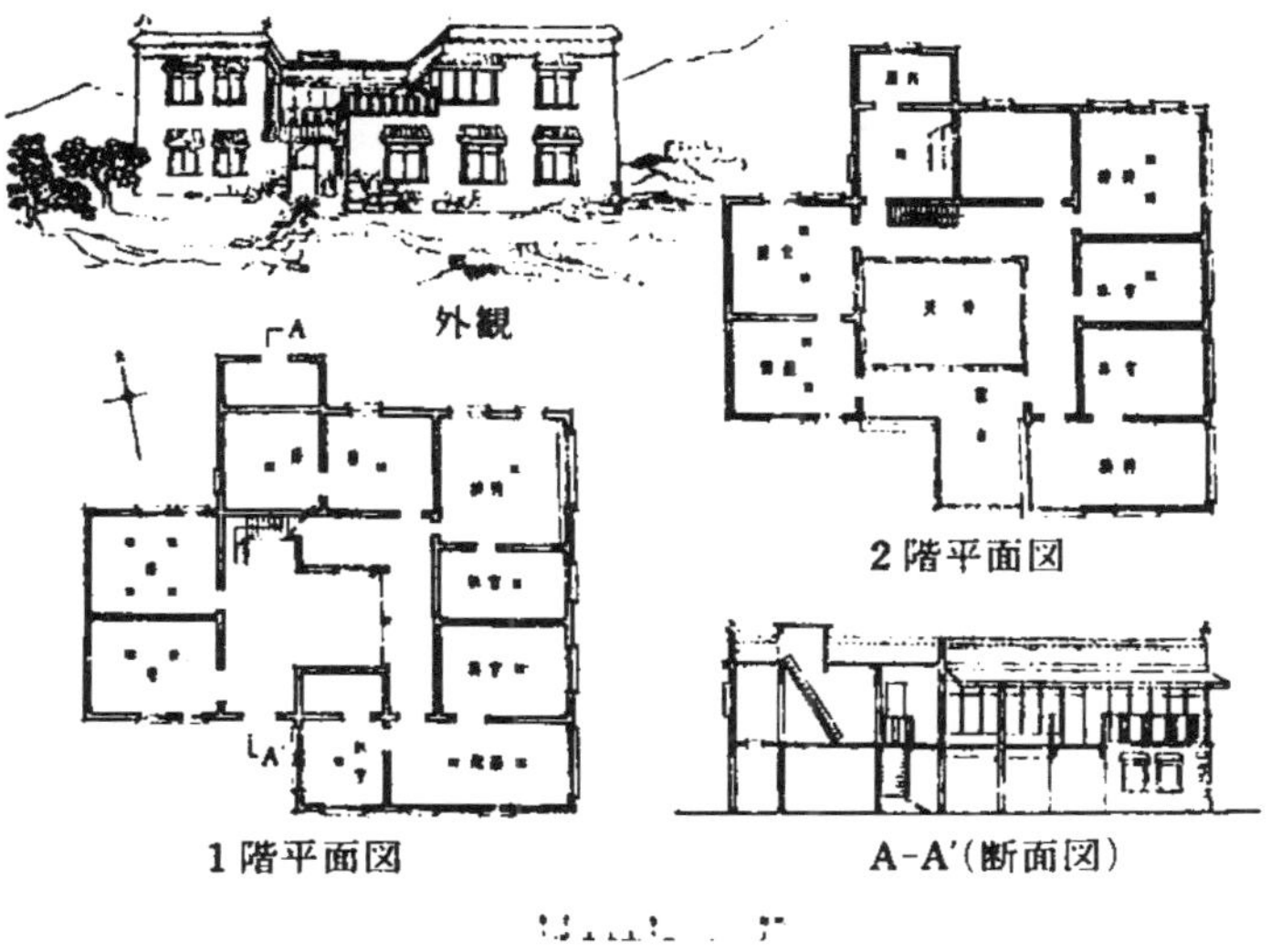

図27　チベット・ラザのチベット族住宅

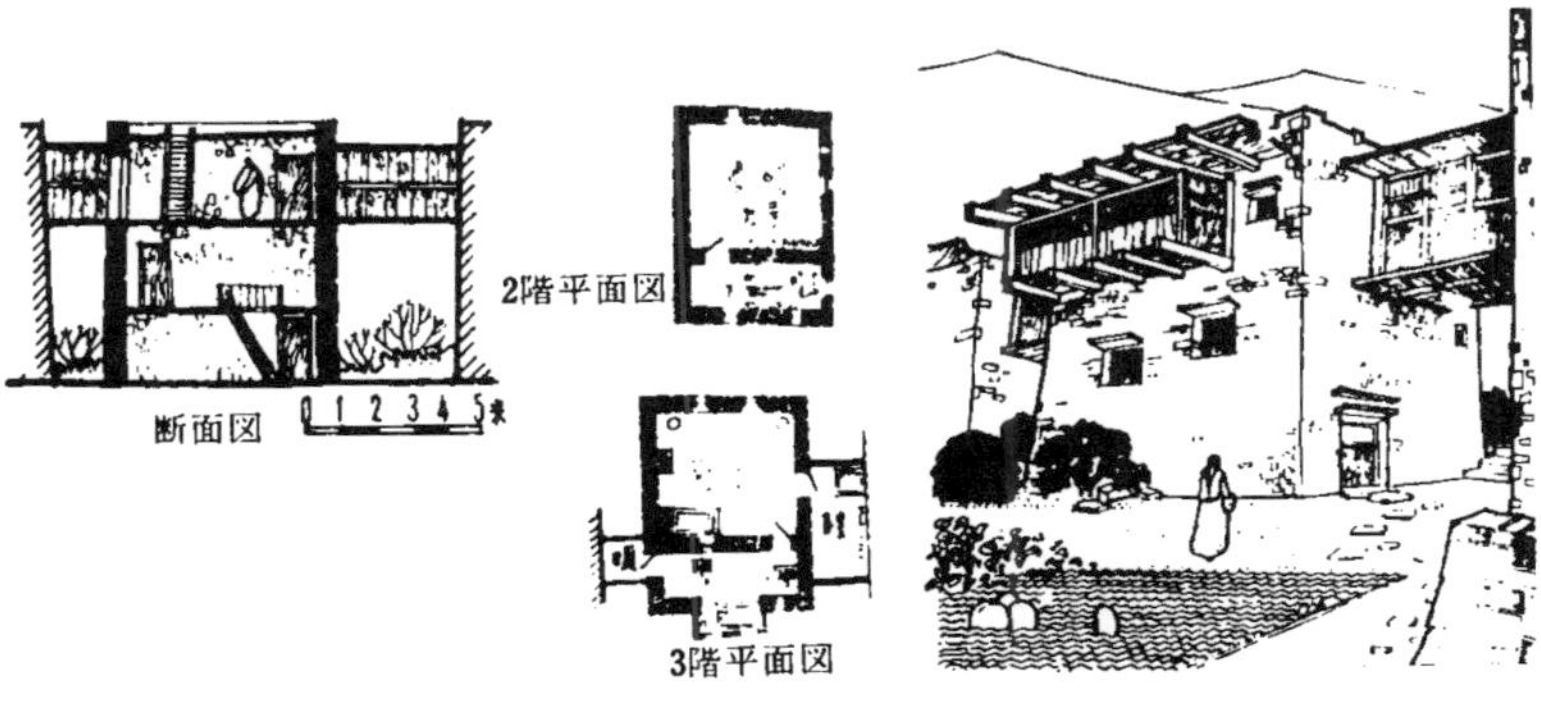

図28　四川省黒水米克寨仁桑のチベット族住宅

持ち、チベット族のそれと類似した形式になる〔梁、一九八一〕。

13　四川涼山・雲南寧蒗等地方（イ族）

イ族は西南地方では人口の最も多い少数民族で、かつてはロロとよばれ、解放前の民族学の調査報告でも知られているとおり、厳格な階級制社会を形成していた〔鳥居、一九二六林、一九四七〕。すなわち、支配階級の黒《ヘイ》イと被支配階級の白《パイ》イの差別があり、白イはさらに労働者の曲諾と奴隷の阿加《アジャ》と呷西《シアシ》の区別があって、全部で四つの階級からなっていた。それぞれの階級によって、住宅の規模や装飾には大きな差異があった。最も一般的な住宅の形成は、「棚子《ポンツ》」とよばれる長方形平面、切妻造の小規模な平屋で、中央に就寝、接客、食事を兼用する大広間をとる。四川省涼山イ族自治州の富裕な曲諾《チュイノー》の住宅では、中央の大広間にイロリを設けて、接客と食事と居間を兼ね、両脇の間は家畜、貯蔵、就寝の用に供せられる。この地方の黒イの住宅は土塀で四周を囲み、隅に碉楼（望楼）を建て、庭内は三合院や四合院に近い配置をとる。主屋の平面構成は前者と共通するが、建築構造と意匠は特徴的で、柱に腕木を何本も挿し込んで吊束《つりづか》を持ち送る特異な架構を駆使し、吊束の下端や軒先、懸魚《けぎょ》に牛頭、鳥獣、草花等のさまざまな彫刻を施すというもので、壁は竹を網代《あじろ》に編んでいる（図29）。阿加や呷西の住宅はずっと質素で、木板と樹皮でつくった黄板《ホワンバン》と称する小屋や、森林地区では原木を井籠組みに積み重ねた木羅羅《ムロロ》と称するものを用いている〔江、一九八一〕。

14　雲南大理地方（ペー族）

雲南省大理ペー族自治州の洱海に臨む下関から剣川へかけての一帯にみられるペー族の住宅は、建築的にきわ

表1　中国の少数民族一覧

民族名称	日本語名称	人口概数（万人）	分布地区
蒙古族	モンゴル	266	内蒙古自治区, 遼寧省, 新疆維吾爾自治区, 吉林省, 黒竜江省, 青海省, 河北省, 河南省, 甘粛省
回族	回	649	全国各地に分布。主な分布は寧夏回族自治区, 甘粛省, 河南省, 新疆維吾爾自治区, 青海省, 雲南省, 河北省, 山東省, 安徽省, 遼寧省, 北京市, 内蒙古自治区, 黒竜江省, 天津市, 吉林省, 陝西省
蔵族	チベット	345	主な分布は西蔵自治区と四川，青海，甘粛，雲南省の一部
維吾爾族	ウイグル	548	主な分布は新疆維吾爾自治区，このほかごく一部は湖南省
苗族	ミャオ	392	主な分布は貴州省，雲南省，湖南省，広西壮族自治区，一部は四川省，広東省，湖北省
彝族	イ	485	主な分布は雲南省，四川省，貴州省，少数は広西壮族自治区
壮族	チワン	1209	主な分布は広西壮族自治区，少数は雲南省，広東省，貴州省
布依族	プイ	172	貴州省
朝鮮族	朝鮮	168	吉林省，黒竜江省，遼寧省，少数は内蒙古自治区
満族	満洲	265	遼寧省，黒竜江省，吉林省，河北省，北京市，内蒙古自治区
侗族	トン	111	貴州省，湖南省，広西壮族自治区
瑤族	ヤオ	124	広西壮族自治区，湖南省，雲南省，広東省，貴州省
白族	ペー	105	雲南省
土家族	トウチャ	77	湖南省，湖北省
哈尼族	ハニ	96	雲南省
哈薩克族	カザフ	80	新疆維吾爾自治区，ごく一部は青海省，甘粛省
傣族	タイ	76	雲南省
黎族	リー	68	広東省
傈僳族	リス	47	雲南省，ごく一部は四川省
佤族	ワ	26	雲南省
畲族	ショオ	33	福建省，浙江省，ごく一部は江西省，広東省，安徽省
高山族	高砂	約30	台湾省，福建省
拉祜族	ラフ	27	雲南省
水族	スイ	23	貴州省，ごく一部は広西壮族自治区
東郷族	トンシャン	19	甘粛省，新疆維吾爾自治区
納西族	ナシ	23	雲南省，ごく一部は四川省
景頗族	チンポー	8.3	雲南省
柯爾克孜族	キルギス	9.7	主な分布は新疆維吾爾自治区，ごく一部は黒竜江省
土族	トゥー	12	青海省，甘粛省
達斡爾族	ダフール	7.8	内蒙古自治区，黒竜江省，一部は新疆維吾爾自治区
仫佬族	ムーラオ	7.3	広西壮族自治区
羌族	チャン	8.5	四川省
布朗族	プーラン	5.2	雲南省
撒拉族	サラール	5.6	青海省，少数は甘粛省
毛難族	マオナン	3.1	広西壮族自治区
仡佬族	コーラオ	2.6	貴州省，ごく一部は広西壮族自治区
錫伯族	シボ	4.4	新疆維吾爾自治区，遼寧省，ごく一部は吉林省
阿昌族	アチャン	1.8	雲南省
普米族	プミ	2.2	雲南省
塔吉克族	タジク	2.2	新疆維吾爾自治区
怒族	ヌー	1.9	雲南省，このほかごく一部は西蔵自治区
烏孜別克族	ウズベク	0.75	新疆維吾爾自治区
俄羅斯族	オロス	0.06	新疆維吾爾自治区，一部は黒竜江省に分散
鄂温克族	エヴェンキ	1.3	内蒙古自治区，このほかごく一部は黒竜江省
崩竜族	パラウン	1	雲南省
保安族	ポウナン	0.68	甘粛省
裕固族	ユーグ	0.88	甘粛省
京族	キン	0.54	広西壮族自治区
塔塔爾族	タタール	0.29	新疆維吾爾自治区
独竜族	トールン	0.41	雲南省
鄂倫春族	オロチョン	0.32	内蒙古自治区，黒竜江省
赫哲族	ホジェン	0.08	黒竜江省
門巴族	メンパ	約4	西蔵自治区
珞巴族	ロッパ	約20	西蔵自治区
基諾族	ジノー	1	雲南省

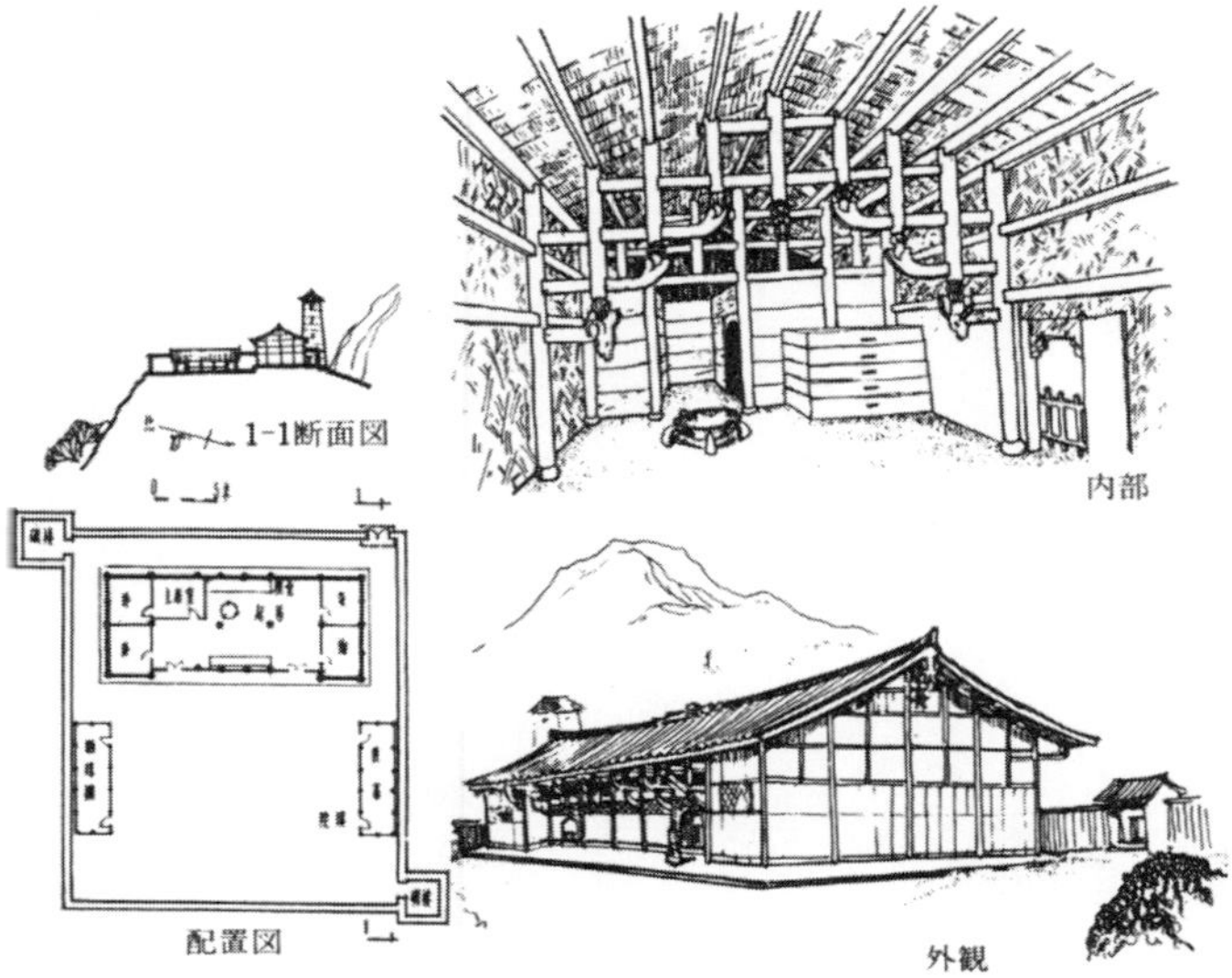

図29　四川省涼山甘洛斯普区のイ族(黒イ)の住宅

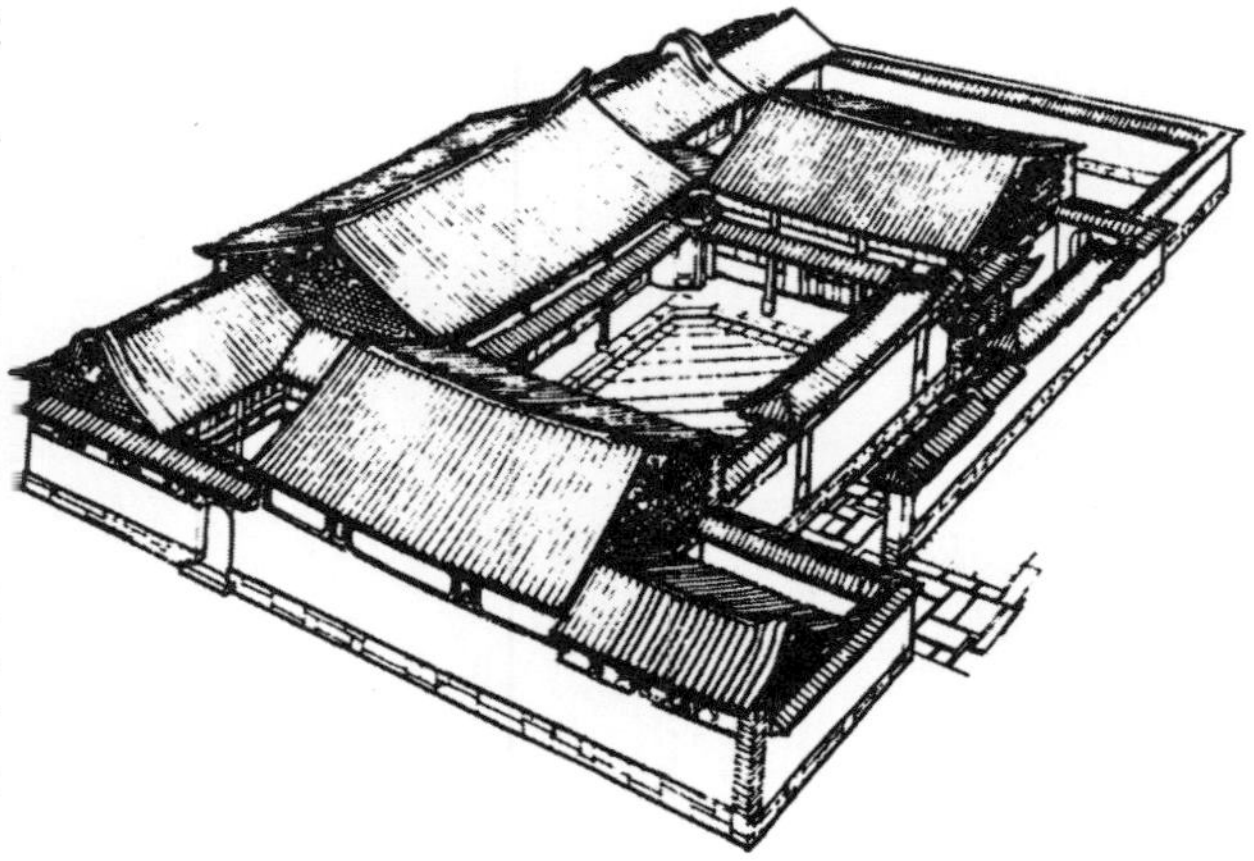

図30　雲南省大理周城公社のペー族の三合院住宅(鳥瞰図)

めて優れた伝統を有することで知られている。ペー族は古来、漢族より以上に、自分たちの家の装飾や造作を入念に行なうことで定評があった。平面構成は漢族のそれと全く同様な三合院や四合院の中庭式を採用しているが(図30)、きわめて精緻な塼彫を施した照壁(目隠し塀)や門楼を建てたり、扉や窓にも一面に木彫や文様格子を施しており、木造の架構や継手、仕口の技術の面でも非常に高度な水準を備えているのが特色である〔雲南省建工庁設計院、一九六三〕。

15　雲南省シーサンパンナ・瑞麗・元江等地方(タイ族)

雲南省シーサンパンナ・タイ族自治州のタイ族の住民は、竹垣の中に木造、「干闌」(高床)式で、大屋根を葺き下ろした独立棟が建つ。吹放しの下層は家畜と物置に用いられ、割竹を敷いた上層が居住空間であり、物置、物干しに用いられるテラスと居間、接客用の前廊および壁で仕切られた中に、イロリを設けた食堂兼厨房と寝室の二室がある(図31)。屋根瓦は裏桟のついた特殊な形式のものを用いている。雲南省のその他の地

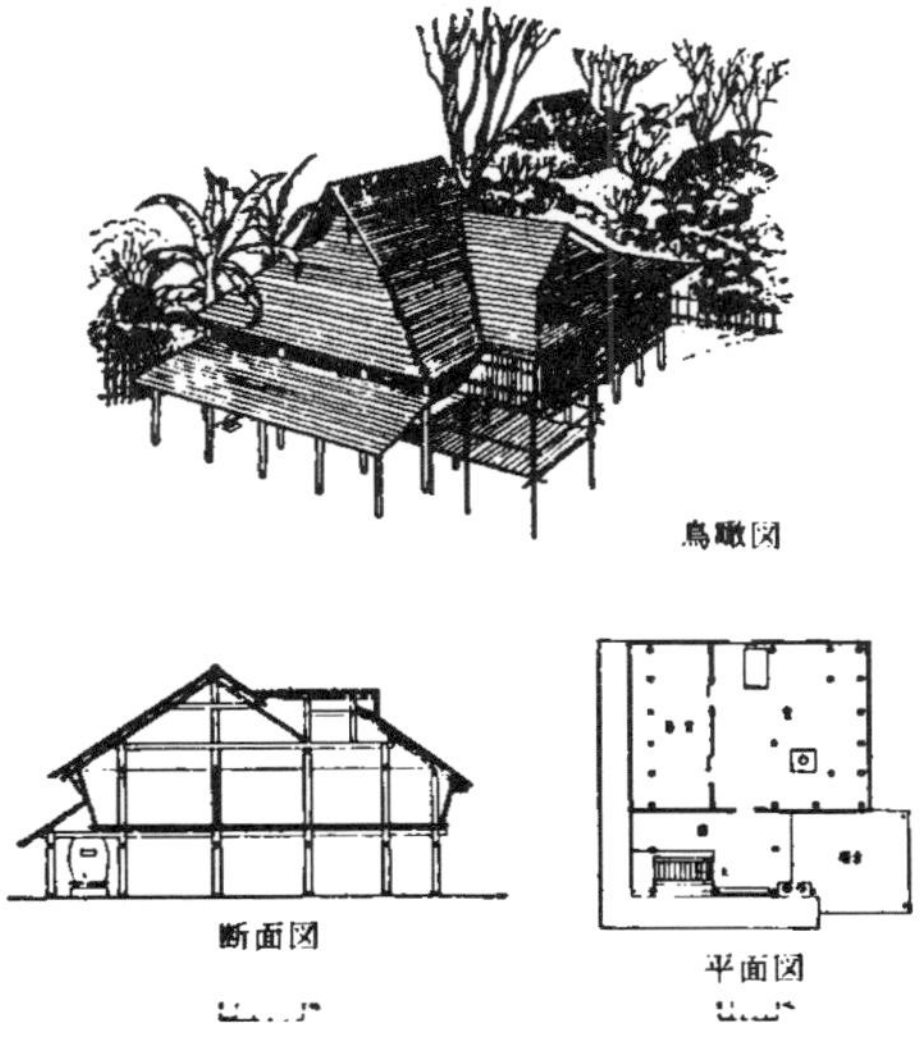

図31　雲南省シーサンパンナ景洪のタイ族の住宅

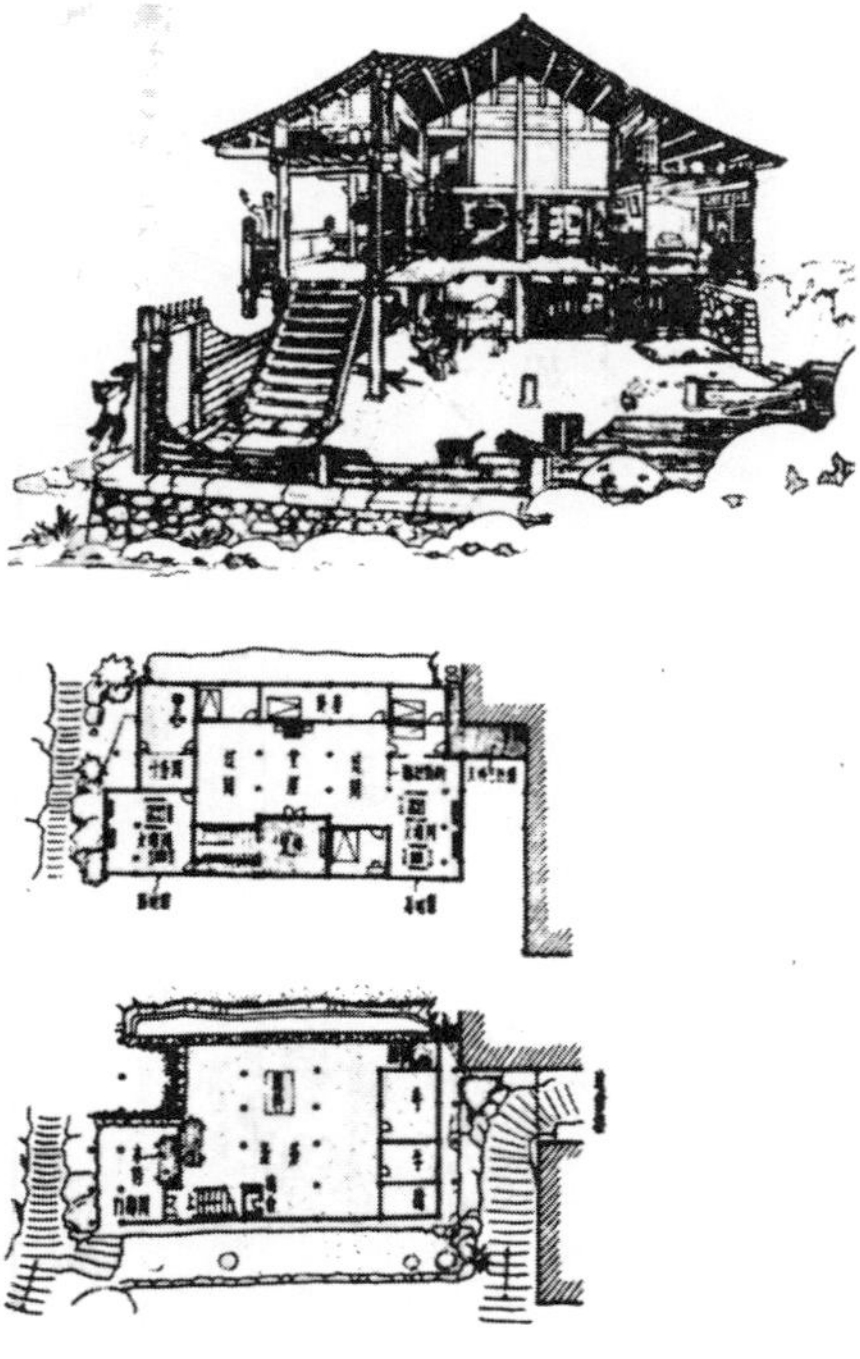

図32　広西柱北龍勝のチワン族の「麻欄」住宅（上・断面透視図、中・二階平面図、下・一階平面図）

方におけるタイ族の住宅は、それぞれ若干形式を異にしており、たとえば徳宏タイ族チンポー族自治州の瑞麗のものは同じ高床ではあるが、切妻に屋根を差し掛けた形の外観を呈し、また潞西には高床のものと通常の土間建のものとが併存している。玉渓元江の住宅には中庭式の平面配置をとり、土間建で漢族の影響を強く受けたものがみられる〔雲南省建築工程設計処、一九六三劉敦楨、一九八〇〕。

16　広西地方（チワン族）

広西チワン族自治区の桂西南・桂北地方のチワン族の住宅もやはり干闌（高床）式で、明代の書物に「麻欄」の名がみえることから、チワン語の用法からは適切ではないが、現在もこの呼称が通用している〔壮族簡史編写組、一九八〇〕。下層を家畜、物置に用い、上層を居住空間とするもので、間口二、三間のものが多く、前側に大広間をとり、背面側にいくつかの寝室を設けるのが通例である。図32は桂北地方の山地に建つもので、なかでも規模の大きな部類に属する〔孫、一九六三〕。

17　貴州黔東南地方、その他（トン族、ミャオ族）

貴州省黔東南ミャオ族・トン族自治州およびこれに隣接する広西チワン族自治区三江トン族自治県を含めた一帯に居住するトン族とミャオ族の住宅にも、やはり干闌（高床）式系統のものが多い。トン族は建築技術の特異な伝統を有することで知られ、たとえば三江の密檐式に軒を重ねた鼓楼や橋脚ごとに橋亭を建てた屋根つきの廊橋は、その代表的な例である。黔東南地方のトン族の住宅は高床式を用い、下層が家畜、物置、上層が居住空間で、中央の大広間もしくは数間の居間を取り囲むように寝室や厨房が配される形式をもつが（図33）、またその前面にテラスが配され、天井裏も貯蔵用に供されるものもある〔鄧、一九八一〕。

図33　貴州省黔東南榕江のトン族の「干欄」式住宅

ミャオ族は広範な地方に分布しており、各地によって風俗がかなり異なるのと同様に、住宅の形式も一様ではない。貴州省黔東南地方でも立地によって異なり、前掲のトン族と同様の高床式で、上下二層を使い分けているもののほか、高床式を用いないものもあり、また山地の斜面では吊脚楼（懸造）の形式を用いるものが多い（図34）。また、広西桂北地方では高床式が多く、貴州東部や湖南湘西地方では石壁や日乾煉瓦、塼壁のものが多く、雲南では井幹式(校倉造)もあって、さまざまである(鄧、一九八一鳥居、一九〇七、一九二六劉介、一九二八淩等、一九四七)。

18　雲南・貴州・広東等地方、その他(ナシ族、ジノー族、プラン族、ハニ族、スイ族、ワ族、リ族、その他)

上記以外の少数民族の住宅については調査資料も乏しく、ごく簡単にふれることしかできない。そのなかでも指摘しておくべきであろうと思われる例の一つは、雲南省麗江永寧のナシ族の住宅である(図35)。ナシ族は阿注婚という妻問婚の習俗をもっていることで知られているが、住宅は、丸太や角材を積んだ「木楞子《ムロンツ》」とよばれる井幹式(校倉造)で、「一梅《イメイ》」とよぶ主屋と畜舎からなるのが通例で、さらに大きな住宅では、これに「尼扎意《ニタイ》」と称する二階屋と、経堂とを加えて四合院を形成している(詹等、一九八〇)。もう一つは雲南省シーサンパンナのジノー族の「大房子《ダアファンツ》」すなわちロングハウスであり(図36)、高床式の上層で集団生活が営まれるもので、図中の17と記入された部分がそれぞれの家族の部屋にあたる(荘、一九八一朱宝田、一九八二)。また、雲南省西盟ワ族自治県に居住するワ族の住宅は、山の斜面に沿って

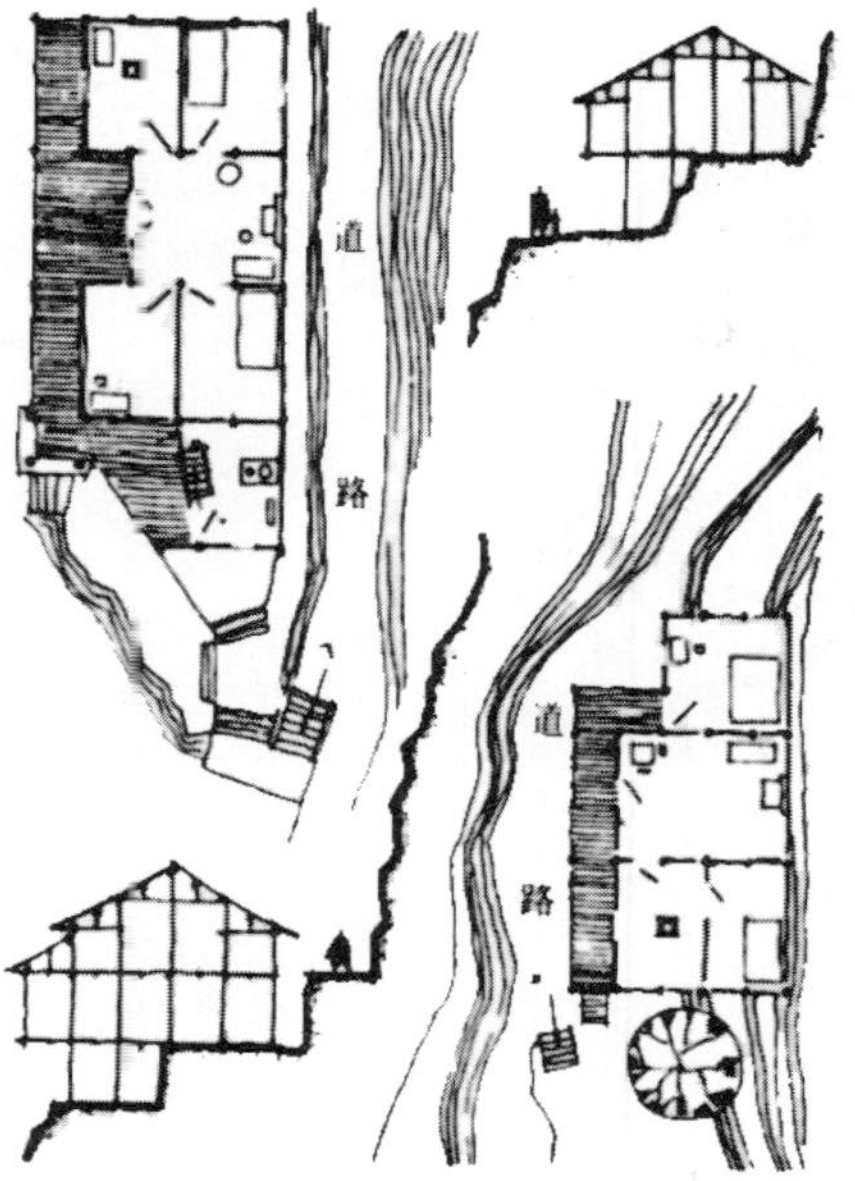

図34　広西柳州三江のミャオ族の「吊脚楼」住宅

図35　雲南省永寧のナシ族の「井幹」式住宅(1主屋、2経堂、3二階屋「尼扎意」、4蓄舎)

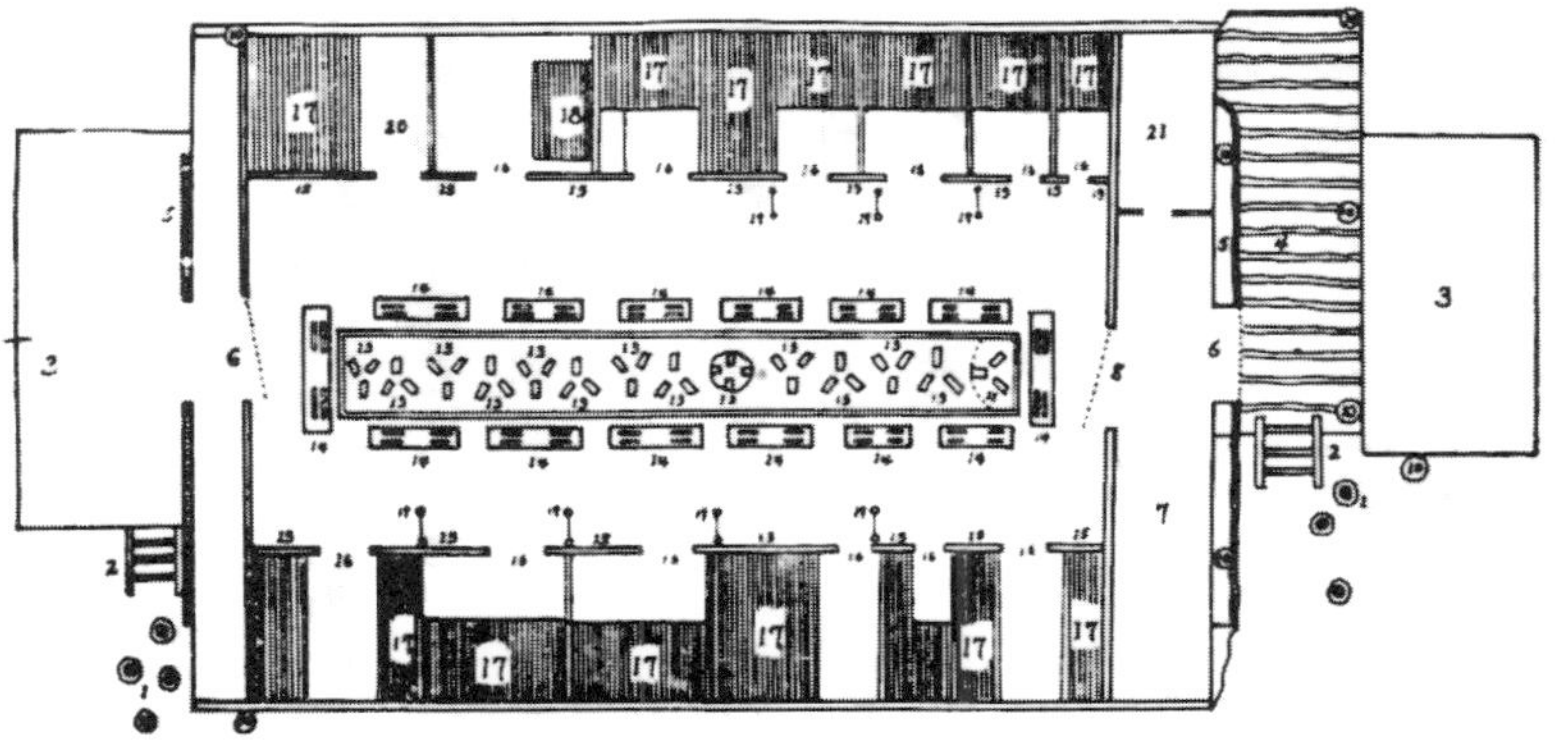

図36　雲南省シーサンパンナ景洪ジノー・ロコのジノー族の「大房子」(ロングハウス)
1. 沖碓(木刻)　2. 楼梯　3. 晒台　4. 木板涼台　5. 房子外沿　6. 房子正門　7. 客房　8. 内門　9. 竹芭墻　10. 圭子　11. 氏族火塘　12. 鉄三角架　13. 石鍋庄　14. 木尭　15. 竹楼矮隔墻　16. 個体家庭門　17. 竹床　18. 木床　19. 竹欄　20. 家長住房　21. 宗教房

建てられ、タイ族と同様の高床式で、通例は三間からなり、それぞれ主・客・鬼のイロリを設けるほか、村落にはロングハウスもあって、宗教儀礼で殺した牛頭を鬼に見立てて掲げたり、特異な木彫を施すという〔田等、一九八〇〕。

以上のほか、華南・西南地方の少数民族で干闌(高床)式住宅を使用しているものは数多い。たとえば雲南省シーサンパンナのチンポー族は、切妻造で妻入りの、棟持柱のある高床式であり、同地方のハニ族もタイ族と同様の高床式であるが、紅河ハニ族イ族自治州のハニ族では、下層に周壁のついた高床式になる。同じくプラン族もタイ族と同様の高床式を用いている。また、広西桂北地方のヤオ族の住宅は前掲のトン族の形式に近く、貴州のスイ族は高床の円形糧倉を用い、広東省海南島のリ族は棟の円い「船形屋《チュワンシンウー》」とよばれる高床式住宅を使用している。このほか、雲南のリス族、ラフ族、ヌー族、トールン族、パラウン族、広西のマオナン族、台湾の高砂族なども高床式住居を使用している〔宋、一九八〇(a)、(b)貴州省民族研究所、一九八〇広東省民族研究所、一九八二劉致平、未刊ほか〕。

むすび

最後に、中国住宅の類型分類として、私が現在考えている案を提示してみたい。この種の分類としては、かつて劉敦楨が概説のなかで、平面形態によって、円形、縦長方形、横長方形、曲家、三合院、四合院、三合院と四合院の混合型、環形そして窰洞の九類型に分類したものがあった〔劉、一九五七〕。ところがこの分類によると、たとえば福建省の土楼は環形と三合院、四合院の混合型の両方に分類されるというような不都合が生ずる。また当時と比べて、その後の調査資料の増加によって、たとえば窰洞にしても構造的には異なる類型があることや、西

表2　中国住宅の構造類型による分類（試案）

- 木造
  - 梁架構造
    - 地上系
      - 平　房／半楼房
        - 単棟型……漢（全域），回（全域），満洲（東北），朝鮮（吉林），イ（西南），ヤオ（広西），ヌー（雲南），トウチャ（湖南・湖北），シーボ（新疆西北），ダフール（黒竜江），ミャオ（湖南・湖北）他多数
        - 開放型庭院
          - 不定型……同上
          - 曲尺型……同上
          - 三合院……同上
          - 四合院……同上
        - 閉鎖型庭院
          - 三合院……漢（全域），ペー（雲南大理）
          - 四合院……漢（全域），ペー（雲南大理）
      - 全楼房
        - 小規模三合院・四合院……漢（雲南昆明，安徽徽州，江西景徳鎮）
        - 大規模集合住宅
          - 環形土楼……客家（福建永定・竜岩，広東梅県）
          - 方形土楼……同上
    - 高床系
      - 吊脚楼（斜坡上懸造）……漢（四川重慶，浙江山区他），ミャオ（貴州黔東南），トン（貴州黔東南），リス（雲南怒江区），ワ（雲南西盟），ヤオ（広西北部），ヌー（雲南怒江），パラウン（雲南徳宏）
      - 干闌式（高床式）……タイ（雲南シーサンパンナ・徳宏），ハニ（雲南シーサンパンナ），チンポー（雲南徳宏），チワン（広西竜勝・徳保・靖西・竜州），リス（雲南怒江），ラフ（雲南勐海），ヌー（雲南怒江），トン（貴州黔東南），トールン（雲南南部），ジノー（雲南シーサンパンナ），プイ（貴州黔南），スイ（貴州黔南），リー（広東海南島），パラウン（雲南徳宏），ミャオ（貴州黔東南），プーラン（雲南勐海），高砂（台湾），ワ（雲南西盟）
      - 土牆干闌式（壁囲い高床式）……ハニ（雲南紅河・元陽・緑春），マオナン（広西北部）
  - 非梁架構造
    - 井幹式（校倉造）……ナシ（雲南永寧），漢（雲南），プミ（雲南西北），トールン（雲南北部），リス（雲南西北部），オロチョン（内蒙古）
- 土・土坯（日乾煉瓦）造
  - 密肋平頂（小梁・陸屋根）……ウイグル（新疆南部），漢・回（甘粛，青海，陝西西部，寧夏），サラール（青海），タジク（新疆タシュクルガン），ウズベク（新疆），タタール（新疆イリ，ウルムチ），ハニ（雲南墨江）
  - アーチ・ヴォールト――地上アーチ……漢（陝西北部），ウイグル（新疆トルファン）
  - 窰洞（横穴式穴居）
    - 錮窰（地上窰）……漢（河南西部，山西中・北部）
    - 靠山窰（断崖利用）……漢（河南西部，陝西北部，山西中部，甘粛東部，新疆，河北西北部，内蒙古チャイハル）
    - 地坑窰（人工中庭開鑿）…漢（河南西部，陝西北部）
  - テント型土房……モンゴル（内蒙古東部）
- 石造
  - 全楼房……チベット（西蔵ラサ，四川ガバ，青海西南部，甘粛南部），チャン（四川ガバ），メンバ（西蔵南部）他
  - 平房・半楼房……漢（福建泉州），高砂（台湾排湾人），アチャン（雲南徳宏）他
- 仮設・その他
  - 氈包（テント）……モンゴル（内蒙古），ユーグ（甘粛），キルギス（新疆西南），カザフ（新疆イリ），タタール（新疆イリ他），エヴェンキ（内蒙古・黒竜江），オロチョン（内蒙古）
  - 巣居……オロチョン（内蒙古・黒竜江）
  - 舟居……漢（広東，福建，江蘇）
  - 千脚棚（天地根元造）……コーラオ（貴州西部），ホジェン（黒竜江），ミャオ（雲南昭通）他

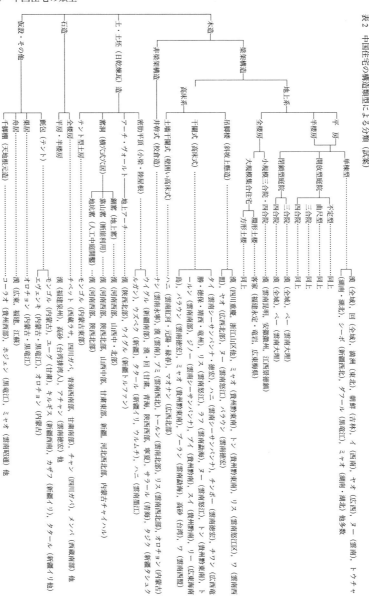

南地方の少数民族の住宅の状況についても少しずつ判明してきている。このような状況を考慮して、むしろ純粋に建築構造の面から分類してみたらどうであろうか、と考えて作成したのが表2である。一つの試案として提供するものにすぎず、大方のご叱正を賜われれば幸いである。

参考文献

伊東恒治　一九四三『北支蒙疆の住居』弘文堂

今西錦司、伴豊　一九四八(a)「大興安嶺におけるオロチョンの生態(一)」『民族学研究』一三(一)

今西錦司、伴豊　一九四八(b)「大興安嶺におけるオロチョンの生態(二)」『民族学研究』一三(二)

雲南省建工庁設計院少数民族建築調査組　一九六三「洱海之浜的白族民居」『建築学報』第一期

雲南省建築工程設計処少数民族建築調査組　一九六三「雲南辺境的傣族民居」『建築学報』第一一期

詹承祖、王承権、李近春、劉龍初　一九八〇『永寧納西族的阿注婚姻和母系家庭』上海人民出版社

汪国瑜　一九八一「徽州民居建築風格初探」『建築師』九

汪之力　一九六二「浙江民居採風」『建築学報』第七期

王紹周　一九八〇「北京四合院住宅的組成与構造」『科技史文集』第五輯

韓嘉桐、袁必堃　一九六三「新疆維吾爾族伝統建築的特色」『建築学報』第一期

賀業鉅　一九五七(a)「湘中民居調査」『建築学報』第三期

賀業鉅　一九五七(b)「湘中民居調査(続完)」『建築学報』第四期

貴州省民族研究所　一九八〇『貴州的少数民族』貴州人民出版社
歙県博物館　一九八〇「徽州明代住宅——老屋角」『安徽文博』第一期
建築工程部建築科学研究院建築理論及歴史研究室中国建築史編輯委員会　一九六二『中国建築簡史・第一冊・中国古代建築簡史』中国工業出版社（田中淡訳編　一九八一『中国建築の歴史』平凡社）
胡悦謙　一九五七「徽州地区的明代建築」『文物参考資料』第一二期
江道元　一九八一「彝族民居」『建築学報』第一一期
黄誠朴　一九八一「蔵居方室初探」『建築学報』第三期
黄忠恕　一九八一「成都的伝統住宅及其他」『建築学報』第一一期
広東省民族研究所《広東少数民族》編写組　一九八二『広東少数民族』広東人民出版社
国家民委民族問題五種叢書編輯委員会《中国少数民族》編写組　一九八一『中国少数民族』人民出版社
呉興漢　一九八〇「徽州地区明清建築的形成及其類型」『安徽文博』第一期
崔樹稼　一九六三「青海東部民居——荘窠」『建築学報』第一期
朱保良　一九八〇「上海農村伝統住宅調査」『同済大学学報』第四期
朱宝田　一九八二「試論基諾族大房子」『民族学研究』第三輯
秋浦　一九七八『鄂倫春社会的発展』上海人民出版社
周達生　一九八二「客家文化考——衣・食・住・山歌を中心に——」『国立民族学博物館研究報告』七（一）
周培南、楊国権、李屏東　一九八一「向黄土地層争取合理的新空間——靠山天井院式窰洞民居初探」『建築学報』第一〇期
邵俊儀　一九八一「重慶「吊脚楼」民居」『建築師』九
荘孔韶　一九八一「基諾族「大房子」諸類型剖析」『中央民族学院学報』第二期
徐尚志、馮良檀、潘充啓、鄒建農　一九六三「雪山草地的蔵族民居」『建築学報』第七期

宋恩常　一九八〇(a)『雲南少数民族社会調査研究・上集』雲南人民出版社
宋恩常　一九八〇(b)『雲南少数民族社会調査研究・下集』雲南人民出版社
《壮族簡史》編写組　一九八〇『壮族簡史』(中国少数民族簡史叢書)広西人民出版社
孫以泰　一九六三「広西僮族麻欄建築簡介」『建築学報』第一期
《中国百科年鑑》編輯部　一九八〇『一九八〇・中国百科年鑑』中国大百科全書出版社
張馭寰　一九五七「北京住宅的大門和影壁」『建築学報』第一二期
張馭寰　一九八一「中国風土建築――隴東窰洞」『建築学報』第一〇期
張仲一、曹見賓、傳高杰、杜修均　一九五七『徽州明代住宅』建築工程出版社
張歩騫、朱鳴泉、胡占烈　一九五七「閩西永定県客家住宅」『南京工学院学報』第四期
張芳遠、卜毅、杜万香　一九六三「朝鮮族住宅的平面布置」『建築学報』第一期
陳従周　一九六三「浙江古建築調査紀略」『文物』第七期
陳中樞、王福田　一九五七「西北黄土建築調査」『建築学報』第一二期
陳耀東　一九五九「蔵族建築簡介」『建築学報』第六期
陳耀東、楊玲玉、于振生、邱玉蘭、屠舜耕　一九八二「中国の伝統的民家」『人民中国』六月号
田継周、羅之基　一九八〇『西盟佤族社会形態』雲南人民出版社
杜順宝　一九八一「浮梁明代建築」『南京工学院学報』第二期
鄧焱　一九八一「苗侗山寨考査」『建築師』九
鳥居龍蔵　一九〇七『苗族調査報告』東京帝国大学理科大学人類学教室
鳥居龍蔵　一九二六『人類学上より見たる西南支那』冨山房
方若柏、彭斐斐、倪学成　一九六二「広東農村住宅調査」『建築学報』第一〇期

八木奘三郎　一九三二『支那住宅志』南満洲鉄道株式会社
楊鴻勛　一九八一「試論中国黄土地帯節約能源的地下居民点――《現代穴居――地下、半地下城鎮創作》研究提要」『建築学報』第五期
拉薩民居調研小組　一九八一「拉薩民居」『建築師』九
洛陽市建委窰洞調研組　一九八一「洛陽黄土窰洞建築」『建築学報』第一〇期
陸元鼎、馬秀之、鄧其生　一九八一「広東民居」『建築学報』第九期
劉介　一九八二『苗荒小紀』(史地小叢書)商務印書館(上海)
劉致平　一九四四「雲南一顆印」『中国営造学社彙刊』第七巻第一期
劉致平　一九七九「昆明東北郷古建築図録及解説」『科技史文集』第二輯
劉致平　未刊「中国古代住宅建築概況」(油印稿)
劉敦楨　一九五七『中国住宅概説』建築工程出版社(田中淡・沢谷昭次訳　一九七六『中国の住宅』鹿島出版会)劉敦楨　一九八〇『中国古代建築史』中国建築工業出版社
龍非了　一九三四「穴居雑考」『中国営造学社彙刊』第五巻第一期
凌純聲、芮逸夫　一九四七『湘西苗族調査報告』(国立中央研究院歴史語言研究所単刊甲種之一八)商務印書館(上海)
梁鴻文　一九八一「四川羌族民居」『建築史論文集』第五輯
林耀華　一九四七『涼山夷家』(社会学叢刊乙集第五種)商務印書館(上海)

なお、挿図の出典は、図1張仲一等　一九五七。図2筆者。図3(平面図)5、6、10、12、14、17劉敦楨　一九五七。図3、4、22、27、31劉敦楨　一九八〇。図7黄忠恕　一九八一。図8陸等　一九八一。図9陳耀東等　一九八二。図11賀　一九五七(a)。図13邵　一九八一。図15、16張馭寰　一九八一。図18、33建築工程部建築科学研究院　一九六二。図19、20張

芳遠等　一九六三。図21韓等　一九六三。図23崔　一九六三。図24伊東　一九四三。図25、26国家民委民族問題五種叢書編集委員会　一九八一。図28徐等　一九六三。図29江　一九八一。図30雲南省建工庁設計院　一九六三。図32孫　一九六三。図34鄧　一九八一。図35詹等　一九八〇。図36朱宝田　一九八二。

一一　歴史にみる先端技術導入の場面

一　大仏再建――国家事業としてのモニュメント建設

治承四年（一一八〇）、平重衡の率いる兵軍が南都を攻略して放った火勢は、東大寺・興福寺の二大寺院を焼き尽くし、当時すでに数百年に及ぶ歴史を有する古都の空を焦がしつづけた。時をさかのぼること四七〇年前、天平の時代に、中国から学んだ律令制を初めて全国にしいた国家の象徴として築かれ、日本で最初の巨大木造建築であった大仏殿の甍は、このとき轟音とともに、はかなくも崩れ落ちたのである。

東大寺大仏殿は、じっさいわが国で最初に実現した中央集権国家の威信を内外にしめすための政治的装置であり、その首都である平城京を象徴する国家的モニュメントでもあった。当時の為政者にとって、仏教は、たんなる個人的な精神世界の宗教ではなく、国家を守護する絶対不可欠な政治原理だったからである。

天平十五年（七四三）に聖武天皇の発願によって鋳造された毘盧舎那仏《びるしゃなぶつ》[1]は、像高が五丈三尺五寸、全部で四〇万一九一一斤の銅を用い、全身が黄金に彩られ、螺髪《らほつ》[2]は紺青色、唇は赤紅色に塗られた、日本で最初の巨大仏像であり、まさしく鎮護国家仏教のシンボルというにふさわしい威容を誇った。多量の金を産出する黄金列島ジパングならばこそつくり得たといえるかもしれない。

大仏殿は、いうまでもなくこの毘盧舎那仏を庇護するために築かれた空前絶後の規模をもつ木造建築である。当時の文献の記載によれば、桁行七間、梁間三間の周囲に裳階《もこし》(3)をめぐらせた平面で、全体の規模は約八六×五〇メートルである。天平勝宝元年（七四九）に着工され、天平宝字二年（七五八）になってようやく竣工をみるにいたった。着工の以前に播磨国（兵庫県）の杣《そま》から大柱五〇本が伐り出されていることから、実際の建設工事にかかった期間は一四年に及んでおり、この間、技術者は延べ五万一五九〇人、人夫は延べ一六六万五〇七一人を費やしている。文字どおり、わが国の古代における最高の技術と人智と労働力とを結集することによってはじめて実現することのできた、建築技術史上の最高傑作のひとつといっていい。

その巨大な政治的装置がもろくも焼け落ちたのであるから、当時の貴族たちの落胆ぶりも尋常ではなかった。精神的支柱を失った為政者にとって、このモニュメントを再び建設することは、あらゆる苦難を乗り越えてでも実現させなければならない使命となったのである。しかし、その再建工事の前には、幾多の技術的困難が横たわっていた。まず第一に、並外れて巨大な柱・梁に用いる木材を調達するうえでも、多量の黄金を採取するにも、天平の昔にくらべてすでにして政治的、経済的事情はもちろんのこと、また原材料調達のための情況そのものが異なっており、とうてい容易な仕事ではなかった。

ここに、困難な大事業の責任者として東大寺再建の大勧進職に任ぜられたのが、俊乗房重源（一一二一～一二〇六）という傑物の僧であった。重源は、みずからが藤原兼実に語ったところによれば、宋に渡ること三度、彼の地でも建築事業に携わった経験があるといい、そうした実績を買われての抜擢だったのだろうと一般に考えられている。三度という自称が本当かどうかはもはや知る由もないけれど、まだ無名であった時期から入唐三度の履歴があることを銘文に記しているし、少なくとも一度は現地でのちにわが国の臨済禅の祖となる栄西（一一四一〜一二一五）と遭遇したというのはあながち虚言ともおもえないから、中国の寺院建築について一定程度以上の知識をもっていたとみていいだろう。

彼の自称の真偽を問うことはともかくとして、俊乗房重源という名僧がこの大事業全体の指揮をとった結果、採用された大陸伝来の新建築技術があったればこそ、ようやく巨大モニュメントの復興が可能になったことだけは否定できないところなのだ。そして、そこには、当然ながら技術と人間の苦難の戦いが生じたにちがいない。私たちは、その情況をわずかに今日に伝えられている当時の建築遺構や文献史料、考古学的データなどによって推察しようとするとき、先端技術を導入する際の技術者たちの葛藤——すなわち、技術者たちの急速なポテンシャル・エネルギーの高まり、新技術のシミュレーション、先端技術のアプリオリな模倣もしくは日本的改良工夫のための有用無用の努力、等々——そうした歴史に展開された場面が想像以上に今日的であることに気づくことであろう。

二　超破格規模の木造建築を実現するために登場した最先端技術

被災の翌年に東大寺再建の大勧進職に任命された重源は、まず宋および日本の鋳物師を指揮して、火災で焼損した大仏の頭部および両臂の鋳造にかかり、それを完成させると、鍍金を施し、文治元年（一一八五）には大仏修造の落慶供養法要を隆重に挙行するところまでこぎつけることができた。こうして、とりあえず火を被った大仏の修復は完遂できたのだが、問題はそれを覆う大仏殿の建設という大々的な難事業が控えていたことである。

もとより天平の東大寺大仏殿建設も、経済的にも技術的にも容易な事業であったはずはないが、いまや源平の

東大寺法華堂(三月道)前の石燈籠

戦乱不穏の世であり、政治的、経済的条件は往時とは比較にはならないほど逼迫していた。

重源はみずから勧進聖をともなって諸国に結縁を進め、この難事業の推進に一身を投じた。だが、造営経費の捻出ははかどらず、挫折しそうになったことは一、二度ではなく、大勧進職の辞退まで申し出ている。なかんずく、大仏殿再建の総責任者であるかれにとって最大の苦難は、超破格規模の木造建築を実現させるための大材をいかにして確保するかという点であった。天平時代には、近場といってもいい播磨国の杣で採取できた大材は、このときすでに入手することが困難になっていた。文献史料をつうじて、彼は、あるいは吉野の山中に巨材を見いだして歓喜し、はたまた伊勢太神宮の杣から大材を伐り出してほしいと請願するなど、再三にわたり苦慮を重ねた形跡を読みとることができる。

ようやく文治二年(一一八六)になって、周防国(山口県)が東大寺造営料として寄付されることが正式に決まると、重源はみずから番匠を率いて周防に下った。杣に入って良材を探し求め、その運搬方法にも工夫を凝らして、轆轤をしつらえては大綱を引き、柱を一本ずつ車に乗せて牛馬に挽かせ、さらに筏を組んで川を下り、瀬戸内海に流し出して、水路を大和まで運んだと伝えられている。このような社会事業の成功にまつわる秘話には往々にして後世の尾ひれが付加するものだから、あまりに文献の細部の描写に立ち入り、こだわるのは、ここでは差し控えよう。けれども、遠路はるか周防国にいたってようやく求める大材にめぐり会えたという事実は、動かしがたい。これは、奈良時代から鎌倉時代へと推移していく歴史にともなう社会経済的背景の変化を如実に反映してい

①南大門の裏側にある石獅子像（吽形の裏）②台座のレリーフ③同じく石獅子像（阿形の裏）④台座の文様⑤金銅八角燈籠⑥扉の文様　photo/Hitoshi Iwakiri

るといっていいだろう。

　こうして伐採、運搬した大材によって、大仏殿の再建工程はようやく軌道に乗ることができたのである。その後、この事業は源頼朝の庇護をも受けて順調にすすみ、建久元年（一一九〇）に立柱がはじまり、そしてついに五年後の建久六年には東大寺の落慶供養が行なわれた。

　俊乗房重源は、その再建にあたって、天平創建の大仏殿の平面形式を、ただ大仏の左右に四本の柱を増しただけで、その建築全体の平面規模はまったく踏襲した。ただし、その建築構法には、前身の建物とはもとよりまったく異質であるばかりでなく、当時としては斬新きわまりない新技術を採用したのである。

その様式を「大仏様」と呼ぶ。その源流は、最近の研究によると、中国の南方、もっと範囲を狭めていえば福建地方に行なわれていた建築様式にしたがった地方色のつよい流派であったことが判明している。創建当初の破格の平面規模を実質上そのまま受け継ぎながら、しかもきわめて短期間のうちに完成させなければならないという政治的要請ないしは社会的制約があったことも、おそらく新技術導入の背景として無視できないところであったろう。

当時としては最先端に属する外来の技術は、こうして巨大モニュメント再建の場面に登場するところとなった。ちょうど天平の大仏殿がそうであったように、その時代は、外来の先端技術を消化しなければならないというきわめて政治的な要請を戴きながらの、しかも、まもなく訪れようとしている社会風尚の変化をも確実に包みこみながらの、ひとつのエポックであった。

三　海を渡って来た木工・鋳物師・石工と新技術を消化した日本人工匠たち

俊乗房重源が大仏再建にあたって採用した技術者には、宋から渡来した鋳物師、石工、木工と、当時わが国の最高水準にあったと推定される各分野の工匠たちと、その双方がいた。いわば、その技術者集団は日中混成チームであった。とはいっても、それは今日のように日中両国の技術協定に基づいて、プロジェクト・チームを組み、工程表を作成して、双方の協議を重ねながらすすめていくというようなものとは、程遠かったにちがいない。

現代でも、この種の二国間共同技術プロジェクトというのは、ただでさえトラブルが絶えないのだから、いわんや往時においておや、である。しかも、このときの再建工事に参画した宋人の技術者グループには、いまひとつ来歴や専門の不明瞭な人たちが少なくなかった。

重源が大仏修造にあたって登用した宋人工匠の中心人物は、陳和卿《ちんなけい》。その生没年は不詳である。彼の名が東大寺再建工程に関連して現われるのは、養和元年(一一八一)が初めてである。文献の記載によると、このとき重源は、数年来商用のために日本に来ていた宋人の鋳物師の陳和卿が、今年は鎮西国(博多)におり、帰国したかったが船が壊れて渡航できずに留まっているという消息を聞いて、おおいに喜び、奈良のみやこに呼んで大仏鋳造の相談をしたいともちかけたという。これ以降、彼は東大寺再建工事の表面に登場するようになる。少なくとも公的記録では、かれは鋳工ということになっているが、その後、しだいにこのプロジェクト全体のなかで権勢を強めていったらしい。大仏修復の鋳造工程の際の技術者メンバーは、鋳物師大工の陳和卿および宋工の舎弟の陳仏寿《ちんぶつじゅ》ら七名、そして日本鋳物師の草壁是助《くさかべこれすけ》以下一四人であったと記録されている。

大仏の修造だけではなく、たとえばいまも大仏殿前に立つ八角の燈篭の扉の文様は陳和卿グループの作品であろうし、大湯屋の鉄湯船、別所の鉦鼓、五輪塔などにもかれらの手になるものが伝わっている可能性は少なくない。また一方、たとえば周防阿弥陀寺に伝わる鉄塔のように、明らかに草壁是助の作であることが判明するものもあるが、宋人鋳工たちの仕事は、おそらく日本人鋳物師にすくなからぬ刺激になったのではないかと推定される。

大仏修造、あるいは湯船、湯釜、香爐などの鋳造にあたって重源が巧みなアイデアを駆使したと記す文献があるが、それはおそらく陳和卿の鋳物技術者としての業績がプロジェクトの総帥である重源に仮託されたとみるべきであろう。もうひとり、かれの舎弟分の陳仏寿という人物については明らかでないが、その名から推して、和卿と同様に、仏像を専門につくる鋳工だったのではないか、と私は思う。

日宋貿易が盛んであった平安時代末期には、福建あるいは浙江と九州のあいだは船で頻繁に連絡されていたし、商品としての仏像がそのころ現地で売買されていたとしても不思議ではない。彼らは、もともとみずからその商売を兼ねる工匠だったのではないだろうか。

重源と行動をともにしたもうひとつのグループに石工がいる。いまは東大寺南大門の阿形《あぎょう》・吽形《うんぎょう》像の裏側に安置している一対の石獅子像（日本流にいうと狛犬だが、すくなくともこの石像の場合は不適当である）は、もとは中門に置くために、建久七年に「宋人字六郎ら四人の石工」が大仏殿の石脇士、四天王像らとともにつくったものであり、日本の石は材質が悪いため、とくに宋から買い付けた石を用いてつくったと記録されている。

たしかにその石獅子の姿態と文様は宋代石彫の典型的風格をとどめており、ゆるがせにできない宋風彫刻の逸品である。おそらくは良質の石を多く産出する福建南部から輸入したものだろう。

伊賀別所新大仏寺（三重県阿山郡大山田村）に現存する本尊台座石の獅子の浮彫もまた同様に、宋人の作品とみていい。東大寺再建工事にかかわった石工の名としてはほかに伊行末《いこうまつ》という人がいたことが知られており、その息子が般若寺の石塔婆に刻んだ銘文によると、明州（浙江省寧波）の人だという。当時の寧波も日宋交易の主要な港口であった。さきに引用した「字六郎」というのは、昔から中国で一家の子女の名を排行によって表わすいいかたで、ごく日常的に用いられた。六郎が伊行末その人と同一人物かどうかはいまとなっては不明だけれども、これはきわめて信頼すべき記録だといっていい。ともかく、現存する作品からみても、かれらの芸術的水準は高く、当時の日本の木彫仏師にも影響をあたえたであろうと推測される形跡さえみられるように、私は思う。

彼ら、すなわち陳和卿を中心とする工匠グループによって大仏修復や金工作品、あるいは石積工事や石彫作品がつくられたことはほとんど疑いを入れない。だとすれば、大仏殿の本体をなす木造建築工事を中心的に担った宋人工匠は果たして誰だったのだろう。「大仏様」という謎の多い建築様式を解明する鍵は、じつはここにあるのではないかと、私には思われてならない。

じつは、すでに引いた資料のなかにも、陳和卿や伊行末らの工匠といっしょにあげられながら、その他大勢としてくくられてしまった人たちが、五人、あるいは三人といた。そういう名もない工匠たちのなかに、もちろん木工大工がいなかったとは限らない。ではあるが、大仏殿のような巨大建築の木工事を主体的に担うことのできる工匠がそんな副次的な地位におさまっていることが果たしてあり得るものだろうか。

ちなみに、陳和卿は、建久六年の東大寺落慶供養の翌日、源頼朝から、和州（奈良）の工匠たちとともに難工事を完成させた功績を讃えられ、重源を通じて面会を求められたが、自分は宋の地で国敵と対戦したとき、多くの人命を断った罪業深い身であるからと、再三にわたり、この優待を固辞した。そして、建永元年（一二〇六）に重源が示寂してから一〇年後、かれは、こんどは鎌倉に現れている。建保四年（一二一六）、宋への脱出をはかろうとする源実朝のために、船を一隻建造したのである。だが、船は進水することあたわず、間もなく傾き、由比が浜に沈没した。陳和卿はもとより船大工ではないが、これは彼が木工全般に必ずしもつよくなかったことを示唆するエピソードといえるのではないだろうか。

重源の建築造営とかかわった木造建築の工匠として唯一名をとどめている人に、播磨別所（兵庫県小野市）浄土寺浄土堂の大工として、紀清水（もしくは清永）なる人物がいる。ただし、それを記録した『浄土寺縁起』という文書は、別所創建時より一八〇年のちの応安五年（一三七二）に編まれたもので、しかもさらに伝写を経ており、いまひとつ傍証に欠ける憾みがある。

浄土寺浄土堂は、のちにも説明するように、日本建築史でいわゆる「大仏様」と呼ぶ新様式がもっとも純粋なかたちで展開されている建物だから、その大工の名が判明するとすれば、たいへんな手がかりになる。しかし、私たちに与えられた情報はここまでで途切れる。もはや、推理の途径は別の方向に求めるしかない。

四　建築構法・デザインとして何がエポック・メーキングであったのか

和様＝伝統技術に縛られていた大工たちへ与えた衝撃を探る

重源が東大寺再建にあたって採用した新様式を現在の日本建築史学界では「大仏様」という。いうまでもなく、それが主要な目的として大仏殿の再建に用いられたからである。

この様式は、従来は「天竺様」と称していたのだが、この名称だとインド様式と誤解される恐れがあるために改められたもので、「唐様」では唐時代様式と誤まられるから「禅宗様」(4)と改称したのと同様である。ただ、大仏様のほうは、重源以後も、たとえば東福寺仏殿や京都方広寺大仏殿のような大建築の建設に際して顧みられ、復活した経緯があり、江戸時代に「大物作」という呼称があったのも事実であるから、まるっきり新しいネーミングというわけではない。

重源が造営した建物は、大仏殿だけではなく、東大寺の南大門、中門、回廊の一郭、戒壇院、その他建物群のほか、自身が出身した醍醐寺、そして播磨(浄土寺)、高野専修往生院(円通寺)、渡辺(大阪)、備中(岡山)、周防南天阿弥陀仏(山口県防府市・阿弥陀寺)、伊賀(新大仏寺)などがあり、建物の総数でいうと六〇棟あまりに達する。このうち、播磨以下の七別所は、東大寺造営料としてあてられた地に建てられた念仏道場で、あるいは造営資材の入手、運搬、制作といった実際的な事業活動のための拠点としての意味も持っていた。重源が手がけた以上の建物のうち、現存するのはわずかに東大寺南大門と浄土寺浄土堂、および東大寺開山堂の内陣部分のみである。

浄土寺浄土堂内部見上げ

重源が再建した東大寺大仏殿は、その後、永禄十年（一五六七）、松永久秀の兵火によって再び焼失してしまったため、鎌倉当時の雄姿をみることはすでにかなわない。けれども、その外観は鎌倉時代の絵画『行基菩薩行状絵伝』に描かれており、その描写はかなり写実的であるから、信憑性に富む。

それによると、鎌倉再建大仏殿は、寄棟造の二重屋根で、軒を支える組物に挿肘木[5]を用い、正面一一間の中央の七間分を桟唐戸にしている。この絵に描かれた建築のつくりは、現存する正治元年（一一九九）上棟の南大門とほとんど軌を一にするものである。すなわち、二重屋根ではあるが、一般によくみられる裳階という、下層の屋根が主要部分の周囲にとりつく形式ではなく、下層の屋根が上層と同じ位置の下部においてスカートのように「腰蓋《こしやね》」[6]としてめぐらされるもので、柱が上層まで一木材で立ちのぼる構造になっている（蛇足だが、「腰蓋」という語それじたいも江戸時代の建築技術書にもみられる正統的な術語であって、わたしがにわかにつくった造語ではない）。つまり、このような二重屋根形式であれば、内部の空間は裳階つきの場合とくらべてはるかに懐が深くなるから、空間構成としてもきわめて合理的である。

浄土寺浄土堂

　実際、鎌倉再建大仏殿は天平創建の大仏殿の平面規模を踏襲していながら、冒頭で述べたように桁行九間に裳階つきの形式の前身建物とくらべて、内部空間の構成はより優れていたことは疑いない。この種の屋根構造は、組物を通常みられるような柱の上に幾重にも積み木状に組み重ねていく方法では実現できないものである。つまり、絵伝の表現によって知られるように、大仏殿の軒は、いまみる南大門とまったく同じように、巨木の柱を丸桁の下まで立ちのぼらせ、その柱に何重もの肘木を挿し込むことによって支える方式を採用している。すなわち、肘木の長方形断面の寸法だけ柱に穴を穿ち、そこに肘木を貫通させる構造であって、これを建築史の分野では「挿肘木《さしひじき》」と呼ぶ。

　南大門の吹き抜けになっている内部の架構を見上げると、そこには「貫《ぬき》」という水平方向の繋ぎ材が縦横に柱を貫通しており、いってみれば無味乾燥な構造体そのものでありながら、その迫力に圧倒されることであろう。南大門がそうであるように、大仏殿もまたこの貫・挿肘木という構造を駆使することによって、破格的スケールを実現し得たのであり、この構法こそ、大仏様建築の最大の特色のひとつに数えられる。

　重源のときの大仏殿は天平創建の柱間寸法を受け継いでいるが、その柱径は前身建物が三・八尺にくらべて五尺と、いちだんと太くなっているのは、柱に穴をあけて貫・挿肘木を貫通させなければならないという事情があったからに相違ない。重源が各地の杣で理想的な良材になかなかめぐりあえなかったのは、じつはこういう技術面の理由とも無関係ではなかったのである。

このように柱に穴を穿って、そこに横方向の繋ぎ材を挿し込む構法は、それまでの日本建築にはまったくみられないものであった。しかも、南大門の場合、縦横左右の四方向から挿し込まれた材を柱の内部で堅固に繋結させるために、「四方出し」とよばれる継手仕口(ジョイント)の方法まで採用しているのである。

建築学の分野では、平安時代から定着していた日本在来の建築様式を、大仏様、禅宗様といった外来の新様式と区別して「和様」とよぶが、和様建築では、横方向を繋ぐ部材としては、今日の和風住宅でも用いられている、「長押《なげし》」[7]という、柱の側面を欠きとって釘で打ちつけるようなものしかなかった。柱に鑿《のみ》で枘穴《ほぞあな》を彫り、そこに部材を貫き通すという発想は、建築構造の実際としてはまったくなかったといっていい。この構造方式を採用することによって建築の強度ははるかに容易に増すことが可能になるし、したがって従来は土壁の部分を多くしなければならなかったが、そうした制約から解放されることになる。

これは、伝統的な建築の構造方式に慣れ親しんできた、言い換えれば師弟相承によるステレオタイプのマニュアルに縛られていた和様の工匠たちにとって、著しい衝撃であったにちがいない。

東大寺と同じく平重衡の兵火によって焼失した興福寺の再建を担ったのは大和の和様の大工であったが、承元四年(一二一〇)に再建された北円堂には、本来は長押に隠れて見えない部分でありながら、その裏側で柱を欠き込み、貫に相当する繋ぎ材をつかっている。ただし、一見それは貫と酷似しているけれども、貫ではない。ほんとうの貫であれば仕口を貫通しなければならないはずなのに、このように側面から柱を欠きとってしまっては強度が低下し、せっかくのこの構法の長所が失われてしまうからだ。というものの、これは明らかに奈良の工匠が当時の建築界の最先端モードであった宋の技術によっていかに刺激を受けたか、わたしたちに語ってくれるのに充分すぎるほどである。

大仏様建築がもたらした新技術は、貫・挿肘木だけではなかった。当時の日本建築界にとって革命的ともいえる反響をもたらしたのは、この様式が木造建築の構造の根幹にかかわる部分でことごとく斬新であったからにほかならない。たとえば、屋根の構造をみてみよう。

従来の、つまり平安以来の和様建築の場合、屋根裏を支える垂木は、中央部分から軒の四隅にいたるまで、すべて等間隔に垂木を並べる方式を用いていた。これを建築史の分野では「平行垂木《たるき》」と称する。

これに対して、大仏建築では、中央の柱間は和様と同様に垂木を平行に配するが、四隅の部分だけは、放射状に垂木を並べて軒を支える方式をとるのである。下から軒裏を仰ぐとちょうど扇を開いたようにみえることから、この形式を平行垂木にたいして「扇垂木」という。これは、大仏様に遅れること五〇年あまりのちに伝わった、もうひとつ別の系統に属する宋の建築様式である「禅宗様」も同様である。

もっとも、古く飛鳥時代には、一部に扇垂木の構法が伝えられたことも知られているのだが、それは少なくとも古代の主流とはならず、それ以後の時代になるとまったく消滅したと考えられている。つまり、隔世して、中国的な屋根の構造方式が再度わが国に伝わったのである。

平行垂木の場合、隅軒の垂木はすべて隅木という四五度方向に差し出される太い部材に配付《はいつ》けられる。したがって、隅の柱からさらに外側の部分、つまり見上げたときに直角三角形をなす部分の垂木は、隅木にぶら下がるだけで、軒を支えるうえでの力学的な作用はまったく果たさず、むしろ隅木にとってはただ負担の荷重でしかないことになる。この形式は、外からみた場合に垂木の木口が四角く揃うので整然としてきれいではあるものの、力学的にはまったく不合理というほかはない。
これに対して、扇垂木を採用した場合は、隅に近い部分の垂木は四五度方向に差し出された隅木とともに、建物内側のある一点を中心として放射状に並べられるため、隅軒裏の三角形部分の垂木も内側まで引き込まれ、したがって内部に構造上の支点をもつことになる。建物内側の母屋桁、内外の境の敷桁、軒先の丸桁の三点によって垂木を支えるため、力学的にはこのほうがはるかに優れたシステムであること、もはや説明の必要もないであろう。

大仏様建築は、そうした構造上の利点を優先すると同時に、軒先に等間隔で整然と並ぶ垂木木口をみせることははじめから放棄し、その代わりに垂木の正面から鼻隠板《はなかくしいた》という部材を釘打ちして、その木口を完全に蔽ってしまう手法をとったわけである。

大仏様建築は、力学的な合理性をそなえていたからこそ、保守的な和様に縛られていた当時の日本人工匠に強烈な刺激をあたえた。しかし、建築のダイナミックな構造そのものをデザインとして見せる迫力と同時に、細部の処理の面ではいささか粗放なことが、のちに伝えられた禅宗様に建築界の主流の座をただちに明け渡す要因となった。

それは、一に禅宗様の源流が江蘇・浙江地方の南宋時代の正統的な建築様式であったのにたいして、大仏様の祖型が福建という中国のなかでもとりわけ地方色のつよい、いわば宋時代としては流行からはずれた建築様式であったことに起因しているといっていい。

東大寺大仏殿の再建は、おそらく重源が採用した工匠の出身地が福建であったためであろう、日本建築史上にきわめてユニークな建築様式を花咲かせる結果を招いた。それはそれとして、たくさんの興味をそそる事象を私たちにしめしてくれた。

ただ、ここで考えておかなければならない問題がもうひとつ残っている。すなわち、大仏様建築が果たして本当に福建伝来のコピーであったか否かということである。歴史にみる先端技術導入の場面というテーマを掲げた以上、その主題にふれないわけにはいかないからだ。

五　福建のオリジナル建築技術と日本化のシミュレーション

「大仏様」建築という呼称はすでに学界に定着して久しく、中国の建築史学者にも用いられるようになった。私自身を含めて、日中両国の研究者のこれまでの研究によって、その源流が前章で述べたように宋代の福建の地方的様式であることもすでに共通認識となりつつある。ただ、彼此の様式の差異、じっさいに大仏殿を、あるいは各地の別所の建築を建設した工匠が日本人なのか中国人なのかという問題はきわめて重要であるにもかかわらず、まだ一向に定説らしきものがない。それを解く鍵は福建省に実在する当時の建築とわが大仏様建築と、それぞれの遺構を比較することにしかないであろう。

さきにも述べたように、福建という地方は中国全土のなかでもきわめて特殊で、かつ保守的で、ローカルカラーのつよいところである。日本建築史上においては、大仏様建築だけではなく、それからずっと時代がくだった江戸時代にも再び福建の建築様式が伝わっている。すなわち、大仏様にくらべれば顕著な影響をとどめることはなかった建築様式だけれども、明代に隠元(一五九二〜一六七三)が黄檗宗《おうばくしゅう》を伝えるために日本に移住し、宇治に本家黄檗山(福建省福清県漁渓)を写して万福寺を建てたのをはじめ、長崎などに建てられた黄檗宗寺院がそれであり、その建築様式を「黄檗様」とよぶ。とくに長崎の福済寺(戦災で焼失)、崇福寺、興福寺などには、明代より遅れ

福州市華林寺大殿

るとはいえ福建から渡ってきた大工の手になる遺構があり、現地でことごとく木取りした部材を船で運び、こちらで組み立てたものままであるから、忠実に彼地の建築様式が伝えられているのは当然である。

いまそれらの遺構をみると、年代が数百年遅れるにもかかわらず、たとえば挿肘木、貫、鼻隠板などの手法には、びっくりするほど共通点がみとめられる。もちろん時代が違うから、細部の曲線、繰形や寸法比例などは若干異なるけれども、全体としては同類であるという印象をつよくうける。それは、わたしたちがいま福建省に行って見ることのできる清朝の寺院建築でも、また明国年間建設の集合住宅でも、まったく同じことなのだ。しかも、それはなにも建築のジャンルにとどまることではない。言語も料理も、この地方には著しく古風な要素が伝えられているのである。そうした地方独特の傾向は、すでに古くから存在した。

福建省というところは東の沿岸地方にいくつかの都市があり、その西側には山岳が迫っているという地形的な条件がそうした特色を培養した。中国語の「保存」は日本語のそれの他動詞とちがって自動詞的用法が多いが、福建の場合はまさに「古風な要素が保

莆田元妙観三清殿化粧屋根裏見上げ

存されている」という表現がふさわしい。話が脱線して、ほうっておくとビーフンとそうめんの話に移ってしまいそうだから、ここらで軌道修正しよう。

浄土寺浄土堂に典型的にみられるように、大仏様建築は、その建物内部の構架を意識的に露出するとでもいうべきか、大胆な意匠に特色がある。そこではじっさいの内部空間を支えている三重の虹梁[8]（はり）そのものが主要なデザイン的要素として表現されるのである。露骨といってしまえば露骨だ。ただ、これを露骨でなんと大胆な、と感ずるようでは中国建築の通とはいえない、なぜなら中国の建物はすべて日本でいうところの「化粧屋根裏」、つまりすべての構造部材を露出することがあたり前だったからである。

日本の平安時代の建築のように、本来の構造部材をあえて隠蔽し、その下に嘘の屋根をもう一重つくるなどという面倒なことは中国人の発想にはもとよりあり得なかった、ただし高大な楼閣で、懐の深い屋根を演出しなければならない場合は別だったけれども。

さて、大仏様建築がもたらされた時代もこうした特質は当然であり、だからそのルーツとなった福建の建築様式もまた当時の中国全体からみれば、ひどく保守的、もっといえば時代遅れのものであった。現在、福建省に残っている大仏様とほぼ同時代といえる建築遺構は、北宋の乾徳二年（九六四）に建てられたという華林寺大殿《かりんじたいでん》（福州市）、同じく北宋の大中祥府八年（一〇一五）に再建された元妙観三清殿（莆田《ほでん》市）、および南宋の建立とおもわれる陳太尉宮《ちんたいいきゅう》（羅源県）がある。このほかにも、もうひとつ福建省西北部の泰寧《たいねい》県に甘露庵《かんろあん》という、南宋時代、十二世紀中葉の建立になる三棟の建築群があったが、文化大革命以前に火災で焼失したとのことで、わたしは見ていないけれども、焼失前に実測した研究者の報告があるから、それも参考資料になる。さらに、木造ではないが、木造建築の組物、垂木、扉構えまでいっさいを石造で模してつくった塔が、開元寺仁寿塔《かいげんじにんじゅどう》・鎮国塔《ちんこくとう》（福州市）、水南塔（福清県）など数棟あり、木造とは違うから細部の表現には限界があるとはいえども、繰形（モウルディング）の曲線など、充分参照するに値する。

華林寺大殿見上げ

前置きが長いわりに、いいたいことは短くてすんでしまう。結論を先に言ってしまえば、大仏様建築とそっくりそのままというものは、現在のこっている前述の建物はもちろんのこと、宋代の当時も、福建にはじつは実在しなかったのではないか、というのが私の現段階で到達し得た考えである。ただし、それは「そっくりそのまま」という条件つきでのことである。細かい話をする場ではないから、いくつかの例にとどめておこう。

たとえば、すでに説明した大仏様建築の特色のひとつに、貫と挿肘木という、構法としてはまったく同じものがあった。

莆田元妙観三清殿梁組み

柱に穴をあける手法である。貫についていえば、北宋時代の建築遺構である華林寺大殿にもみられるし、しかも、それはわが浄土寺浄土堂と同じく、柱に突き刺す部分で、急激に材寸を絞り込み（日本の建築用語でいう「胴付き[9]」）、柱の内部で次の柱間の貫と継手でもって繋いでいる手法と瓜二つである。挿肘木のほうも、華林寺の場合、建物内部の柱を連絡する、大仏様とまったく同じ円形断面の虹梁を承ける組物には根肘木[10]の部分ではそっくりのものがつかわれている。しかし、軒を支える組物にはまったく挿肘木がつかわれていないことからもわかるように、木造建築の梁組み構架の原理としては、両者の路線は基本的に異質なのだ。

莆田元妙観においても基本的情況は同様である。ただし、すでに焼失した泰寧甘露庵の紹興十六年（一一四六）に建てられた蜃閣の下層の軒、開禧年間（一二〇五～〇七）建設になる上殿の裳階ではなくて身舎《もや》の軒、乾道元年（一一六五）に建てられた南安閣の上下両層の軒は、いずれもちょうど浄土寺浄土堂のそれと等しい挿肘木で、しかも腕木の出の長い、先端にしか斗《ます》[11]を置かない形式であって、ほとんどそのままといってもいいほどである。もはや大仏様建築が福建伝来の様式であることは論ずるに値しない、自明の理である。

しかし、だとすれば、なぜ東大寺南大門や浄土寺浄土堂と、すべての要素にわたってそっくりそのままという建築が福建省にひとつもないのであろうか。禅宗様の場合は、そのルーツを突き止めることがほとんど容易だというのに、この違いはいったいどこにあるのだろうか。ここにこそ、大仏様という建築様式のもつ複雑きわまりない成り立ちが隠されている、と私は思う。

もうひとつの例証をしめそう。さきに、私は大仏様の特色のひとつとして、扇垂木の手法をあげた。そこで述べたこと自体は、けっして間違いではない。ただ、ひとつ訂正しなければならないことがある。というのは、大仏様の扇垂木の場合、外観上の美的処理のために隅の垂木の木口を前面には見せないのがその本来のやりかただという意味のことをいった。大仏様の場合、じつはそうではない。

浄土寺浄土堂の解体修理の記録をみると、本来、鼻隠板で蔽われて外からは見えないはずである隅の菱形になった垂木木口を、ここではわざわざ鼻隠板とのとりつきを考えて、垂木がうまくおさまるような仕口まで、あらかじめこしらえているのである。中国建築史を専門とする私からみると、ほかにもこうした不可解な点は多々ある。けれども、あまりにも専門的な話になってしまう恐れがあるから、もうこのへんにしておいたほうがいいだろう。

泉州開元寺東塔の繰形

扇垂木を例にとったが、ほかのどのような建築手法にせよ、大仏様という概念そのものが日本建築史学のなかで規定されたものである以上、それは、中国建築史の正統的視点からみれば、じつは非本流であることになるのだ。なぜなら、大仏様とわたしたちが呼んでいる建築様式そのものは、中国にはもともと実在しないからである。どの建築史の概説にも、論文に

東大寺大仏殿鴟尾

も、ましてや高校の日本史の教科書にも、こんな解説は絶対載っていないだろうが、少なくとも大仏様建築についてかなり長い期間考えてきたひとりとして、私はそう断言する。

大仏様とは、じつは重源という類い稀れなるイベント・プロデューサーが、大仏再建という国家的プロジェクトを任されたあげくに、やむをえず(もっとしつこくいえば、それしか方法がなかったから)登用した、木造建築に実践の経験こそないとはいえ、鋳物関係で卓越した伝承工芸技術の水準を有した陳和卿を語らって、木工事の実際を経験した、しかしレベルとしてはあまり高くない大工を、彼特有のリーダーシップを縦横に発揮しながら、つくりあげた建築様式だったのではないだろうか、と私はいま考えている。

日本の鎌倉時代、西暦でいうと十二〜十三世紀の境目に、大仏様建築が登場した歴史の場面は、いろいろな意味で私たちにも示唆を与えてくれる。

たとえば、技術は人間のためにはじめて存在すること、先端技術の導入に際しては昔からシミュレーションの問題が前提としてあったこと、日本人はきわめて早くから先進国からアップ・ツー・デートな技術に敏感であったこと、などがそれである。

私たちの先祖は、もとよりこうした方面において傑出した民族だった。いま、本誌を読む諸氏になにが求められているのかを残念ながら私自身は知らない。けれども、同時代に生きる人びとともに具体的な問題を語りあえるとすれば、それは最高だと私はおもう。歴史家がいくらがんばってみても、しょせん見いだし得るのはこの程度の事例にしかすぎないのだから。

註

1 毘盧舎那仏とは、輝きわたるものという意味で、華厳経などの教主で、万物を照らす宇宙的存在としての仏のこと。釈迦は死んでも、その教えは滅びない、いつまでもこの世の中を照らし続けるという考えから、釈迦を太陽にたとえたのが盧舎那仏で、その元の言葉が毘盧遮那仏である。

2 螺髪は、仏像の頭にある渦巻きの毛のこと。奈良の大仏には九六六個ある。

3 裳階は、寺院建築の大屋根の軒下に設けた庇部分のこと。

4 禅宗様とは、鎌倉時代初期に禅宗とともにやはり宋から導入された建築様式で、大仏様にくらべ全国に普及した。礎盤上に柱を立て、柱の上下に粽を付し、軸部を貫で固め、組物は詰組、軒は扇垂木で強い反りを持ち、虹梁は長方形断面で袖切・錫杖彫りがつくなどの特徴がある。粽とは、柱の上部や下部を曲線状に細める形式をいう。

5 挿肘木とは、柱に肘木を挿し通して、先端の斗で通肘木・虹梁・丸桁などを支持する。大仏様の組物の特徴である。

6 腰蓋とは、大屋根の下方にあり、側柱の中ほどの腰位置に設けた付け庇の屋根。この屋根を庇柱で支えると、裳階になる。

7 長押とは、柱を両面から挟み付けて釘打ちで固定する横材のこと。

8　虹梁とは、反りのある化粧梁のこと。建築様式によってそれぞれ特徴がある。大仏様の虹梁は太く円形断面。禅宗様のものは縦長方形断面である。

9　胴付きとは、建築部材の継手仕口で、一方の部材の小口が他材と組合わずに接合すること。

10　根肘木とは、虹梁や通り肘木を受ける持ち送り状の挿肘木のこと。

11　斗とは、柱などに設けた、正方形または長方形の木。肘木や桁を受ける。

出典一覧

第一部　奥行の指向——中国の住空間

一　中国の住まい——奥行の指向
『月刊百科』、No.二五六、「特集　家」、平凡社、一九八四年

二　生と死の原理
上田篤、多田道太郎、中岡義介編『空感の原型　すまいにおける聖の比較文化』、筑摩書房、一九八三年

三　壮大な清朝建築の集合——故宮にみる中国建築の伝統
『世界の博物館二一　故宮博物院』、講談社、一九七八年

四　「高低冥迷として東西を知らず」　検証・阿房宮——その実態を探る
『歴史群像』シリーズ三二、「項羽と劉邦　龍虎、秦滅亡への鋭鋒　上巻」、学習研究社、一九九三年

五　中国の建築の屋根をめぐる話
『世界の国シリーズ一六　中国』、講談社、一九八二年

六　十字路の報時楼閣

横山正編『時計塔　都市の時を刻む』、鹿島出版会、一九八六年

七　中国の伝統的木造建築

『建築雑誌』、vol.九八、No.一二一四、一九八三年一一月号、日本建築学会

八　装飾と構造を規定するもの

『世界の文化史蹟一七　中国の古建築』、講談社、一九八三年

九　中国の穴居の伝統

『日中建築』、二〇号、日中建築技術交流会、一九八六年

一〇　干闌式建築の伝統――中国古代建築史からみた日本

『建築雑誌』、vol.九六、No.一一七五、一九八一年二月号、日本建築学会

第二部　玉座の空間――中国建築にみる伝統

一　中国の住まい――四合院と南北の伝統

『しにか』、vol.二、No.六「特集　東アジアの住まい」、大修館書店、一九九一年

二　王座の空間

『家具言語』、創刊号「特集　玉座」、株式会社天童木工、一九九二年

三　聖なる空間表象としての傘蓋
『傘　和傘・パラソル・アンブレラ』、INAX出版、一九九五年

四　中国建築の伝統とその優越性
『国際交流』、五六号、国際交流基金、文秀社、一九九一年

五　公的建築の伝統／私的建築の世界
古田真一、木島史雄、山名伸生編『中国の美術　見かた・考えかた』、昭和堂、二〇〇三年

六　中国の都城と日本の都城——軍事の要砦から市場の街へ　堰師、鄭州から洛陽、開封まで
展覧会カタログ『中国湖南省八千年の至宝　大黄河文明展』、日本経済新聞社、一九九八年

七　漢代の建築
展覧会カタログ『よみがえる漢王朝　二〇〇〇年の時をこえて』、読売新聞大阪本社、一九九九年

八　建築と道教
『「道教」の大事典』（別冊歴史読本　特別増刊三七）、新人物往来社、一九九四年
（［愛蔵版］坂出祥伸編『「道教」の大事典　道教の世界を読む』、新人物往来社、一九九四年）

九　中国の倉
『築蔵人間史　住まいの文化誌』、ミサワホーム総合研究所、一九九四年

一〇　中国住宅の類型
杉本尚次編『日本のすまいの源流　日本基層文化の探求』、文化出版局、一九八四年

二　歴史にみる先端技術導入の場面

『ILLUME（イリューム）』、vol.五、No.一、第九号、東京電力株式会社、一九九三年

解題

藤井恵介

田中淡氏は稀代の歴史家である。中国の建築と庭園を中心に広く中国の文化について多数の論著を成し、日本において長い間にわたり中国建築史の学の中心であり続けたが、惜しまれながら逝去した。

ここで簡潔に田中氏の経歴を紹介しておこう。

昭和二一年神奈川県にて出生。同四〇年私立武蔵高等学校卒業。同四四年横浜国立大学卒業後、東京大学大学院に進んだ。博士課程を中退して、同四六年九月から文化庁文化財保護部にて国宝・重要文化財建造物の調査、指定、修理に当たる。昭和四九年四月に京都大学人文科学研究所の助手に転じ、助教授を経て平成六年に教授(東方部科学史部門)に昇任した。同二二年三月に京都大学を定年退職、同二四年一一月一八日、逝去、享年六六歳だった。

大学院時代は太田博太郎博教授に師事し日本建築史を専攻したが、主たる研究テーマは「大仏様」と呼ばれる東大寺の鎌倉再建に用いられた建築様式であった。当時、再建を統括した俊乗房重源が渡宋時に獲得した中国建築の知識を用いた様式であって、日本の中で独特の位置を占めると考えられていた。後に中国建築史へと専門が移るのだが、おそらくこの頃から中国建築史に深い関心を寄せていたと推察される。文化庁に三年奉職した後に京都大学人文科学研究所の助手採用試験に応募、採用され、その後長く同研究所にて中国科学史部門に所属して、特に建築史、庭園史の研究に携わった。

田中氏の多岐にわたる研究については追悼文・著作目録(『建築史学』六二号、二〇一四)に目を通していただければよいのだが、古くは紀元前一〇世紀以前から近くは清代まで、中国の総ての建築を研究対象としており、その視野の広さは瞠目すべきである。さらにいくつもの論文で詳しく展開してみせたように、個々の対称への深い考察は驚くべき内容をもっている。田中氏個人の著作物としては、研究生活の前半期の主要論文を集めた『中国建築史の研究』(弘文堂、一九八九)また中国古代の庭園史料を集成した『中国古代造園史料集成――増補哲匠録　畳山篇、秦漢‐六朝』(外村中・福田美穂と共編、中央公論美術出版、二〇〇二年)が代表的な学術書といえよう。一九八一年に北川桃雄基金賞(「先秦時代宮室建築序説」『東方学報』京都五二冊、一九八〇年、に対して)、一九九二年に浜田青陵賞(『中国建築史の研究』に対して)を受賞している。

以上のように、田中氏は本格的な大きな研究をいくつも公表してきたのだが、著作目録を見ると判るように、求められるままに書いた多種多様なテーマの小論、エッセイも相当な数に上る。いずれも大論文に劣らぬ充実した内容を持っている。個別の詳論ではなく、少し広いスタンスで、自在に中国建築の特質を論ずるものが多い。中国建築史あるいは建築の専門家でなくとも容易に理解できるものであって、しかも他に類書がないという現状において大変に貴重な文章群である。

田中氏はかねてから、それらを取りまとめ一書として公刊することを企画していたようで、氏の遺された書類の中から、それらしい目次メモが発見されたのである。本書の第一部、第二部の小題、各文章の配列はそれに従ったので、本書の出版で氏の企画のひとつがほぼ予定通り実現したのではないかと思う。本書の表題「中国建築の特質」は、氏が敬愛してやまない恩師太田博太郎先生が終生かかげていた研究テーマ「日本建築の特質」(退官記念論文集、さらにご自身の著作集のタイトルともなった)に倣って今回創案したものである。

第一部「奥行の志向――中国の住空間」には、一九七八年から一九九三年までの一〇の文章が、第二部「玉座の空間――中国建築にみる伝統」には一九九三年から二〇〇三年までの一一の文章が収録された。二つの部の小題から、著者の関心の移動のありようが窺える。憶測するに、前期には中国建築の空間構成の解明に努め、後期になると中国建築の全体を俯瞰して、独特の強固な伝統の意味をさぐる、という方向へと関心がシフトしていったのではないだろうか。

さて、以下において著者の述べるところをいくつかピックアップして紹介することにする。

第一部収録の「中国の住まい――奥行の志向」では、中国の住空間が奥に深い、という特質を詳述している。北京の四合院に代表される住宅形式が、いくつかの空間単位から構成されていて、表側が接客や儀礼に使われる公式の空間であり、奥側が私的な家族の空間である、そして個々の単位が奥向きに増殖されてゆくという。その結果北京故宮に見られるような、南から北に向かって非常に奥行の深い建築群の構成が成立したという。この原理は紀元前一〇世紀以前にすでに成立していて、三千年の時を越えて維持されたという。それが「時代をとおして一貫する原理」であったことを強調する。しかもその原理は、「宮殿はいうにおよばず、壇廟、仏寺、道観、さらに民間の住宅にもあてはまるのである」という結論に達する。このように一貫した原理が長く維持されたことは、日本側からみると異様にみえる、という。

「十字路の報時楼閣」では、いわゆる鐘楼、鼓楼と呼ばれる建築を取り上げる。多くの伝統的都市の中心に屹立する目だった建築であることは確かなのだが、氏の思索は、町づくりの思想、時刻の管理制度といった社会史、さらに古代の水時計の解明といった技術史へと広がっていく。建築から始まり、社会、技術の観点を重ね合わせた解説へと発展していくのである。

「中国の伝統的木造建築」では、著名な『営造法式』(一一〇〇年成立)で詳述される建築の多彩な技術、構造、装飾などの起源や成立、その内容などを概説し、その全体像の極めて要を得た解説となっている。そしてそれに続く「装飾と構造を規定するもの」においては、清代再建の故宮の中央に立つ三つの大建築を取り上げて各建築の仕様の差を比較する。『営造法式』などでなぜそれほど詳細な仕様を記述する必要があったのかという疑問から、「建築の規模や形態のみならず、装飾や構造のさまざまな要素にまで等級を配当させる考え方は礼の理念と結び付いたもの」と結論する。建築の技術、構造、装飾が、中国全体を律する「儒教」という固有の思考から導かれるというのである。まさに建築が社会の構成を表現する、そのために多様な作為が準備された、というラジカルな結論に達するのである。

第二部の「玉座の空間」は、北京の中心に存在する故宮を対象として正面から論じている。中国建築を歴史的に通観するとき、その中心に在ったのは「宮殿建築」であったことは疑いのないことであるとして、その特質を探ってゆく。中国でいくども編纂されてきた百科全書を繙くと、その大分類の中心に「宮殿」という項目が立てられている。そしてそこに収載された古典の記事を読むと、内容は狭義の宮室・宮殿・宸殿といったものに止まらず、広く建築・造園・土木工程に関わる事象が含まれている、という。中国においては宮殿は建築という一つの技術の分野にとどまらず、国家や文化の全体に関わる大きなテーマであったことを確認する。そして宮殿建築は「たんに国家権力の表象というだけでなく、中央集権の求心的構造を体現する一箇の明確な装置であったとみなすことも不可能ではない」という。さらに、新たな宮殿がいくども古式を参照して建設されたことから、「古代以来悠久の儀式典礼の伝統を重視する、典型的といってもいいほど保守的な宮殿建築の設計理念がつよく働いていることを見逃すわけにはいかないだろう」と結論する。

中国における「宮殿」の求心的な特異な位置が確定されると、自ずと中国の建築全体の構図が見えてくる。宮殿を頂点として、城郭、城門、寝殿、陵墓、壇廟、衙署、大学などがその外縁に准ずる建築として、全体の構図のなかに位置が確定してくるのである。ひるがえって日本の状況を考えると、この構図は部分的には持ち込まれたのだが、そうでない部分も少なくないことが判る。また西欧における建築世界においても、類似の状況は多々発見されるのではないか。このような中国における全体の構図の提案は、世界の建築研究に比較研究の視点を与えるのである。

本書の最後に収録された「歴史にみる先端技術導入の場面」は、田中氏が研究を開始した当初からのテーマである「大仏様」を再検討している。大仏様建築と中国建築との関係については、この三〇年ほどで大きく研究が進んだ。大仏様の起源を求めて、何人もの研究者が中国の南部を踏査して、その淵源たる建築を探し出そうとしてきたのである。田中氏はその一人でもあるのだが、以下のように結論を述べる。「大仏様建築とそっくりそのままというものは、結論を先に言ってしまえば、現在のこっている前述の建築はもちろんのこと、宋代の当時も、福建にはじつは実在しなかったのではないか、というのが私の現段階で到達した考えである」。ただし、貫や挿肘木といった細部の技法は、確かに福建地方を中心に中国南部地方において普及した方法であることも確かである。その技術と日本での実施例を詳細に検討して、最後には以下のように大仏様を総括した。「大仏様とは、じつは重源という類い稀なるイベント・プロデューサーが、大仏再建という国家的プロジェクトを任されたあげくにやむをえず(もっとしつこくいえば、それしか方法がなかったから)登用した、木造建築に実践の経験こそないとはいえ、鋳物関係で卓越した伝統工芸技術の水準を有した陳和卿を語らって、木工事の実践を経験した、しかしレベルとしてはあまり高くない大工を、彼特有のリーダーシップを縦横に発揮しながら、つくりあげた建築様式だったのではないだろうか、と私はいま考えている」。そして重源が先端技術の導入、応用に敏感であったことを付記し、「私たちの先祖は、もとよりこうした方面において傑出した民族だった」、と日本人の可能性についても語る。田中氏は長い中国建築史の研究の蓄積から、大仏様という建築様式の極めて穏当な理解にたどり着いたのだった。

私もこの見解には賛意を表するが、なお検討すべき点がいくつもあるので、議論を重ねたいと思うのだが、残念ながらもうその機会は永遠に失われてしまった。

本書に収められた二一本の文章は、田中淡氏が全力を傾けて解読しようと試みた中国建築の特質について、ほぼすべての中国建築を対象として、多様な方法をもちいて論じている。読者諸賢には是非心から賞味していただきたいと願うばかりである。本書は、中国の建築、日本の建築、ひいてはアジアの文化に思いを寄せる人々への、田中淡氏からの豊穣な贈り物である。

二〇一八年二月記

【著者略歴】

田中 淡（たなか・たん）

1946年7月23日	神奈川県生まれ
1969年3月	横浜国立大学工学部建築学科卒業
同　4月	東京大学大学院工学系研究科建築学専攻入学
1971年9月	文化庁文化財保護部建造物課文部技官
1974年4月	京都大学人文科学研究所助手
1981年2月	北川桃雄基金賞（「先秦時代宮室建築序説」）
1985年4月	京都大学人文科学研究所助教授
1987年3月	工学博士（東京大学）
1992年9月	浜田青陵賞（『中国建築史の研究』）
1994年4月	京都大学人文科学研究所教授
2010年3月	京都大学を定年退職
同　4月	京都大学名誉教授
2012年11月18日	逝去

田中淡著作集 一

中国建築の特質 ©

平成三十年二月二十五日印刷

平成三十年三月　十　日発行

著　者　田中　淡

発行者　日野啓一

印　刷　株式会社理想社

製　本　松　岳　社

中央公論美術出版

東京都千代田区神田神保町一－一〇－一 IVYビル六階

電話〇三－五五七七－四七九七

装幀　熊谷博人

ISBN 978-4-8055-1150-3